岩　波　文　庫
33-673-7

国　家　と　神　話

（下）

カッシーラー著
熊野純彦訳

岩　波　書　店

Ernst Cassirer

THE MYTH OF THE STATE

1946

凡例

一、本書は E. Cassirer, *The Myth of the State*, 1946 の全訳であるが、題名を変更し、いくらかの編集的な整理を加えている。詳細については「訳者序文」を参照。底本にはイエール大学出版局版を使用したが、カッシーラー全集第二十五巻も参照し、後者に言及するさいには「全集版」と称している。

一、原文の " " は「 」で示し、強調(イタリック)の箇所は傍点によってあらわす。原文中、大文字で書きだされている単語のうち、強調に意味があると考えられるものについては〈 〉で囲み、また〔 〕で囲まれた語句は訳者による補足を示す。

一、原注は(1)のように示して、各段落の直後に訳出した。訳注は(＊1)のように示して、原注のあとに置いた。

一、原文中のラテン語はつねにイタリックで表記したが、英語・ラテン語以外のイタリックについては、書名等をのぞいて強調を再現していない場合がある。

目次

上巻目次

国家と神話（下）

第Ⅱ部　政治理論の歴史における神話との闘争

（承前）

XIII　ストア主義の再生《ルネサンス》と国家にかんする「自然法」理論

社会契約の理論

十五世紀ならびに十六世紀とは、近代世界にとって陣痛の時節であった。人間文化のあらゆる分枝、宗教・芸術・哲学にあってあらたな精神が勃興しはじめ、その強靭さをあらわしはじめる。しかしこの精神は、いまだカオスの状態にあった。ルネサンスの哲学はあらたな実りゆたかな衝動に満ちていたが、それは他方で甚だしく矛盾に充ちたものだった。近代精神はその道を見いだしかけてはいたものの、なおそれを理解するにいたっていなかった。経験的な観察に対する優れた天賦を具えた者たちのかたわらに、「オカルト科学」のすべてがあらたに花ひらいていたさまが見とどけられる。魔術・錬金術・占星術がきわめて高く評価されていたのである。ジョルダノ・ブルーノは、コペルニクス体系の最初の哲学上の代弁者であった。かれはふつう、近代科学の先駆者にして殉教者のひとりに数えいれられる。けれども、その著作を研究してみて見いだされるのは、それとまったく異なった相貌である。魔術に対するブルーノの信仰は揺るぎないものであり、またその論理学はライムンドゥス・ルルス(＊1)『大いなる学芸』をまねたものである。他の場面とおなじようにここでもまた、いっさいはいまだ不確かな状態にあった。哲学的な思考は自身の内部で二分されて、たがいに対立した方向に進みつつあったのである。

（＊1）ルルス(Lullus, Raimundus, 1232c.-1316)はスペインの神学者・哲学者。神秘主義的傾向によって知られ、現存する二五〇冊の著作は、カタルーニャ語・ラテン語・アラビア語で書かれている。言及されている『大いなる学芸』は「学芸」(*ars*)にかんする一連の書。

十七世紀の偉大な科学者にして哲学者であった者たちがはじめて、こういった混乱に終止符を打つことになる。かれらの事業はおそらく、ふたつの偉大ななまえに集約されることだろう――すなわち、ガリレオとデカルトである。ガリレオは自然現象をめぐるその探究を開始するにあたってまず、科学と哲学との課題にかんする一般的な言明を提示した。自然とは、とかれは宣言する。神秘に包まれたものではないし、複雑で錯綜したものというわけでもない。哲学が書かれているのは、宇宙という広大な書物のうちにであって、その書物は変わることなく私たち自身の目のまえに横たわっている。しかし人間精神は、この書物を解読し解釈するすべを学ばなければならない。それは数学の言語で書かれており、その文字は通常の知覚対象ではなく、三角形、円、その他の幾何学的図形である。この幾何学的言語を把握しえないならば、自然という書物についてその一語たりとも理解することが不可能である(1)。デカルトの自然学は多くの点で、個々《スペシャル》の特殊な現象の説明にあっても運動法則の一般的な捉えかたについても、ガリレオの見解とは対立するものであった(2)。とはいえその自然学は、おなじ哲学的精神の所産である。自然学とは、人間の知識の特種《スペシャル》な分枝というわけではない。それは、包括的で普遍的な学にあって本質的な部分である――その学とは普遍学(*mathetis universalis*)のことであり、順序づけと測定とが可能であるかぎりで、なんであれいっさいの事物を論じるものなのである。デカルトは、あらゆるものを疑うところから開始した。それは懐疑論者の懐疑ではなく、方法的な懐疑であった。その懐疑が「アルキメデスの支点」

となり、哲学的真理のあらたな世界にあって、その確乎たる不動の中心となったのだ。デカルトとガリレオとともに、「明晰かつ判明な観念」のあらたな時代が開始される。冴えきって明るい光が、ガリレオの「ふたつの新科学」と、デカルトの幾何学的・論理学的分析から射しこんだことで、ルネサンスの「オカルト科学」はしだいにすがたを消していった。発酵の時節を引きついだのは、成熟の季節であった。近代精神はみずからの創造的エネルギーに気づくようになり、じぶん自身を形成し、それ自身を理解しはじめる。多様で一貫性を欠いたさまざまな傾向が、ルネサンスのうちには含まれていたが、それらはこうして、より高い知性の力によって結びあわされひとつになった。それらはもはや孤立することも分散することもなく、共通の中心へと向けられる。デカルト哲学のなかで、近代精神は成年に達した。それはみずからの立場を主張し、その権利を擁護して、伝統的な観念と外的な権威のすべてに対抗したのである。

（1） Galileo, *Il saggiatore*, "Opere" (Edizione nazionale, Ti-pografia di G. Barbèra, Florence, 1890-1909), VI, 232. 20 vols. ガリレオの自然観をめぐる詳細な議論にかんしては以下を参照。E. Cassirer, *Individuum und Kosmos in der Philosophie der Renaissance, op. cit.*, pp. 165ff., 177ff.

（2）ガリレオの自然学とデカルトの自然学との関係にかかわる、秀逸な説明は以下で与えられている。A. Koyré, *Études Galiléennes*, III, "Galilée et la loi d'inertie" (Paris, Hermann, 1940).

とはいえ、自然的《フィジカル》世界が人間精神にとって見通しのよいものとなったとしても、おなじことがまったくべつの領野にかんしても可能だろうか。知とは数学的知を意味するものとすれば、なんらかの政治の科学を期待することが可能であろうか。そういった科学の概念や理想そのものが、一見したところでは、たんなるユートピアにすぎないものであるかに想われる。ガリレオの格言は、哲学は幾何学の文字で書かれているというものであったが、それはたしかに自然に対しては適用されることだろう。しかしおなじ格言は、人間の社会的・政治的な生には適用されないのであって、それは後者の生が、数学的なことばで記述されず説明もされないからである。その生とは情動と情念の生なのだ。たんなる抽象的な思考の努力によってそういった情念を統制し、それに劃然とした限界を与えて、理性的な目的へと向けてゆくことはできないように思われる。

十七世紀の思想家たちは、しかしながら、こうした明々白々とも見える反論にも屈しなかった。かれらはみな、断乎たる理性主義者なのであった。その者たちはほとんど無制限な信頼を人間理性の力に置いていた。この点にかんしていうなら、まずはいかなる差異も、さまざまな哲学的学派のあいだに見いだすことができない。ホッブズとヒューゴー・グロティウスは、十七世紀の政治思想にあってひとつの対極をなしている。かれらには、その理論的前提においても政治的な要求にあっても一致するところがない。それにもかかわらず両者がしたがうものは、思考と議論のおなじ手つづきである。かれらの方法は歴史的でも心理学的でもなく、分析的で演繹的なものである。ふたりはみずからの政治的諸原理を、人間の本性と国家の本性とから引きだしている。そしてこの点についていうならば、かれらがともにしたがっているものは、おなじくガリレオという偉大な歴史的範例なのだ。私たちの手もとには、ヒューゴー・グロティウスが書いた一篋の書簡が残されているけれども、そこでかれが表現しているのはガリレオの著作に対する最大限の賛辞なのである(1)。おなじ傾向が、ホッブズについてもみとめられる。かれの哲学はそもそものはじまりからして、大きな野心を抱えこんでいたのであって、その野心とは、ガリレオの物体論に匹敵する、政体の理論をつくり出すことである——しかもその明断さ、科学的方法ならびに確実性の点で拮抗する、ということなのだ。みずからの著書『戦争と平和の法について』(*De jure belli et pacis*)の序論でヒューゴー・グロティウスが表明しているのも、おなじ確信なのである。かれによるなら、「政治の数学」を発見することはだんじて不可能ではない。人間の社会的生は、首尾一貫しない偶然的な事実のたんなる集塊というわけではない。その生がもとづいている判断は、どのような数学的な命題とも同等な客観的妥当性を具え、おなじように確実に証明されうるものである。というのもそういった判断は、偶然的な経験的観察に依存するものではなく、普遍的な永遠的真理の性格を有しているからである。

(1) Hugo Grotius, *Epistolae*, No. 654 (Amsterdam, 1687), p. 266. 詳細にかんしては、さらに以下を参照。E. Cassirer, "Wahrheitsbegriff und Wahrheitsproblem bei Galilei", *Scientia* (Milano, October, 1937), p. 188.

この点にかんしていえば、十七世紀の政治理論はすべて、それぞれの目的と手段とがどれほど異なっていても共通の形而上学的な背景をもつ。形而上学的な思考が神学的な思考に対して決定的に優位を占めている。とはいえ形而上学そのものも、数学の力を借りなければ無力であろう。このふたつの領野の境界は、ほとんど見わけがつかなくなっている。スピノザが展開した倫理学の体系は、幾何学的な方法にしたがうものだった。ライプニッツはさらに先にすすむ。かれはためらうことなく、その普遍学（*Scientia generalis*）や一般記号学（*Characteristica universalis*）の普遍的な原則を、具体的で特種な政治問題に適用した。ライプニッツが請われて、ポーランド王位をめぐって争う者たちのなかでだれがもっとも資格を具えているのか、という問題への意見を求められたとき、かれがものした一論攷は、じぶんの主張——スタニスワフ・レシチンスキの選出——を形式的論拠によって証明しようとするものだった[1]。ライプニッツの弟子、クリスティアン・ヴォルフはみずからの師の模範にしたがって、はじめて自然法にかんする教科書を厳密に数学的な方法に準拠して執筆したのである[2]。

（1）以下を参照。Leibniz, *Historisch-politische und staatswissenschaftliche Schriften*, ed. Onno Klopp (Hannover, 1864ff.), II, 100ff.

（2）Christian Wolff, *Jus gentium methodo scentifica pertractatum* (Halle, 1749, new ed. Oxford, Clarendon Press; London, Humphery Milford, 1934).

とはいえここに、政治思想の以後の展開に対してきわめて重要なものとなった、もうひとつの問題が持ちあがった。政治的あるいは倫理的な真理を、数学的な真理とおなじ仕方で証明することが可能であり、さらには必要でさえあるとしても――私たちとしてはいったいどこに、そうした証明の原理を見いだすことができるのだろうか。政治にかんする「ユークリッド的」方法が存在するとすれば、その領野にあっても私たちはなんらかの公理や公準を手にしており、それらは議論の余地なく不可謬《ふかびゅう》のものであると想定せざるをえない。かくして、いかなる政治理論にとっても第一の目的となることはそのような公理を発見し、それを定式化することにほかならない。これは私たちには、きわめて困難で錯綜した問題であるかに思える。しかしながら、十七世紀の思想家たちはそのようには感じなかったのである。かれらの多くが確信していたところでは、この問いは、提起されるまでもなくすでに解決されている。私たちとしては、人間の社会的な生の第一原理を探しもとめる必要もない。そうした諸原理は遥か以前に見いだされている。それらをふたたび唱道し定式化しなおして、論理的な言語、つまり明晰判明な観念からなる言語によって表現すれば充分なのである。十七世紀の哲学者たちにしたがうなら、それは積極的というよりはむしろ消極的な作業なのだ。なされなければならないことは、理性の明晰な光をこれまで覆いかくしてきた雲を追いはらうこと――つまりは、私たちの先入見や偏見のいっさいを忘れさることだけなのである。なんとなれば、スピノザが語るように、理性には自己自身とその反対物とを照明する特異な能力、すなわち真理とともに誤謬をも発見する能力が具わっているからだ。

十七世紀の政治的理性主義は、ストアの観念がかえり咲いたものだった。その過程はイタリアにはじまり、しかしやがて全ヨーロッパの文化へと伝播していった。新ストア主義は急速に、イタリアからフランスへ、フランスからオランダへ、さらにイギリス、アメリカ植民地へとひろがっていったのである。この時節でもっともよく知られている政治的な著作が示しているのは、あきらかで見まがいようもないストアの精神の刻印である。そうした書物は、知識人や哲学者によってだけ読まれたわけではない。ピエール・シャロンの『智慧について』(*De la sagesse*)やデュ・ヴェールの論攷『公共の災害にさいしての忍耐と慰めについて』(*De la constance et consolation ès calamitez publiques*)、ユストゥス・リプシウスの『平常心について』(*De constantia*)であるとか『ストア学派の哲学と自然哲学』(*Philosophia et physiologia Stoica*)といった著書は、倫理的な智慧をめぐる一種の信徒むけ日課祈禱書ともなる。こういった書物の影響はきわめて大きなもので、現実政治の問題の分野にあってさえ、それが感知されるほどである。

王侯の子女の教育にさいしても、『王と統治について』(*De rege et regimine*)とか『君主の教育について』(*De institutione pricipum*)といった中世の論攷が、こうした近代の論攷に場所を譲ることになる。スウェーデンのクリスティーナ女王の例からも知られるとおり、かの女の最初の教師たちは王女を政治問題に導くにあたって、リプシウスやストアの古典的著作家たちを学習する以上に好ましい方法を、ほかに知らなかったのである。(1)

(1) 以下の拙稿を参照。"Descartes und Königin Christina von Schweden", *Descartes* (Stockholm, Bermann-Fischer, 1939), pp. 177-278.

一七七六年に友人たちからアメリカ独立宣言の草稿を執筆するよう求められたとき、トーマス・ジェファーソンは有名な文句から書きはじめている。「私たちは、以下のような真理が自明なものであると信じる。すなわち、すべての人間は平等に造られ、それぞれが譲りわたすことのできない一定の権利を創造者によって賦与され、またそうした権利のうちには生命、自由ならびに幸福の追求が含まれていること、さらにそれらの権利を保障するために、ひとびとのあいだで政府が組織され、その正当な権力は被統治者たちの合意に由来するものであることを信じる」。こうしたことばを書きつけたとき、ジェファーソンは自身がストア哲学の言語を語っていることに、おそらく気づいてもいなかった。その言語は、当然のものと考えられることができたのである。というのも、リプシウスやグロティウスの時代このかた、それは偉大な政治思想家すべてにとって自明のことがらに属していたからである。くだんの観念は基礎的公理であって、それ以上は分析できず、またいかなる証明も必要としないものと見なされていたのだ。なんとなれば、それらの観念が表現しているのは人間の本質であり、人間理性の本性そのものだからである。アメリカの独立宣言に先だって、これを準備したひとつのできごとがある。それは、さらに偉大なものであったとさえ言ってよい。すなわち精神的な独立宣言であって、これを私たちとしては、十七世紀の理論家たちのうちに見いだすことになる。そこではじめて理性は、人間の社会的な生を統制するみずからの力と要求とを宣言するにいたった。理性は、神学的な思考の庇護からみずからを解放し、じぶんに固有の根拠のうえに立つことができたのである。

偉大な知の動向が、アメリカの権利章典、フランスの人間ならびに市民の権利にかんする宣言〔人権宣言〕へと及んで頂点をきわめるが、その歴史をめぐっては、これまでもその詳細にいたるまで研究されてきている。私たちはいまや、この歴史についてあらゆる事実を手にしているかのように思われる。しかしながら、事実を知るだけでは充分ではない。私たちはそれを理解しようとし、その理由を問いたずねなければならない。そして、この理由はだんじて明白なものではない。そのかぎりで問題には、十分な解答が見いだされていないように思われる。おなじ観念が二千年も以前から知られ、それいらい議論されてきながら、突如としてまったくあらたな照明のもとで見なおされたのはいったいどうしてだろう。なんとなれば、ストアの思考の影響は絶えることなく継続してきたからである。その影響は、ローマ法や教父たち、さらにはスコラ哲学にいたるまで辿ることができる。(1) とはいえこれらはことごとく、それぞれの時代についていうなら、理論的な関心を持たれたにすぎず、直接的な実践的効果を伴うものではない。ストアという偉大な思潮は、巨大な実践的意義を有するものであるが、その意義がすがたをあらわしたのはようやく十七世紀ならびに十八世紀になってからのことなのだ。以来、人間の自然権の理論はもはや抽象的な倫理学説ではなく、政治的行動の主要な源泉のひとつとなったのである。こうした変化は、どのようにして生じたのだろうか。古いストア的な観念にそういった初々しいまでの清新さ、先例をもたないほどの強靭さを与え、近代精神と近代世界との形成にあたってそうした観念が重要な意味をもつようにしたものは、いったいなんだったのであろうか。

（1）本書・上、三二一頁以下参照。

額面どおり受けとるなら、この現象はじっさいのところ逆説的なものであるかのように見える。それは、十七世紀の一般的特徴をめぐる私たちの通説に、およそ反するものであるかに思われる。なにかこの時代を特徴づける特性、その時節全体を弁別する徴表と見なされる特性があるとすれば、それは知的な勇気であり、その思考にあっての根底的な性格《ラディカリズム》にほかならない。デカルトの哲学は、ひとつの一般的な要請から出発している。人間はだれでも生涯のうちに一度は、それまで学びとったいっさいを忘れさらなければならない。すべての権威を拒絶して、伝統の力に挑戦しなければならない。デカルトのこの要求から、あらたな論理学と認識論、あらたな数学と形而上学、あらたな自然学と宇宙論が導きだされた。いっぽう十七世紀の政治思想は、一見したところでは、このあらたなデカルト的理想にまったく影響を受けていないかのように見える。政治思想はまったくあらたな途に入りこむことがなく、その反対に、古式ゆかしい伝統を継受していたかに見えるのである。この事実をいったいどのように説明したものだろうか。あきらかに十七世紀の文明は、ギリシア・ローマ文化とその一般的背景をひとしくするものではない。知的・宗教的な、社会的・経済的な条件はひどく異なっている。真摯な思想家が、この時代の問題、近代世界の問題を解決しようとするのに、二千年もまえに鋳造されたことばで語りだし、またその概念で思考することが、そもそもどうしてできたのだろうか。

この事実を説明できそうなふたつの理由が存在する。ここで問題となるのは、ストア理論の内容というよりは、むしろその理論が、近代世界の倫理的・政治的な葛藤にあって果たす必要のあった機能である。その機能を理解するために私たちとしては、ルネサンスと宗教改革が創出したあらたな諸条件を顧みておかなければならない。ルネサンスと宗教改革は巨大で否定しがたい進歩をもたらしたとはいえ、そのすべては甚大で修復不能な損失によって相殺されることになる。中世文化の有していた統一とその内的調和が解体させられたのだ。たしかに中世文化も、深甚な葛藤を免れていたわけではない。教会と国家のあいだの闘争は止むことがなく、論理学的・形而上学的、また神学的な諸問題をめぐる論争にはおわりがないかに見えた。しかし、中世の文明の有する倫理的・

宗教的な基礎が、こうした論争によって深刻なかたちで影響されることはなかったのである。実在論者と唯名論者、理性主義者と神秘主義者、哲学者と神学者には共通の基盤があり、その基盤はけっして疑問に付されることがなかったのだ。十五世紀ならびに十六世紀以降そういった基盤が動揺するにいたり、以前のような堅固さを取りもどすことはかなわなかった。存在の位階《ヒエラルキー》的な鎖がかつてはすべてのものに、それぞれの正当で確乎とした疑問の余地もない場所を、事物の普遍的秩序のうちで与えていたのであるが、その連鎖がいまや断ちきられてしまった。太陽中心説が人間から奪いとったものは、その特権的な条件であった。人間はいわば、無限の宇宙のなかに追放された者となる。教会内部の分裂によって、キリスト教の教義はその基礎を脅かされ、掘りくずされた。宗教的世界も倫理的世界も、固定された中心点をもたないものであるかのように見える。十七世紀をつうじて、神学者や哲学者はなおもそういった中心をふたたび見いだそうとする望みを懐《いだ》いていた。当の時代のもっとも偉大な思想家のひとりが、倦むことなくこの課題に取りくむ。つまり、ライプニッツがきわめて真摯な努力を傾注したのは、相異なるキリスト教会を再統合すべき定式を見いだすことに対してであった。しかしながら、こうした企てのいっさいはむだになったのである。あきらかになったのは、教会そのものの内部にあって、かつては存在した「普遍性《カトリシティ》」を恢復するのは不可能であることなのである。もし宗教や倫理の真に普遍的な体系がありうるとするなら、その体系が基礎をおく原理はあらゆる国民、すべての信条、いっさいの教派が承認しうるものでなければならない。そしてひとりストア主義が、こうした課題に堪えるものであるように思われた。それは「自然」宗教と自然法体系の基礎となったのである。ストア哲学は、宇宙をめぐる形而上学的な謎を解くには役に立たない。しかしストア哲学に含まれていたのは、より偉大で重要な約束だった。ストア哲学が約束したのは、人間の倫理的尊厳を再興することだったのだ。この尊厳は、とストア哲学は主張する、喪われることがありえない。それは教義上の信条や、あるいはそれ以外のいかなる外的な啓示にも依存しないからである。人間の尊厳はひとえに道徳的な意志にもとづく――道徳的な意志とはしかも、人間がみずからに帰属させる価値なのである。

これが、偉大で、しかもじっさい測りしれない貢献として、自然法理論が近代世界に与えるにいたる寄与であった。この理論が存在しなかったとするならば、完全な道徳的アナーキーから逃れるどのようなすべも存在しないかに思われたのである。ボシュエ(*1)は十七世紀最大の神学者のひとりとして、なおもカトリック教会の伝統をその内的な統一性と古来の力という点で代表している。そのかれでさえ、あらゆる種類の順応策を採用しなければならなかった。そういった適応策は、キリスト教の教義があらたな時代つまりルイ十四世の世界でいまだ維持されるべきであるとすれば、およそ避けがたいところだったのだ。ルイ十四世は、キリスト教の守護者にして擁護者として賞賛され、賛美もされている。かれは〈もっともキリスト教的な王〉(*rex Christianissimus*)と称された。けれどもその宮廷はほとんど、古来のキリスト教的な理想が栄え、存続しうるような場所ではなかったのである。

（＊1）ボシュエ(Bossuet, Jacques-Bénigne, 1627–1704)。カトリックの司教。イエズス会の学院を経て、パリで学んだ。ルイ十四世の王太子の教育係となり、『世界史論』を著す。反宗教改革の急先鋒ともなって、『聖職者宣言』をまとめた。

いわゆる〈ルイ十四世の世紀〉(Siècle de Louis XIV)にはひとつの葛藤が隠されており、それは突如として、ジャンセニスムとイエズス会主義(＊1)とのあいだの闘争として公然化した。管見しただけでは、この闘争にはらまれている真の意味と意義を把握することはひどくむずかしい。現代の読者が、聖アウグスティヌスにかんするヤンセンの大著を研究しようとしても、そのような著作がいったいどうしてあのようにきわめて激しい情念の奔流を引きおこすことができたのか、まったく理解できずに途方に暮れることだろう。そもそもなにゆえにスコラ神学の一著作、もっとも深遠で難解な教義的問題を論じた一冊の本が、道徳的・社会的秩序の全体を震撼させて、かくも恐るべき効果をフランスの公的生活に及ぼすことができたのだろうか。

（＊1）ジャンセニスムとイエズス会主義（Jesuitism）は、カトリック教会の内部で宗教改革に対抗する二大潮流であったが、とりわけ前者はオランダの神学者ヤンセンのアウグスティヌス主義を奉じて、フランスではポール・ロワイヤル修道院を中心に活動を展開した。後述のパスカルもその信奉者のひとりである。ちなみにヤンセン（Jansen, Cornelius, 1585–1638）は大著『アウグスティヌス』（一六四〇年）を著し、アウグスティヌス思想における「恩寵」を重視した。

この問題に対する解答を見いだしたいのならば、十七世紀のフランス語文献のうちでもっとも偉大な著書の一冊を読めばよい。パスカルもまた『プロヴァンシアル』（*Lettres provinciales*）のなかで、教義神学中のもっとも微妙な問題をめぐる議論――「充分な」恩寵と「有効な」恩寵との区別、神の厳命を遵守する人間意志の有する「実在的な」能力と「近似的な」能力との区別といったもの——から筆をおこす。とはいえ、こうしたすべてはただの序曲にすぎない。とつぜん意表を突く仕方でパスカルは問題を変え、戦術を変更してしまう。かれは論敵をべつの側面から、遥かに脆弱な点をねらって攻撃する。パスカルが批難するのは、イエズス会的な道徳体系の曖昧さと倒錯である。パスカルは神学者として語りだしているのではない。かれの精神は神学的というよりは論理学的な、また数学的なものだった。パスカルは、だからイエズス会の道徳神学に烙印を捺すことでは満足しない。パスカルが求めざるをえなかったのは隠された動機であって、その動機は論理的なものと道徳的なものの双方にわたる。イエズス会的な決疑論を著そうとする者たちを誘って、その著書の筆を執らせ、それを宣伝するようにさせたものはいったいなんであったのか。パスカルによれば、この疑問に答えるにはおそらくひとことで足りる。イエズス会士たちは〈戦士の教会〉(*Ecclesia militans*)〔イエズス会の別名〕の成員だった。最大限の力を尽くしてかれらは、教皇とカトリック教会の絶対的な権威を維持しようと努力した。どのような代償であっても、この目的のためには高すぎるとは考えなかったのである。いまこの近代世界、いわゆる〈ルイ十四世の世紀〉にあって、厳格で峻厳《しゅんげん》な古来のキリスト教的理想は、その場をまったくもたない。それらの理想は犠牲に供されなければならないのだ。あらたな道徳性、イエズス会士のいう〈放漫な道徳〉(morale relâchée)こそが唯一の手段となって教会を、あるいはイエズス会の著作家たちにとってはおなじことだが、キリスト教を救うものであると思われた。こういったところがイエズス会の体系の前提であって、それをパスカルは鋭利で仮借ない論理的分析をつうじて暴露したのだ。イエズス会的道徳性は、イエズス会の政策《ポリシー》から帰結する不可避の結果であることが示されたわけである。

「イエズス会士たちの目標はべつだん、道徳を腐敗させようとすることではありません」、とパスカルは言明している。「それはかれらの意図ではない。かといってかれらの唯一の目的が道徳を改革することにある、というわけでもないのです。それは、拙劣な政策というものでしょう。イエズス会士たちが狙っているのは、こういうことです。かれらはじぶんたちをきわめて高く買っていて、宗教のために有益で、しかもいくらかは本質的に必要なのは、じぶんたちの評判がいたるところまで届いて、じぶんたちがいっさいの良心を支配するところまで達することである、とすら信じているほどです。福音書の厳格な準則は、ある種のひとびとを支配するのに向いているから、それを用いるのが好適な場合ならいつでもその準則を使います。とはいえ、そういった準則は大多数のひとびとの意向とは一致しかねますので、そうしたひとびとには、その準則を用いるのを取りやめるわけですが、それもひとびとをひろく満足させるためなのです。こういった理由から、あらゆる条件のもとで生きている、そのうえさまざまな国民に属するすべてのひとびとに対応しなければならないことになりますので、こうしたあらゆる多様性に応じた決疑論者たちを割りあてておく必要があります。（中略）かれらとしては、選ばれた少数の者たちには少数の〔厳格な〕者たちを揃えておき、いっぽう多数の放逸な決疑論者たちが、放漫を好む大多数のひとびとの意を迎えます。こうしてかれらは全世界にひろがっていき、それも蓋然的な見解の教説〔イエズス会の決疑論〕を通じてのことであるわけですが、それこそが目のまえにあるあらゆる乱脈の源泉であり根底にあるものなのです。（中略）なんといっても、かれらはそれをすこしも隠そうともしないわけですからね。（中略）違いはただ、イエズス会士たちは人間的・政策的な計算《プルーデンス》を、神聖なキリスト教的思慮《プルーデンス》という口実のもとに覆いかくしているというだけのことなのです。それではまるで、伝統に支えられた信仰が、すべての時とあらゆる場所においてかならずしも一箇同一の不変なものではなく、律法に服従すべき人間に対して律法のがわが身を屈して、それに適合することこそ、律法の役割であるかのようになってしまいます」[(1)][(*1)]。

(1) Pascal, *Lettres provinciales*, V. English trans. (New York, J. Leavitt; Boston, Crocker & Brewster, 1828), pp. 69–71.

(*1) カッシーラーによる引用は原文どおりでないことが多いが、ことに当面の箇所における『プロヴァンシアル』からの引用は、注で挙げられている英訳とは相当に異なって、ことばを補ったものとなっている。全集版の本文参照。

ここにひろく深い深淵が口を開いて、神学書を著す者たちを、対立するふたつの陣営に分断している。この深淵がひとたびはっきりとみとめられるならば、それを埋めることは不可能だった。パスカルの『プロヴァンシアル』公刊後には、どのような和解も妥協もありえなかったのである。残されたのは、ただひとつの二者択一である。その道徳的なふるまいにあってひとは、ふたつの対立項のいずれかを選ばなければならない。すなわち、厳格で峻厳なジャンセニスムの要求か、放漫なイエズス会の体系か、のどちらかである。さて、とはいえこうした抗争のなかで、哲学の占める位置はどのようなものであったのか。ガリレオとデカルトの同時代人たちが、恩寵と自由意志をめぐるアウグスティヌスの教義に復帰しうると、およそ期待しうるものだったのだろうか。十七世紀の哲学――「明晰にして判明なる観念」の哲学――が「充分な」恩寵と「有効な」恩寵、「助力する」恩寵と「有効な」恩寵とのあいだのスコラ的区別に立ちもどることなど、可能であったのか。あるいはまた、人文主義者や道徳思想家、ヒューゴー・グロティウスのような偉大にして高貴なる精神が、イエズス会士の放漫な道徳(morale relâchée)に譲歩することができたのであろうか。どちらの途も不可能だった。けれども、十七世紀の哲学的思想家たちは「道徳神学」を必要としてはいなかったのだ。かれらとしては、そうした神学概念そのものが、ある意味では語義矛盾であるとさえ確信していたのである。なぜならかれらは、人間理性の「自足性」(αὐτάρκεια)というストアの原理を受けいれていたからである。理性は自律的・自立的なものである。理性は、外的な助力をなにひとつ必要とはしていない。そのような援助が提供されたとしても、理性はそれを受容することさえできないだろう。理性はじぶん自身の道を見いだして、みずから自身の力を信じなければならないのである。

この原理が、自然法体系すべての礎石となったものである。それを古典的な仕方で表現したものが、ヒューゴー・グロティウス『戦争と平和の法について』(*De jure belli et pacis*)の「序文」なのであった。全能なる者の意志をもってしても、とグロティウスは語っている。道徳の諸原則は変更されえず、あるいは自然法が保証する基本的諸権利を廃棄することはできない。そうした自然法は、かりに私たちが仮定して——不可能なことはいえ(*per impossibile*)——、神など存在しない、あるいは神は人事に関心を持たないとする場合にあってすら、その客観的妥当性を保ちつづけることだろう[1]。

（1）Grotius, *De jure belli et pacis*, "Prolegomena", sec. 11.

十七世紀の政治哲学の有する合理的性格をさらにあきらかにするためには、その第一原理を分析するのではなく、その哲学の一般的方法に目を向けてみればよい。社会的な秩序の原理という問題にかんしては尖鋭な対立が、絶対主義の体系——ボーダンや、ホッブズの体系——と、民衆の権利と人民主権の擁護者とのあいだには見うけられる。しかし双方の党派は、たがいにどれほど争いあうものであったとしても、ひとつの点で一致していた。両者はそれぞれの論点を証明しようとして、おなじ基本的仮定へと立ちかえるのだ。かくて国家契約という教説が、十七世紀にあっては政治的思考にとってその自明な公理となるのである。

当面の問題を歴史的に見ると、この事実が大きく決定的な一歩をしるしづけている。というのも、そういった見解を採用し、法的・社会的な秩序を個人の自由な行為、被治者の自発的な契約を介した服従へと還元するならば、神秘はすべて消えてなくなるからである。契約ほど神秘的ならざるものはほかにない。契約というものは、その意味と帰結とをじゅうぶん意識したうえで締結されなければならない。それが前提するのは、すべての当事者の自由な同意である。国家をそうした起源にまで遡ることができたとするなら、国家は完全に明晰で、理解可能な事実となるのである。

こういった合理的なアプローチは、けっして歴史的なアプローチであるとは理解されなかった。ごく少数の、あまりに素朴な思想家たちにかぎって、社会契約論で説明されている国家の「起源」がそのまま、国家のはじまりに見とおしを与えるものと想定していたにすぎない。あきらかに私たちは、人間の歴史の特定の時点を指して、そこで国家がはじめて出現したものと定めることはできない。けれども、そうした歴史的な知識の欠落は、国家契約論者にとってなんのかかわりも持たないものである。かれらの問題は分析的なものであって、歴史的なそれではないからだ。論者たちは「起源」という概念を論理的な意味で解しているのであり、年代記的な意味で理解しているのではない。かれらが探しもとめているのは国家のはじまりではなく、その「原理」――つまりは国家の存在理由(raison d'être)なのである。

この件がとりわけはっきりするのは、ホッブズの政治哲学を研究する場合である。ホッブズがその典型的な事例となって代表している精神が、一般に社会契約をめぐるさまざまな理論をもたらしたのである。ホッブズの引きだした結論は、けっしてひろく受けいれられることがなかった。むしろ出遭うことになったのは反論である。他方その方法は、きわめて強い影響力をふるったのだ。くわえてこのあらたな方法とは、ホッブズの論理の所産にほかならない。ホッブズの政治的著作が示している哲学的価値は、その主題の内実よりも、かえって論証と推論の形式にある。その著作『物体論』(*De corpore*)の第一章のなかでホッブズは、知識にかんするみずからの一般理論を示している。知識とは、第一原理、あるいはホッブズがそう述べているところによれば「第一原因」の探究である。事物を理解するために私たちは、その本性と本質を定義することからはじめなければならない。いったんこの定義が発見されたなら、その性質のいっさいは厳密に演繹的な仕方で導出されることができる。しかしながら定義は、それが主題の種別的な性質を指示するに留まっているかぎりでは充分なものではない。真の定義であれば、

「発生的《ジェネリック》」もしくは「因果的《コーザル》」な定義でなければならないのである。定義が答えを与えなければならない問いとはたんに、ある事物がなんであるかばかりではなくなにゆえにそうであるか、という問いでもある。その問題に答えることによってのみ、私たちは真の洞察に達することができる。"*Ubi generatio nulla*" とホッブズはいう、"*... ibi nulla philosophia intellegitur*" ——つまり、発生のないところには、真の哲学的知識も存在しないということだ[1]。とはいえ、ここにいう「発生」をホッブズとしてはまったく、物理的あるいは歴史的な過程とは解していない。幾何学の領野にあってさえホッブズは、発生的もしくは因果的な定義を要求している。幾何学の対象であっても、それが完全に理解されるためには、構成〔作図〕されなければならない。あきらかに、構成するそのような行為は精神的な過程であって、時間的な過程ではない。探しもとめられているのは理性における起源であって、時間にあっての起源ではない。私たちは幾何学的な対象をその第一の要素まで分解し、それを総合的な思考の過程をつうじて再構成しようとする必要がある。おなじ原理が、政治的な対象についても妥当する。ホッブズが自然状態から社会状態への移行を記述する場合、かれに関心があるのは国家の経験的な起源ではない。問題となっている点は社会的・政治的な秩序の歴史ではなく、その妥当性である。

問われているのはひとえに、国家の歴史的な基礎ではなくその適法的な基礎であり、この適法的基礎への問いに対してこそ、社会契約論は答えているのである。

（1）以下を参照。Hobbes, *De Corpore*, Pars I, cap. I, sec. 3 ad 8, "Opera Philosophica quae Latine scripsit", ed. W. Molesworth (London, Bohn, 1839), I, 9.

ホッブズの理論は究極的には、支配者と臣下とのあいだで法的な紐帯《ちゅうたい》がいったん取りむすばれると、それは解除されえないものである、とする逆説的な主張へと到達する。服従契約は、それにしたがって諸個人がそのあらゆる権利と自由とを放棄することになるものであり、それが必然的な前提、その第一歩となって、社会的秩序が導かれる。これは、しかしある意味では究極の一歩でもある。それ以後、各個人はもはや独立した存在者としては存在しない。個人は、じぶん自身の意志を持たないことになるのだ。社会的な意志が、国家の支配者と一体化されるにいたったからである。その意志は無制限のものであり、絶対君主と並び、あるいはそれを超えるような、その他のいかなる権力も存在しない[1]。あきらかにこの件は恣意的な想定というものであって、それを社会契約の一般的な概念によって証明することも正当化することもできない。なぜならば、自然権をめぐるストアの教説と結びつく場合には、社会契約の概念はまったく正反対の結果を導くものであったからである。それぞれの個人がたがいのあいだで、また支配者とのあいだで同意を形成したとして、そのばあい諸個人はひとえにじぶん自身のために行為することができたのはあきらかである。かれらは絶対的に鞏固な、変更することのできない秩序を創出することはできなかったし、後続する世代を拘束することもできなかったはずである。現存世代という観点からしてもなお、いっさいの権利を無条件かつ絶対的に放棄して、それを支配者に委譲することは不可能である。すくなくともひとつの権利が、譲渡することも放棄することもできないものとして存在する。人格性に対する権利である。(＊1) この原理にもとづいて議論することで、政治にかかわる著作を著して、十七世紀にきわめて影響力のあった者たちは、ホッブズの引きだした結論を拒絶したのだ。かれらはこの偉大な論理学者に対し、語義矛盾という廉《かど》を負わせた。かりに人間がその人格性を放棄しうるとするなら、その者は道徳的な存在者であることを止めることになるはずである。かれは生命のない物件《シング》となることだろう――であるとすればいったいどのようにして、そうした物件がみずからに義務を負わせることができるのか――すなわち約束し、あるいは社会契約を取りむすぶことができるのだろうか。この基本権、人格性に対する権利には、ある意味で他の諸権利のすべてが含まれている。みずからの人格性を維持して、それを発展させることが一箇の普遍的な権利なのである。それは個々人の気まぐれな思いつきに従属することがらではなく、したがってまたひとりの個人からもうひとりの個人へと委譲することのできないものである。統治契約こそ、あらゆる市民的な権力の法的基底であるとはいえ、その契約にはかくてまたその内在的な限界がある。服従契約(*pactum subjectionis*)などというものは存在しない。つまり、人間が自由な行為主体という地位を放棄し、みずからの隷属化を可能とするような、服従条項《アクト》といったものは存在しないのだ。なんとなれば、そうした権利放棄の行為《アクト》によって人間が手ばなすことになる特性は、ほかでもなく人間の本性と本質をかたちづくるものであって、かくて人間はその人間性を喪失するにいたるからである。

(1)　以下を参照。Hobbes, *De cive*, cap. 5-7; *Leviathan*, cap. 17-19.

(＊1)　personality. この文脈では英語としては「人格」と訳しておくのが自然であるが、後論(奴隷契約の否定など)にみるように、当面の場面でカッシーラーの用語法は、ややアナクロニズムの色を漂わせているほどにカント的なものであるのに鑑み、カントのいう Persoalität の訳語と見て、「人格性」と訳しておく。たとえばまた、四行あとの「存在者」は being

の訳で、この英語はカントの使う意味でのドイツ語 Wesen を念頭に置いたもの、「生命のない物件」はカントのいう Sache（物件）の定義を踏まえたものだろう。

XIV　啓蒙と、そのロマン主義的批判者たち

政治思想の発展にあって十八世紀、この〈啓蒙〉の世紀はもっとも実りゆたかな時代のひとつである。その時代以前にはだんじて、政治哲学がこれほどまでに重要で決定的な役割を演じたことはなかったのである。政治哲学はもはや、すべての知的活動において特殊なたんなる一分枝とは見なされず、ほかならぬその焦点となったのだ。その他のいっさいの理論的関心がこの目標に向けられ、また集中した。「手がけていたさまざまな著作のなかでも」、とルソーはその『告白』のなかで書いている。「私の念頭に長くありつづけ、最大の関心をもってそれに携わり、じぶんの一生をそれに捧げたいと願って、みずから恃《たの》むところ、それこそがじぶんの名声を確立するものと念じていたのは『政治制度論』(*Institutions Politiques*)なのであった。(中略)やがて分かったのは、あらゆる

ことがらが政治と深く結びついていることであり、またおよそ国民がどのような態度を採るかにかかわりなく、いかなる国民もみずからの政体に由来する本性以外のものを持ちえない、ということである(1)」。

(1) Rousseau, *Confessions*, Bk. IX (Everyman's Library, New York, E. P. Dutton & Co., 1931), II, 55.

しかしながら、政治問題のすべてに対してこれほど強烈な関心を懐いていたにもかかわらず、啓蒙の世紀にはあらたな政治哲学が展開されることはなかった。きわめて高名で有力な著作家たちの仕事を研究してみて驚かされるのは、そこには完全にあらたな理論といったものがまったく含まれていないことである。同一の観念がくりかえし反復されている――しかもそうした観念が創出されたのは、十八世紀というわけではないのである。ルソーは逆説を弄するのを好んでいたとはいえ、ことが政治にかかわるばあい私たちが耳にするのは、まったくべつのきわめて穏当な口調である。政治哲学の目的と方法をめぐるルソーの捉えかた、人権が不可侵にして譲渡不能なものであることにかんするその教説にあって、ロックやグロティウス、あるいはプーフェンドルフの著書のなかに、それと並行し、その範型となるものが見いだされないものは、ほとんどなにひとつ存在しない。ルソーとその同時代人たちが長じていたのは、べつの領野についてなのである。かれらは政治的な教説より政治的な生に対して、遥かに関心を寄せていたのだ。かれらは人間の社会的な生の第一原理を証明しようと欲することはなく、それを肯定して適用しようとした。政治の問題にかんしていえば、十八世紀の著作家たちはけっして独創的たろうとする志向をもっていない。実際かれらは、この領野での独創性なるものをきわめて疑わしいことがらと見なしていた。フランス百科全書派のひとびとがこの時代を代弁していたが、かれらがつねに警戒していたのは、じぶんたちが体系の精神(l'esprit de système)と呼んだものに対してであった。百科全書派は、十七世紀に展開されたさまざまな偉大な体系、つまりデカルトやスピノザ、ライプニッツの体系と張りあおうとする野心など持ちあわせていなかったのである。十七世紀は形而上学の世紀であり、自然の形而上学と道徳の形而上学を造りだした。啓蒙の世紀には、こういった形而上学的な思弁への関心が失われてしまった。その世紀のエネルギーのすべてはべつの点に集中させられたのであるが、それは思考のエネルギーというよりもむしろ一箇の行動のエネルギーだったのである。「観念」はもはや「抽象観念」と考えられてはいない。

観念が武器へと鍛えあげられて、大いなる政治的闘争へと向けられた。問題は、そうした武器があらたなものであるかではなく、有効であるかどうかにある。そして多くの場合、もっとも古い武器こそもっともすぐれて有力な武器となったのだ。

大百科全書に結集した著者たちやアメリカ民主主義の祖父たち、つまりダランベールやディドロ、ジェファーソンといったひとびとには、じぶんたちの観念があらたなものであるか、といった問題をほとんど理解することもできなかっただろう。かれらがみな確信していたのは、それらの観念がある意味で世界とともに古いものである、ということだ。そうした観念はつねにどこでも、だれによっても信じられているなにごとかと見なされていたのである。すなわち、いかなる時でもいかなる場所でも、万人によって(*quod semper, quod ubique, quod ab omnibus*)ということだ。「理性とは」、とラ・ブリュイエールは語る、「どこにでも通じるものである」(La raison est de tous les climats)。「独立宣言の目的とは」、とジェファーソンは一八二五年五月八日づけの、ヘンリー・リー(＊1)に宛てた手紙のなかで書いている。「これまでまったく考えつかれることもなかったあらたな原理とか、あらたな論拠とかを見いだすことではなく、かつては言いだされたことがなかったことがらをたんに口にするだけというものでもありません。それは、人類のまえに問題の一般的な意味を指ししめし、しかもそれを平明で確乎たることばで述べ、人類の同意を得ようとすることです。（中略）それが狙っているのは、独創的な原理や感情ではありませんし、かといってなにか特定の、すでに存在する著作から引きうつしたものでもないのであって、それが表現しようとしているのはアメリカ精神であり、意図するところは、その表現に対して時節が要求する正当な調子と精神とを与えようとすることでした（1）」。

（1） Thomas Jefferson, "Writings", ed. Paul Chester Ford (New York, G. P. Putnam's Sons, 1899), X, 343. Modern Library ed., p. 719.

（＊1） リー（Lee, Richard Henry, 1732–94）。アメリカの政治家で、独立宣言の署名人のひとり。

しかしながら、アメリカ独立宣言やフランスの人権宣言のうちに据えおかれたさまざまな原理は、ひとえに一般民衆の感情を表現するものであるといって済まされるものではない（1）。十八世紀の文化の内的統一性を示すものとして、おそらくそれ以上のものは考えることもできないもっとも特徴的な事実は、おなじ原理が当代のもっとも深遠な思想

家、すなわち純粋理性の批判者によって主張され確証された、ということなのである。(*1)

(1) 私たちはここで、フランス人権宣言の歴史的な起源という、議論の沸騰している問題に立ちいっておく必要はない。ゲオルク・イエリネックが、一八九五年に公刊された論攷で証明しようとしたのは、人権宣言が、十八世紀のフランス哲学者たちの抱いた観念に由来するものと見なすのはあやまりである、ということである。イエリネックによれば、フランス革命の法的・政治的観念の真の源泉は、アメリカの権利章典、とりわけヴァージニア州の権利章典のうちに求めなければならない。べつの著作家たちはこの見解をつよく否定している。この件については、たとえば以下を参照。V. Marcaggi, *Les origines de la déclaration des droits de l'homme de 1789* (Paris, 1904). とはいえ、この場合どれが先行しているかという問題はあまり重要ではない。あきらかに、ジェファーソンやアダムズも、ラ・ファイエットやコンドルセも、人権宣言が体現している観念を「発明」したわけではないからである。かれらが表現した確信はただ、「自然法」理論の開拓者たちのすべてが抱いていたものであったにすぎない。

(*1) 底本ではこのあと一行空き。全集版には空行がない。

カントは、フランス革命を熱烈に賛美した者のひとりである。しかもカントの精神と性格の力強さを示すところでもあるのだが、フランス革命の大義が地に塗《まみ》れたかに見えたときでさえ、みずからの判断を変えることがなかったのだ。カントは、人権宣言に表現された思想の倫理的価値を信じ、その信念はすこしも揺らぐことがなかったのである。「このようなできごとをかたちづくっているのは」、とカントは語っている。「人間による重大な行為あるいは犯行ではない。かりにそうであるならば、かつて偉大であったものがひとびとのあいだで卑小なものとなり、あるいは卑小であったことがらが偉大なものとなって、くわえてまた（中略）古い輝かしい政治的な建造物が崩壊して、そのかわりにべつのものどもが地の底から立ちあがる、といったはこびになるだろう。否、だんじてそうではない！（中略）天分に恵まれた国民による革命が、いま私たちの目のまえで進行しているわけであるが、その革命はあるいは成功し、あるいは失敗するかもしれない。革命はもしかすると悲惨と兇行とに充ちていて、公正な人間なら、たとえ運よくそれを遂行しうると確信しえたとしても、これほどまでに高価な犠牲を払ってまでその実験をいまひとたび繰りかえすことを決心しかねるようなものであるかもしれない。こういったいっさいにもかかわらず革命は、それを目撃したすべてのひとびとの精神に、ほとんど熱狂にもひとしい共感を見いだしたのである。（中略）人類の歴史におけるこのような現象は、だんじて忘却しうるものではない。なぜならその現象は、人間本性のうちにはより善きものへと向かう傾向と性向[*1]が存在することを証拠だてたからであって、そうした傾向と性向は、それまでいかなる政治家も、これまでのできごとの経過に鑑みて、予見することもできなかったものなのである[1]」。

（1）Kant, *Der Streit der Fakultäten* (1798), sec. II, "Werke", ed. E. Cassirer, VII, 397f., 401.

（＊1）「傾向と性向」は、カッシーラー自身による英訳では an inclination and disposition. カントのドイツ語原文では eine Anlage und ein Vermögen. 原文から訳しなおすならば「素質と能力」。

十八世紀の精神はふつう「知性主義的」な精神として描きだされる。とはいえ、かりに「知性主義」が冷徹で抽象的な態度、実践的・社会的・政治的な生に属する現実的問題に対して距離を取ることを意味しているならば、これ以上に不適切で誤解を呼びやすい描きかたは、ほかにありえないことだろう。そういった態度は、〈啓蒙〉の思想家たちにとってまったく無縁なものだった。かれらはことごとく、のちにカントが「実践理性の優位」というかたちで定式化した原理を受けいれたことだろう。啓蒙期の思想家たちは、理論理性と実践理性とを截然と区別することをだんじて承認しなかった。かれらは思弁を生から分離するようなことはしなかったのである。おそらく、十八世紀ほど、理論と実践、思考と生とのあいだに完全な調和が存在したことはかつてなかったはずである。思考されたことがらはすべてただちに行動へと移され、いっさいの行動が一般原理のもとに従属して、理論的な基準にしたがって判断された。こうした特性こそがまさに、十八世紀の文化にその力強さと内的な統一とを与えたのである。文学と芸術、科学と哲学とは中心点を共有し、たがいに協働して、同一の目標へと向かった。それゆえに、当時の巨大な政治的事件があれほどの熱狂を伴って一般に歓迎されたのだ。「それら(本源的で時効をもたない諸権利)が」、とコンドルセはしるしていた。「哲学者たちの著作や、公正なひとびとすべての心情のうちに棲みついている、というだけでは充分ではない。無知で無力なひとびとであっても、偉大な国民の示した先例のうちにそれらを読みとらなければならない。アメリカが私たちに与えたのはこうした先例なのである。アメリカ独立宣言が率直かつ崇高な仕方で表現したのは、かくも永きにわたって忘却されてきたこの聖なる諸権利なのだ(1)」。

（1）Condorcet, *De l'influence de la révolution d'Amérique sur l'Europe* (1786), chap. I, "Œuvres complètes" (Brunswick, Vieweg; and Paris, Henrichs, 1804), XI, 249.

このように偉大な達成のいっさいが突如として疑問に付されるにいたったとは、一体どうしたことだろうか――つまり十九世紀の幕が開けると、先行世代の哲学的・政治的な理想のすべてが攻撃され、公然と挑戦されるようになったのは、どうしてなのだろう。この問いに答えるのはたやすいことであるかに思える。フランス革命が終焉したのは、ナポレオン戦争の時節である。当初の熱狂のあとに、深い幻滅と不信がつづいた。フランス革命がはじまったころ書かれた書簡のひとつで、ベンジャミン・フランクリンは、不可侵の人権という観念が、火炎が黄金に対するのとおなじように働くことになるだろう、とする希望を表明していた。「それは破壊することなく、純化するだろう」ということである。しかし、こうした楽観的な希望は決定的に潰えさったかに見える。フランス革命の与えた偉大な約束はことごとく果たされないままとなった。むしろ、ヨーロッパの政治的・社会的な秩序が完全な崩壊に瀕しているかに思われたのである。エドマンド・バークは、一七九三年のフランス憲法を「アナーキーの摘要」と呼んだが、譲渡することのできない人権という教説は、かれにとっては「叛乱への招待状であり、アナーキーの不断の原因[1]」なのであった。「人間の理性が」、とジョゼフ・ド・メストルは、その著作『教皇論』(*De la papauté*)のなかで書いていた。「人間を導くには無力すぎるということは、難なく納得されよう。(中略)したがって一般に、だれがなんと言おうと権威からはじめるのが望ましい」(La raison humaine est manifestement convaincue d'impuissance pour conduire les hommes ... en sorte qu'en général il est bien, quoi qu'on dise, de commencer par l'autorité)。

(1) 以下を参照。Charles Grove Haines, *The Revival of Natural Law Concepts* (Cambridge, Mass., Harvard University Press, 1930), p65.

十九世紀初頭の二、三十年間にみとめられる完璧で急速な観念の変化に対してあきらかな理由を挙げるとすれば、それは右に見た件なのである。とはいえ、そうした反動をたんに政治的なものとして描きだすなら、それは十分とはいえない。そこには、べつの、より深い原因がある。ドイツ・ロマン主義者たちは、啓蒙の哲学に対する闘争を開始し、その闘争における先触れともなったが、かれらが第一に関心をもっていたのは政治的な問題ではない。ドイツ・ロマン主義者たちは――過酷な政治的事件の世界というよりは――遥かに「精神」の世界のうちで、つまり詩と芸術のなかに生きていた。いうまでもなくロマン主義のうちには、自然・芸術・歴史の哲学ばかりでなく、固有の政治哲学もまた含まれている。しかしこの分野についていえば、ロマン主義の著作家たちによって明確で一貫した理論が展開されたことはだんじてない。そのうえかれらの実践的態度も首尾一貫したものではなかったのである。フリードリヒ・シュレーゲルはそれぞれの時節にあって、保守主義思想の唱道者であり、また自由主義的な観念の代表者ともなった。かれは、共和主義から専制主義へと転向したわけである。確定して、不変の疑問の余地もない政治的観念の体系を、だれであれロマン主義の著作家からとり出すことは不可能であるように思われる。多くの場合、振り子が一方の極からその対極へと揺れうごいているのである。

しかしながら、決定的な重要性を伴うふたつの論点が、ロマン主義と啓蒙の闘争のうちに存在している。第一の論点は歴史へのあらたな関心であり、第二の点は神話にかんするあらたな捉えかたとその評価である。第一の論点についていえば、すべてのロマン主義的著作家たちの標語となり、くりかえし叫ばれていわば鬨《とき》の声となったのは、〈啓蒙〉の世紀は完全に非歴史的な時代であった、というものである。冷静に偏見をまじえず事実を分析してみるならば、この見かたを確証するものはなにもない。たしかに、歴史的な事実への関心は啓蒙の思想家たちと初期ロマン主義者たちのあいだで同一のものではない。それぞれは異なった視角から歴史という問題に接近し、また相異なるパースペクティヴからそれを見ていた。とはいえこの件は、十八世紀の哲学者たちが歴史的世界をまったく見失っていた、ということを意味するものではない。その反対にそれらの哲学者たちは、歴史研究にあらたな科学的方法をもっとも早くから導入したひとびとだったのである。かれらには、のちになって蒐集されるようになった膨大な歴史的資料は与えられていなかったとはいえ、くだんの哲学者たちには、歴史的知識の重要性にかんして明晰な洞察があったのだ。「それは歴史的な時代であり、また歴史的な国民でもある、と私には思われる」。デイヴィッド・ヒュームがそう語っているのは、十八世紀イギリス文化を論じる場面にあってのことだ。(＊1) ヒューム、ギボン、ロバートソン、モンテスキュー、ヴォルテールのようなひとびとに対し、歴史への関心や歴史的な理解が欠落しているなどと批難することはできない。その著作『ルイ十四世の世紀』(*Siècle de Louis XIV*)や『習俗論』(*Essai sur les moeurs*)のなかでヴォルテールが創造したのは、

文明史をめぐるあらたな近代的な範型だったのである。(1)

（1）より詳しくは、以下を参照。E. Cassirer, *Die Philosophie der Aufklärung* (Tübingen, Mohr, 1932), chap. V, "Die Eroberung der geschichtlichen Welt", pp. 263-312.

（＊1）ロバートソン(Robertson, William, 1721-93)。スコットランドの歴史家で、『アメリカ史』全二巻(一七七七年)等の著書がある。

とはいえ、十八世紀と十九世紀の歴史の捉えかたのあいだには根本的なひとつの差異が存在する。ロマン主義者たちは過去を過去のために愛している。かれらにとって過去は一箇の事実であるというだけではなく、また至高の理想のひとつである。過去をそのように理想化し精神化することが、ロマン主義的な思考にあってもっとも顕著な一特徴なのである。すべてのものは、その起源まで辿られるとただちに理解され、正当化・合法化されうるものとなる。こうした精神の枠組みは、十八世紀の思想家たちにとってはまったく異質なものだった。かれらが過去を省みたとしても、それはより善き未来を準備しようとするためである。人類の未来、あらたな政治的・社会的な秩序の勃興こそがかれらの偉大な主題であって、真の関心事なのであった。この目的のために歴史の研究が必要なのであり、歴史の研究は目的それ自体なのではない。歴史は私たちに多くのことがらを教えうるだろうが、歴史が教示しうるのはひとえになにがあったかであって、なにがあるべきかではない。歴史の評決を、誤謬を免れた決定的なものとして受けいれることは、理性の尊厳を侵す犯罪というものだろう。歴史が過去に栄光を与えることを意味し、旧体制(ancien régime)をも確証することを意味するならば、「大百科全書」の「哲学者たち」の精神にとっては、歴史はそもそものはじまりから呪われていることになる。歴史には真の倫理的な価値が欠けているがゆえに、歴史はかれらにとってまったく理論的な関心を惹くことのできないものだった。実践理性の優位という原理からすれば、〔倫理的価値と理論的関心の〕両者はたがいに関係し、不可分のものであったからである。十八世紀の思想家たちは、その反対者からはしばしば知性主義の廉で批難されたけれども、かれらはけっして歴史をたんに知的好奇心を満足させるためだけに研究したわけではない。思想家たちは歴史のうちに行動への指針、人間社会に到来すべきより善き状態へと導きうる羅針盤を見ていたのだ。「私たちはじぶんの祖先をそれほど敬愛することがない」、と十八世紀の著作家のひとりは書いている。「いっぽう私たちは、じぶんの同時代人たちに遥かに愛着を感じていて、私たちの子孫に対してはさらに期待を懐いているのである」[1]。デュクロ[*1]がそう語っていたように、歴史にかかわる私たちの知識は「先どりされた経験」[2]以上のものではありえないし、それを超えたものともなりえない。

（1）Chastellux, *De la félicité publique*, II, 71. 以下の引用による。Carl L. Becker, *The Heavenly City of the Eighteenth Century Philosophers* (New Heaven, Yale University Press, 1932), pp. 129-130.

（2）Becker, *idem*, pp. 129-130 を参照。

（＊1）デュクロ(Duclos, Charles, 1704-72)。フランスの小説家・モラリスト。

この件が、真の差異、ふかい裂け目として、〈啓蒙〉の世紀とドイツ・ロマン主義とのあいだにひろがっている。「私たちには、確実な導き手があるのだ」、とするされているのは、フランス革命勃発の前夜、あるいはその直後に著された政治的パンフレットにおいてである。「それは古代の遺蹟よりもなお古いものであって、いたるところに存在し、万人が所有する導き手なのである。すなわち私たちの思考を支配する理性と、私たちの感情を規制する道徳、ならびに自然法がそれである」[1]。他方ロマン主義者たちは、正反対の原理から出発する。かれらは、歴史上のどの時代にも固有の権利《ライト》があり、それ自身の規準にしたがって測られなければならないことを説くばかりではなく、その遥か先まで突きすすむ。「歴史法学派」の創始者たちが宣言するところによれば、歴史こそ法《ライト》の源泉であり、その起源にほかならない。歴史を超えた権威は存在しない。法《ロー》や国家が人間によって「造られる」ことはありえない。それらは人間の意志の所産ではなく、かくしてまた人間の意志の管轄下にあるものでもない。法や国家は、個人のいわゆる天賦の権利により束縛されることも制限されることもない。人間が法を創ることができないのは、言語や神話や宗教を造ることができないのとおなじなのだ。歴史法学派の原理、サヴィニーによって構想され、その弟子や後継者たちによって展開されたそれにしたがえば、人間の文化は、自由で意識的な人間の活動から生まれるものではない。その源泉は「より高い必然性」のうちにある。この必然性は形而上学的なものであって、無意識的に作動し創造する、自然的な精神なのである。

（1）*Des États-Généraux et principalement de l'esprit qu'on doit y apporter*, par Target (Paris, 1789). 以下の引用による。Fritz Klövekorn, *Die Entstehung der Erklärung der Menschen-und Bürgerrechte*, "Historische Studien", XC (Berlin, E. Ebering, 1911), 31, 224, n. 23.

この形而上学的な捉えかたのもとで、神話の価値が一変することになる。〈啓蒙〉の思想家たちすべてにとって神話とは野蛮なものであって、混乱した観念と愚昧な迷信とが奇妙で奇怪なかたちで集塊したもの、たんなる怪物的な所産であるにすぎない。神話と哲学のあいだには、なんの接触点もありえなかったわけである。神話は哲学が開始されるところで終焉する——それは暁闇が朝日に道を譲るようなものである。こうした見解が、ロマン主義の哲学者たちに目を転じるや根底的に変化してしまう。これらの哲学者の体系にあっては、神話が最高の知的関心にとっての主題となったばかりでなく、畏敬と崇拝の対象となったのである。それは、人間の文化の主要な源泉と見なされたのだ。芸術、歴史また詩《ポエトリー》は、神話に由来するものである。この起源を見すごし、あるいは否認する哲学は、浅薄で不充分なものであると宣言される。シェリングの体系の主要な目的のひとつは、神話に対して人間の文明におけるその正当な地位を与えることであった。その著作のなかではじめて、自然、歴史ならびに芸術の哲学と並んで、一箇の神話の哲学が見いだされる。最終的にいえば、シェリングの関心のいっさいは神話の問題に集中してゆくものであるように思われる。神話は哲学的な思考にとってその対立物であるどころか、その同盟軍であって、ある意味では哲学的思考の極致となったのである。

こうしたすべては、逆説的なものと映じるかもしれない。しかしそれは、ロマン主義的な思考の原理そのものから帰結するところである。シェリングが表現したのはただ、ドイツにおける若い世代全体が共有する確信であったにすぎない。かれは、ロマン主義文学《ポエトリー》の哲学的代弁者となった。詩《ポエトリー》の源泉に立ちかえろうとする深い願望により、神話に対するロマン主義の関心は説明される。詩はあらたなことば、すなわち概念や「明晰判明な観念」のことばではなく、聖なる文字《ヒエログリフ》のことば、秘密で神聖なシンボルのことばで語ることを学ばなければならない。これが、ノヴァーリスの〔「青い花」で知られる〕『ハインリヒ・フォン・オフターディンゲン』(*Heinrich von Ofterdingen*)のなかで語られた言語なのであった。カントの批判的観念論に、ノヴァーリスは自身の「魔術的観念論」を対置した――このあらたなタイプの観念論が、シェリングやフリードリヒ・シュレーゲルによって哲学と詩の礎石と見なされたものなのである。

これは観念をめぐる一般的な歴史にあってあらたな一歩であった――しかも、その一歩は、哲学的な思考にとってよりも、以後の政治的思考の発展にとって、遥かに重大な帰結をはらんだ一歩なのであった。哲学においてシェリングの影響力は、ヘーゲルの体系が出現したことで相殺され、やがてその光には影がさした。神話学の役割をめぐるその捉えかたはただのエピソードに留まった。それにもかかわらず神話の復権と栄光化へとのちにつうじる道が舗装され、その道はかくて現代の政治へつながっているのである。

そうはいっても、ロマン主義の精神が爾後の展開に対して責任があると考えるのは、一方であやまりであり、他方では公正を欠くものである。最近の文献のなかでしばしば見うけられる見解は、ロマン主義が二十世紀の神話にとって最初の、またもっとも有力な政治的源泉であったとするものである。多くの著作家によれば、ロマン主義が「全体主義的国家」の概念を造りだし、後代の侵略的な帝国主義のすべての形態を準備したことになる。[1] とはいえ、このように評価する場合に私たちは、主要なしかも決定的な特徴を忘れてしまうことになるように思われる。ロマン主義的な著作家たちの「全体主義的」な見解は、その由来と意味からすれば文化的なものであって、政治的なものではなかったということだ。かれらが憧憬する宇宙は、人間文化の宇宙であった。かれらが意図したところは、世界を「政治化《ポリティサイズ》」することではだんじてなく、それを「詩化《ポエティサイズ》」することなのであった。人間的な生のいっさいの領域――宗教・歴史・自然科学さえも――へと「詩的な精神」を浸透させること、これこそフリードリヒ・シュレーゲルが、ロマン主義運動の最高の目的であると宣言したものなのである。[2] 多くのロマン主義的な著作家とおなじように、フリードリヒ・シュレーゲルもまた、政治の世界より「学と芸術の神的世界」のうちに身を置くことに、遥かに安らぎを感じていたわけである。この態度が、ロマン主義的なナショナリズムに特殊な色調と性格を与えたことになる。疑いもなく、ロマン主義の詩人や哲学者たちは熱烈な愛国者であったし、かれらの多くは非妥協的なナショナリストであった。けれども、かれらのナショナリズムは帝国主義的なタイプのそれではない。かれらの執心するところは、保持することであって征服することではなかったのである。ロマン主義者たちがその精神的な力のかぎりを尽くして努めたのは、ドイツ的な性格の特異性を維持することであり、それを他の国民に強制したり押しつけることなど、まったく考えてもいなかったのだ。

(1) たとえば以下を参照。Peter Viereck, *Metapolitics. From the Romantics to Hitler* (New York, A. A. Knopf, 1941). たとえばまた、以下の論文ならびに、その著者による、レオ・スピッツァーとのきわめて興味ぶかい討論をも参照。Arthur O. Lovejoy, "The Meaning of Romanticism for the Historian of Ideas", *Journal of the History of Ideas*, Vol. II, No. 3 (1941) and Vol. V, No. 2 (1944).

(2) 以下を参照。Friedrich Schlegel, "Gespräch über die Poesie", *Prosaische Jugend-schriften*, ed. Jacob Minor (2d ed. Vienna, Carl Konegen, 1906), II, 338ff.

この件は、ドイツ・ナショナリズムの歴史的な起源からすれば、必然的な帰結であった。そのナショナリズムが創始されたのはヘルダーによってである——そして十八世紀の思想家や詩人たちのなかでもヘルダーこそが、個性に対するもっとも鋭敏な感覚ともっとも深い理解とを所有していたのである。そうした個人主義がロマン主義運動にあって顕著で、もっとも特徴的な性格のひとつとなった。ロマン主義者たちは、文化的生の特殊で種を異にする形態のさまざま、つまり文学・芸術・宗教・歴史といったものを「全体主義」国家の犠牲に供することなどとうていできなかったことだろう。かれらは、さまざまな個人や民族の生を特徴づけている無数の微妙な差異に対して、ふかい敬意を懐いていたのだ。そういった差異を感得し享受して、民族の生の形式のすべてに共感することが、ロマン主義者たちにとっては歴史的な知識の有する真の射程であり、その最大の魅力なのであった。ロマン主義者たちのナショナリズムは、だからたんなる自民族第一主義《パルティキュラリズム》ではない。むしろその正反対である。ナショナリズムは真の普遍主義《ユニヴァーサリズム》と両立するばかりではなく、それを前提とする。ヘルダーにとって、それぞれの民族は、普遍的で、いっさいを包括する和声のなかの個別的な声であるにすぎない。かれが蒐集した民謡のなかには、あらゆる民族、ドイツ・スラヴ・ケルト・スカンディナヴィア・リトアニア・トルコなどの諸民族の歌謡が見られる。そして、ロマン主義の詩人や哲学者たちは、ヘルダーとゲーテの後継者だったのである。ゲーテが世界文学(Weltliteratur)ということばをはじめて使用して、その語はロマン主義的な著作家がこぞって愛好するところとなったのだ。かくして、演劇芸術にかんするその講義のなかでA・W・シュレーゲルは、あらゆる時代の戯曲をめぐってひろく概観を与えながら、それらを等分の愛情とともに、偏見からひとしく自由な共感をもって論じるにいたったわけである。

　こうした文学上の普遍主義が、あらたな宗教的な普遍主義によって限定され、かくて強化された。初期ロマン主義者たちは、中世文化のもっとも偉大な特権を、中世期が普遍的な宗教的理想によって統括されていたという事実のうちにみとめている。そこではキリスト教が、なお分裂を知らない全体であったのである。キリスト教社会は神秘的共同体(＊1)であって、それは神によって統治され、普遍《ユニヴァーサル》教会と世界《ユニヴァーサル》帝国というふたつの相関的な秩序に代表されるものだった。ロマン主義的著作家たちに霊感を与えていたのは、人類のこうした黄金時代に回帰しようとする願望なのである。その点でもかれらは、じぶんたちの文化的・宗教的な理想を自国にのみ限定しようとは思いおよぶこともなかったはずである。ロマン主義者たちは統一ドイツのためばかりではなく、統一されたヨーロッパをも求めて努力していたのだ。その論稿「キリスト教圏あるいはヨーロッパ」のなかでノヴァーリスは、ひとつのキリスト教信仰がヨーロッパ大陸に宿り、ひとつの偉大な関心がこの広大な精神的帝国に所属する遠隔の地方をも結びあわせていた、美しくも輝かしい日々を賛美している。(1) ロマン主義神学者中で最大の存在、フリードリヒ・シュライエルマッハーはさらに遠く歩をすすめる。シュライエルマッハーはその『宗教講話』(*Reden über die Religion*)にあって、普遍的宗教〔という構想〕を開示し、またそれを擁護したけれども、その宗教はあらゆる種類の信条と礼拝とを包括するものである。先だつ時代には「異教徒」とされたすべての者たちが、この宗教的な理想のうちに包含されることが可能となる。「無神論者」スピノザは、シュライエルマッハーによって「偉大にして聖なるスピノザ」と呼ばれたのである。真の宗教的感情にとっては、とシュライエルマッハーは宣言する。教義上のいっさいの差異は重要ではない。宗教とは愛であり、その愛は「これ」や「あれ」に対する愛、つまり有限で特定の対象に対する愛ではなく、〈宇宙〉、〈無限なもの〉に対する愛なのだ。

(1) Novalis, *Die Christenheit oder Europa* (1799), "Schriften", ed. Jacob Minor (Jena, Diederichs, 1907), II, 23.

(＊1) mystic body. いわゆる*corpus mystericum*. イエス・キリストそのものを指すとともにイエスをキリストと信じる者たちの教会、また教会を中心とする中世社会の秩序をも指す。

この間の消息によってさらに、ロマン主義的なナショナリズムの性格が説明される。そのナショナリズムもまた愛から生まれたものであって、後代のナショナリズムの形態の多くがそうであるような憎悪の所産ではない。フリードリヒ・シュレーゲルの『詩についての対話』では、愛こそがあらゆるロマン主義的な詩情《ポエトリー》の原理にほかならないと宣言されていた。愛はまるで不可視の媒体のように、真の詩のどの行、どの一句にも浸透していなければならない。詩人にとっていっさいのものは、より高い、真に無限なものを指ししめすのであって、それらは永遠の愛と生産的な自然の神聖な生命力とをあらわす聖なる文字《ヒエログリフ》にすぎない(1)。初期ロマン主義者たちの政治的な理想も、それとおなじ感情によって貫かれていた。かれらの政治的な理想には、見まがいようもなく美的あるいは詩的な性格がある。ノヴァーリスは国家について熱狂的なことばで語った。だが、かれがじっさい賛美していたのは国家の物理的権力ではなく、その美なのである。「真の君主とは」、とノヴァーリスは書いていた。「芸術家のなかの芸術家である。だれもが芸術家となるべきであって、すべてのものは芸術となることができる。（中略）君主が上演しているのは無限に多様な演劇であり、そこでは舞台も公衆も、俳優も観客もひとつのおなじものとなって、そこではひと自身がその劇の作者であり、舞台監督であり主役なのである」[2]。

(1) Schlegel, *op. cit.*, II, 370f.
(2) Novalis, *Glauben und Liebe*, sec. 33, "Schriften", II, 162.

この詩的で美的な捉えかたが、政治的生をめぐるさまざまな問題を解くという課題に堪えるものではなかったことはたしかである。そうした問題がいよいよ深刻で、脅威を帯びてきたとき、初期ロマン主義の著作家たちの展開した理論は、もはやその地歩を保つことができなくなった。ナポレオン戦争の時代にドイツ・ロマン主義の創始者や先駆者たちは、政治的生を「詩化」するという、じぶんたち自身の理想に疑いを持ちはじめる。かれらがいまや確信するにいたったのは、すくなくともこの領野では、より「現実主義的」な態度を採ることが喫緊で避けがたいところであることだった。ロマン主義的な詩人の多くは、みずからのそれまでの理想を国家の大義へ供する覚悟を決めたのである。ハインリヒ・フォン・クライストのような詩人にあっては、ロマン主義的な愛が激しく和解しがたい憎悪に転じたわけである。A・W・フォン・シュレーゲルですら似たような感情を懐いたのだ。「私たちの民族的な独立、そればかりかドイツという名称の存続すら、これほどまでに深刻な脅威に曝《さら》されているかぎり」、とかれは一八〇六年に書いている。「私たちの詩はおそらく、雄弁術にその席のことごとくを譲らざるをえないかもしれない」(1)。とはいえこの勧告に応じたのは、ごく少数のロマン主義者であったにすぎない。ロマン主義が極端なナショナリズムのかたちを取った場合ですら、かれらは人間文化にかんするみずからの普遍的な理想を否認したり断念したりすることを、あえて望まなかったのである。

(1) A. W. von Schlegel, *Letters to Fouqué*. 以下を参照。“Sämtliche Werke”, ed. Eduard Böcking (Leipzig, Weidmann, 1846), VIII, 145.

第Ⅲ部　二十世紀の神話

XV　準備　カーライル

英雄崇拝にかんするカーライルの講演

トーマス・カーライルが一八四〇年の五月二十二日に、その講演『英雄、英雄崇拝、ならびに歴史における英雄的なものについて』を開始したとき、かれが語りかけていたのは多くの卓越した聴衆に対してであった。「ロンドン社交界の一団」が集まって、講演者に耳を傾けたのである。講演はある種のセンセーションを巻きおこしたけれども、そこでだれひとりとして予見することもできなかったのは、この社会的事件が重大な政治的帰結をはらんでいたことである。カーライルが語りかけたのは、ヴィクトリア朝期のイギリス人たちに対してであった。その聴衆は数にして二百から三百人のあいだであり、「身分と知性において貴族主義的な」者たちである。カーライルが書簡のひとつで述べているように「僧侶や、さまざまな種類のひとびとのすがたが見えましたが、かれらはなにかあたらしいことを耳にして、ひどく驚き、またかなり喜んでいるように見えました。ひとびとは笑いさざめき、拍手喝采しました」[1]。しかし疑いもなく、聞き手のだれひとりとしてほんのすこしも考えつかなかったところではあるが、これらの講演に表現されている観念には危険な起爆剤が含まれていたのである。カーライル自身ですら、そのようには感じていない。かれは革命家ではなく、保守主義者なのであった。かれが望んでいたのは社会的・政治的な秩序を安定させることであって、またその確信するところ、そうした安定化のために勧められる手段として、英雄崇拝以上にすぐれたものはない。かれは、あらたな政治的福音を宣教しようなどとはだんじて考えていなかった。カーライルにとって英雄崇拝は人間の社会的な生や文化的な生にあってもっとも古く、もっとも確乎とした要素なのである。かれが英雄崇拝のうちに見たものとは、「世界の運営に対する永遠の希望」なのだ。「人間がかつて打ちたてた、伝統・組織・信条・社会のすべてが滅び去ったとしても、これだけは残りつづけることだろう。(中略)それは北斗星のように輝きを放って、煙雲、塵雲、さらにはあらゆる種類の崩壊や突発事を貫いてゆくだろう」[2]。

（1）カーライルの講演のようすを詳細に叙述したものは、A・マックミーハンがみずからの刊本に付した序文のなかに見られる（Boston, Ginn & Co., 1891）。また、以下をも参照。*The Correspondence of Thomas Carlyle and Ralph Emerson, 1834-1872* (Boston, 1894), I, 293f. 2 vols.

（2）*On Heroes, Hero Worship and the Heroic in History*, Lect. VI, p. 195 Centenary ed., V. 202. 講演からの引用は、H・D・グレイの以下の刊本による。Longman's English Classics (New York, Longmans, Green & Co., 1896). カーライルの他の著作からの引用については、百周年版による。"The Works of Thomas Carlyle" (30 vols.) first published by H. D. Traill (London, Chapman & Hall, 1831ff.), then supersedes by a new American edition (New York, Charles Scribner's Sons, 1900).

カーライルの講演から生まれた結果は、しかしながら、演者の期待とはまったく異なるものとなった。カーライルの指摘したとおり、近代世界は三つの偉大な革命を経験してきている。まずルターの宗教改革、つぎにピューリタン革命、そして最後にフランス革命が到来したのである。フランス革命はまさしくプロテスタンティズムの第三幕なのであった。この第三幕を、私たちとしては終幕と呼んでさしつかえないだろう。「なぜならあの野卑なサン＝キュロット主義以下に、ひとは堕落することはないからである[1]」。カーライルがそのように語ったときに知るよしもなかったのは、じぶんがその講演のなかで提案したほかでもない当の観念がそれ自身また、あらたな革命の発端となったことである。百年の時が経って、そういった観念こそが政治的な闘争におけるもっとも有力な武器へと転じたのである。ヴィクトリア朝期にはだれひとりとして見とおすことのできなかった役割を、カーライルの理論は二十世紀になって演じるにいたったのだ。

（1） *On Heroes*, Lect. VI, p. 229. Centenary ed., V, 237.

近年の文献では、カーライルの見解と私たち自身の政治的な困難とを結びつける傾向が強まっている――要するにカーライルを、将来の「ファシズムの行進」に対する貢献が著しい者のひとりと見なすわけである。一九二八年にB・H・レーマンが一冊の本を書いた――『カーライルの英雄論――その源泉、発展、歴史、ならびにカーライルの著作に対する影響』(*Carlyle's Theory of the Hero. Its Sources, Development, History, and Influence on Carlyle's Work*[1])と題されたものである。この書物は、たんにひとつの歴史的分析であったにすぎない。しかしながら、つづいてただちにあらわれた他の研究にあって、カーライルは多かれすくなかれ国家社会主義のイデオロギーの総体に対して責任あるものとされたのである。ヒトラーが権力の座に昇りつめたあとでH・F・C・グリエルソンは、三年まえに『カーライルと英雄』という題目でおこなった講演を出版したが、講演に与えられたあらたな表題は『カーライルとヒトラー』であった。「私が講演に与える気になったあらたな表題は」、とかれは言っている。「換喩《メトノミー》的なものであると称してよいだろうが、それほど見まがいようもなく、ドイツにおける近年の情勢は、英雄の出現を導くか、すくなくともそれを可能とする諸条件、さらには英雄を権力の座へと押しあげる（中略）宗教的・政治的な感情の潮流の高まりすら例証しているのである。(2)それはカーライルが主として考察していたものなのだ」。カーライルに対してくだんの政治的なリーダーシップの観念を帰することは、自然であるばかりかほとんど不可避にも思えたのである。その観念が遥かのちに、まったく異なった「言論の風土」のなかで発展したものであるにしても、そうなのだ。エルネスト・セイエールは、現代帝国主義の哲学と系譜を研究したさいに文献と論文の長い目録を作成していたけれども、一九三九年になってから、その目録に対してカーライルにかんする著書を付けくわえた。

かれがカーライルの著作のうちにみとめたのは「美的神秘主義」のあらゆる兆候であり、「人種的神秘主義」の最初の痕跡であり、さらにのちのフリードリヒ大王についての著作ではプロイセン軍国主義の公然たる擁護をみとめたのであった。「人生の教訓と、人間性の真の性格をめぐって省察を深め、しだいにトーリー主義へと接近してゆくにしたがっていよいよかれは、政治家や軍人たちを〈至高なるもの〉によって選ばれし者たちのうちに数えいれるようになる。それは、ドイツ・ロマン主義の心情におけるプロイセン的傾向であったのだ」[3]。かくてカーライルのロマン主義がそのようにプロイセン化したことこそが、かれを導いて、政治指導者の神格化と、また力《マイト》と正義《ライト》の同一視へと向かわせる最後の決定的な一歩だったのである[4]。

（1）Durham, N. C., Duke University Press.
（2）H. F. C. Grierson, *Carlyle and Hitler* (Cambridge, England, University Press, 1933).
（3）E. Seillière, *Un précurseur du National-Socialisme : L'actualité de Carlyle* (Paris, Éditions de la Nouvelle Revue Critique, 1939), p. 173.
（4）*Idem*, pp. 203ff.

カーライルの理論がもたらした結果をこのように描きとることには、たしかに多くの真実が含まれている。それにもかかわらず私には、ことがらをひどく単純化してしまうものであるように思える。カーライルの「英雄」の捉えかたは、きわめて入りくんだものであって、その意味するところにおいても、それが歴史的に前提するところにあっても変わらない。かれの理論に対してじゅうぶん公平であろうとするならば、私たちとしてはカーライルの性格、生涯ならびに著作をかたちづくる、さまざまな、しかもしばしばたがいに矛盾する要素のすべてを研究してみなければならない。カーライルは体系的な思想家というわけではない。かれは、一貫した歴史哲学を構成することすら試みなかった。カーライルにとって、歴史はなんら体系といったものではない――それは偉大なパノラマなのである。歴史とは、とかれは伝記をめぐる論考のなかで宣言していた、無数の伝記の精髄《エッセンス》である。(1) したがってカーライルの著作のうちに、全体として捉えられた歴史過程にかんする一定の哲学的な構成や、あるいは特定の政治的プログラムを読みこもうとするならば、それはふたしかで、錯覚を呼びやすい企てというものである。その教説をめぐってひと息に結論を下すまえに、私たちがまず試みなければならないのは、かれの教説の根底に存しているさまざまな動機を理解することであって、この動機を明確に見とおしておかなければ、カーライルの観念の多くは、そのほとんどまではいわないにしても、不明瞭で曖昧なままでありつづける。カーライルによる歴史や政治の捉えかたは、つねにかれ自身の個人史に依存しており、それは体系的あるいは方法的なものというよりも、なににもまして伝記的な性格を帯びたものなのである。

(1) "Biography" (1832), *Critical and Miscellaneous Essays*, III, 46. Centenary ed., Vol. XXVIII.

疑いもなくカーライルはくだんの講演で、「リーダーシップ」の観念を展開して、きわめて根底的な帰結に到達してみせた。かれは、歴史的な生の総体を偉人の生と同一視したのである。偉人たちがいなければどのような歴史もなく、存在するのは停滞のみであろうし、停滞とはそして死を意味する。できごとのたんなる継起によって歴史が構成されるわけではない。歴史は行為と行動のうちにあり、行為者の存在しないところ、偉大で直接的な人格的衝動を欠いたところでは、およそ行為が存在しない。「英雄崇拝とは」、とカーライルは絶叫する。「つまり、高潔なること神のごとき人間の類型に対してこころから拝跪《はいき》するような賛美、熱烈で限度を知らない服従のことである——これはすなわちキリスト教それ自体の萌芽ではあるまいか」[1]。この観念がある意味では、生と歴史をめぐるその哲学全体のアルファにしてオメガ、最初にして最後のものであった。かれはその最初の著作中でもおなじように語っていた。「神学者たちが書いていることのうちに、理がないわけではない」、と『衣装哲学』(*Sartor Resartus*)のなかでカーライルは言っている。「つまり王は神権によって支配するということである。王はみずからのうちに、神に由来する一箇の権威を帯びているのであって、そうでないならひとが権威を王に与えることはけっしてない。(中略)私の支配者たるべき者、その意志が私の意志を超えて高くあるべきひとは、私のために天において選ばれたのだ。天に選ばれし者に対するこのような服従を措いて、自由についてこれを考えることもできない」[2]。

(1) *On Heroes*, Lect. I, p. 11. Centenary ed., V, 11.
(2) *Sartor Resartus*, Bk. III, chap. VII, I, 198.

これはひとえに、どのような教条的宗教に対しても心からの信仰を失ってしまった神学者が語ることばであるかに見え、そうした神学者こそ、神への礼拝をこのように人間への崇拝に置きかえようとするものであるとも思われる。位階《ヒエラルキー》にかんする中世の形態が、近代の「英雄秩序《ヒーロアルキー》」の形態へと変換されているわけである。カーライルの英雄はじっさい、かたちを変えた聖人、世俗化された聖人なのである。英雄が、祭司や預言者である必要はない。かれは詩人や王、あるいは文人であってもよい。けれどもそういった現世の聖人が存在しないと、とカーライルは宣言する、私たちは生きることができないのだ。かりに英雄秩序がいつの日か死滅してしまうことになれば、私たちはこの世界にまったく絶望してしまうことだろう。君主、真の君主がいないとすれば、現世的なものであれ霊的なものであれ、可能なものとみとめられるのはアナーキーのほかになく、そしてアナーキーこそ〔カーライルにとって〕、およそもっとも憎むべきものなのだ。[1]

(1) *On Heroes*, Lect. IV, p. 120. Centenary ed., V, 124.

しかし、英雄とはなんであるのだろうか。英雄をそれとして見わけるなんらかの基準が存在していなければならないだろう。私たちはなんらかの試金石を手にして、英雄的な人間を吟味し、真正の金を卑金属から識別しなければならない。カーライルとしてももちろん知悉《ちしつ》しているところであるが、宗教の歴史にあっては真の預言者も偽預言者も存在し、政治的生においては真正の英雄も似而非《えせ》英雄も存在する。一方を他方から見わけることを可能とする、なんらかの判定基準が存在するだろうか。神的な理念を代表するような英雄が存在し――他方ただの贋物にすぎない英雄が存在している。そうしたことは、人間の歴史にとって避けがたく消し去りがたい特徴である。なんとなればおよそ大衆というもの、あるいはカーライルの語るところ「召使たち」はじぶん自身の英雄を持たざるをえないからである。「信頼するに足る人物を知らんことを。ああ、これは今日、私たちにとっていまだ前途遼遠というものだ。誠実な人間だけが誠実さを知っている。ただにひとりの英雄だけが必要なのではなく、英雄にふさわしい世界が、召使たちからなるのではない世界が必要である。(中略)召使の世界は似而非英雄によって支配されざるをえない。(中略)そうした世界なら、似而非英雄のものであり、似而非英雄というのはそういった世界のものなのだ！　端的にいうなら、ふたつにひとつである。すなわち、私たちが修練を積んで、英雄に、真の支配者にして首長に出会ったときに、現在よりもいくらかはましな仕方でそれと気づくようになるか、あるいは変わることなく、英雄ならざる者によって支配しつづけられるのか、なのだ」[1]。

（1）*Idem*, Lect. VI, p. 209. Centenary ed., V, 216f.

こうしたことはすべてはあきらかに見てとられ、見まがいようもない。政治的な生の「機械論的」な理論ほどカーライルが嫌悪し、忌みきらったものはほかにないが、その理論をかれは十八世紀に、つまり啓蒙期の哲学者たちに帰している。とはいえその精神主義《スピリチュアリズム》にもかかわらずカーライルは、こと政治的な問題にかんしていえば、受動的服従のもっとも断乎たる唱道者のひとりとなる。その政治理論は、本質的にいえば、偽装され変造されたカルヴァン主義にほかならない。真の自発性が取っておかれるのは、少数の選ばれたひとびとに対してだけである。他の者たち、神に見捨てられた大衆は、これらの選ばれたひとびとと、生まれながらの支配者たちの意志に服さなければならないのだ。

ここまでのところ、しかしながら、得られた答えは修辞的であって、哲学的なものではない。カーライルの理論が前提としているいっさいを受けいれたとしても、主要な問いにはなお答えが与えられていない。いうまでもなく、英雄のもとになにが理解されているのか、その明確な定義をカーライルから期待しようとしても、それは過大な要求というものだろう。そういった定義を試みるのは、論理的なふるまいということになるだろうが、カーライルの語りは、論理的方法のすべてをこのうえなく軽侮してなされたものであるからだ。論理というものが、実在の神秘まで到達することはだんじてありえない。健全な悟性とは論理的で論証的なものではなく、直観的なものなのである。「むかしのスコラ学者たちや、真理へといたるその巡礼の旅のことを考えてもみよう。誠実きわまりない努力、倦むことのない活動、しばしば偉《すぐ》れた生来の活力。それでも、なんの前進すらなく、ひとつの分肢をもうひとつの分肢と釣りあわせる、むかしながらの職人技しか見られない。(中略)せいぜいのところ、すばやく楽しげに旋回して、舞踏修行僧さながら、はじめたところで終わるしだいとなるのだ」(1)。論理は善いものであるが、最善のものではない。論理によって生を理解することはできず、ましてやその最高の形式を、すなわち英雄の生を理解することはできない。「知ること、なんであれことがらの真理へと到達することは、つねに神秘的な行為なのである――この点についていえば、最善の〈論理〉であれ、水面《みなも》にたつ泡以上ではありえない」(2)。「そういったことがらについて理論化しようとする企ては、ほとんどなんの役にも立たないだろう。それらは定理化され、図式化されることを拒むことがらなのだ。〈論理〉が知るべきは、自身がこれらのことがらにかんして語りえないということなのである」(3)。

(1) "Charactereristics", *Essays*, III, 6.

(2) *On Heroes*, II, 56. Centenary ed., V, 57.
(3) *Idem*, II, 25. Centenary ed., V, 26.
(＊1) healthy understanding. カントのいう der gesunde Verstand の直訳。
(＊2) pilgrimage towards truth. ボナヴェントゥラ的な *itinerarium mentis in deum*(神へといたる精神の旅路)が考えられている。

とはいえ認識が、その本性と本質とにおいて神秘的な作用であるとするなら、それを伝達すること、人間の言語という貧しいシンボルでそれを表現すること、とりわけ当の伝達が一連の公開講演で——しかも「ロンドン社交界の一団」をまえに——なされなければならない場合ならば、それらは絶望的な企てであるように思われる。どのようにしてカーライルはこの困難を克服し、ほとんど不可能な課題を解決することができたのだろうか。カーライルとしてはみずからの基本的提題にかんして、その例解を与えることができたにすぎず、証明を与えることはできなかった。くだんの例解が生き生きとした印象的なものであったことについては、みとめなければならない。かれはつねに歴史を見わたし、しかも無味乾燥な教科書としてではなく、ひとつの画廊のかたちで眺めわたした。私たちはたんなる概念によって歴史を理解することはできず、それはひとえに複数の肖像画を介してだけ理解することができるものである。講演にあってカーライルは、人間の歴史のあらゆる分野を網羅しようと試みる。かれは文明のごく原始的な段階からはじめて、同時代の歴史と文学まで説きおよんだ。しかもそういったいっさいは、一箇の大いなる直観に結びつけられなければならなかった。このような総合が悟性によって遂行されることはだんじてありえず、その総合が要求するのはべつのより高次な力なのである。「私たちの論理的で計量的な能力ではなく、想像的な能力こそ私たちに君臨する王者である。それは、私たちを天国へと導く祭司であり預言者であって、あるいは私たちを地獄へと誘う魔術師であり妖術使いであると言ってもよいだろう」[1]。

(1) *Sartor Resartus*, Bk. III, chap. III, I, 176.

この想像的能力をカーライルは、じぶんの講演中で存分に駆使したのであった。その文体はじっさい私たちを天国に導く預言者のそれであり、また私たちを地獄へ誘う妖術使いのそれである。かれの叙述にあっては、このふたつの方向がときとしてまったく見わけがつかない。悟性とは、とかれは宣言する、たしかになんじの窓である。……しかし想像はなんじの眼であって、それは色彩を与える網膜を伴い、その網膜はときに健常であり、ときに病んでいる。[1] 非凡なひとびとは、とカーライルは先だつ論考のなかで語っていた。[2] 神秘的な窓なのであり、私たちはその窓をとおして、自然の隠された道をより深く見とおすことになる。「神秘的な窓」が、つぎからつぎへとカーライルの講演の聴衆のまえに開かれた。かれは、ひたすら実例を挙げて話すことができただけである。英雄とはなんであるかといった問いに答える義務を、かれはすこしも感じてはいない。とはいえカーライルとしても、だれが偉大で英雄的な人間であるかは示してみせようとした。そのリストは長く多彩なものである。それでもかれは英雄的な性格のなかに、なんらかの異なった種としての差異があるのをみとめようとしないのだ。英雄的な性格はひとつにして不可分のものであり、いつでもおなじものでありつづける。ノース〔古代スカンディナヴィア〕のオーディンからイギリスのサミュエル・ジョンソンにいたるまで、キリスト教の聖なる創始者からヴォルテールにいたるまで、英雄たちはさまざまなかたちで崇拝されてきた、というのである。[3]

（1） *Idem*, I, 177.
（2） "Peter Nimmo", a Rhapsody".

（3） *On Heroes*, Lect. I, p. 14f. Centenary ed., V, 15.

このような方途を辿ってカーライルの英雄は、あらゆる形態をまとうことのできるプロテウスめいた存在となる。講演の回を追うごとに、英雄はあらたな相貌を示すにいたるのだ。カーライルの英雄は神話的な神としてあらわれ、預言者・祭司・文人・王としてすがたをあらわす。そこにはなんの限界もなく、英雄は活動のどのような特種領域にも束縛されることがない。「本質的にいうと偉人は、自然の手から生まれてきたそのすがたについていえば、つねにおなじ種類の存在である。オーディン、ルター、ジョンソン、バーンズ、こうしたひとびとがすべて本来はひとつの素材からできていることを、私はあきらかにしたいと思っている。（中略）私としてはみとめざるをえないのだが、真に偉大な人物が、いかなる種類の人間にもなりえないなどといったことはまったく考えることすらできないのである。（中略）ミラボーのような、うちに滾《たぎ》りたつ熱情に充ち、迸りでる熱涙を具え萌えたつ心情の持ち主が、かりにかれの人生行路や教育がそうした方向へと導いていたとしたならば、韻文・悲劇・詩を書きあらわして、そうすることで万人の琴線にふれることがなかったはずもない[1]」。これはかなり逆説的な提題であった。

どれほどまでに強靭な想像力をもってしても、オーディンのような神話の神と、カーライルが「病的で興奮しやすく、痙攣《けいれん》的な人間[2]」と評したルソーのような人物とのあいだになんらかの同一性を見いだすのは、いくらか困難なわざともなるだろう。そのうえ、才をてらう学者であるサミュエル・ジョンソンのような人間が、『神曲』(*Divina commedia*)やシェイクスピアの戯曲の書き手となるといったことなど、巧く思いめぐらすこともできない。それでも、カーライルはじぶん自身の雄弁の波に押し流されてしまう。かれはじぶんにとってのあらゆる英雄たちについて、おなじ熱狂をもって語りだしたのであった。偉人に対する「超絶的な讃嘆[3]」のあまり、カーライルはときとして平衡感覚を喪失しているように思われる。私たちの属している低次の経験的世界が示す差異はほとんど忘れさられ、ひどくかけ離れた歴史的な人物がおなじ次元に据えられることになるのである。

(1) *Idem*, Lect. II, 41f., Centenary ed., V, 43; Lect. III, 76f., Centenary ed., V, 78f.
(2) *Idem*, Lect. V, 178, Centenary ed., V, 184.
(3) *Idem*, Lect. I, 11. Centenary ed., V, 11.

カーライルはその全生涯を歴史的な研究に捧げ、その分野では名実ともに権威ともなったが、そうした著作家のなかにこういった態度が見られることはかなり驚くべきことである。とはいえ私たちとしても、かれの講演が開かれた特殊な環境を忘れてしまうことはできない。カーライルの文体はつねに哲学的というより遥かに雄弁術的なものであった。それでもかれはそれまで、この講演においてそうであるほど、まったくの修辞的な手段をふんだんに使用したことは絶えてなかったのである。批評法の大家としてカーライルは、真の雄弁術とふつうの修辞学とをどのように区別するかにかんしても知悉していた。雄弁術と修辞学との差異についても、とかれは言明する。実際にはいたるところで見られるように、いわゆる自然的なものが人工的なものに優っているのがみとめられる。雄弁家はあらゆるひとびとを説きふせて、かれらを魅了しさるけれども、雄弁家としてはそれがどうしてなのかを分かっていない。たほう修辞家は、じぶんが説きふせて、すべての人間を魅了しさるのが当然であったのを、証明してみせることができるのだ。「かくて要するに、修辞学は知性のいっさいの形式と両立しているのであって、この件は、それが真理を発見することに向けられたものであるのか、真理をよく伝達することに向けられているものであるのかにかかわりがない(1)」。だが今回についていえば、カーライルはこの洞察を忘れさってしまっている。おそらくかれは無意識のうちに、みずからの聴衆の態度に影響されていたのであって、聴衆たちは、カーライルの修辞的な文体の形式に、きわめて感応しやすいところがあったように思われる。かれが相手にしていたのは、特別な公衆、「身分と知性とにおいて貴族主義的な」ひとびとであったのだ。かれはじぶんのことばの意味を、慎重に測らなければならなかった。カーライルとしてはみずからの効果を狙いすまし、しかもつねにその効果を確信していた。かれは聞き手の関心をとらえ、それを強めて、さらに刺戟しようとしている。そしてかれは、その課題を首尾よく達成したのである。ごく少数のひとびと、かれのもっとも親しい友人のひとりで、もっとも有力な批評家のひとりであった、ジョン・ステュアート・ミルを含む、ほんのひと握りの人間たちだけが、はっきりと批判的な判断を持ちつづけたように見える。カーライルがベンサムの理論に言及して、それは人間にかかわるもっとも卑しく、あやまりに満ちた見解であると宣言したときに、ミルは席から立ちあがり講演者をさえぎって、そうした特徴づけに対して抗議したのである。いっぽう聴衆の大多数の反応はまったく異なるものだった。『英雄論』の連続講演はカーライルにとって公的なものとしては最後の、そして最大の勝利を収めたのだ。「人品いやしからぬひとびとが、それぞれの席で息を殺し、またあらゆる種類の感嘆の声を抑えきれずにいたのである」[2]。

（1）"Characteristics", *Essays*, III, 7.

（2）以下を参照。Carlyle's letters to Margaret Carlyle and to his brother Dr. John Carlyle. また、J. A. Froude, *Thomas Carlyle. A History of His Life in London* (New York, Charles Scribner's Sons, 1908), I, 155ff.

カーライルそのひとはじゅうぶん批判的であって、そうした成功に幻惑されることはなかった。かれとしては、じぶんの講演が含んでいた重大な欠陥に対して目を閉ざすことはまったくなかったわけである。むしろ自身、その欠陥について厳しい評価を下している。「これまで書いてきたどのようなものも、これほど気に入らなかったことはない。そこにはなにひとつあらたなもの、私にとって古くなっていないものが含まれていないのだ。そこに見られる文体も、談話としてありうるかぎりでもっとも低調なものと言わざるをえないだろう」[1]。とはいえのちに出版されて書物となったときも、おなじ異論にさらされることになる。カーライルを崇拝してやまない者のひとりが宣言するところ『英雄論』という著作は、カーライルの他の傑作とくらべるなら「ほとんど見えすいたところがある」(2)ものなのだ。したがって、英雄崇拝にかかわるカーライルの思想をこの書物のみで評価するとするなら、公正ではないだろう。この点にかんしていえば、それ以前のかれの著作は遥かに優れたものだった。たしかに『衣装哲学』には、カーライルの文体の長所のすべてがあるばかりでなく、その短所のいっさいも含まれている。それは奇妙で奇怪な言語で著されており、健全な構文法のあらゆる規則に背き、それを無視している。けれども、ひとつひとつのことばが真摯なものであって、それらはカーライルの人格の刻印を帯びているのだ。英雄崇拝をめぐるその著書が不幸なことに、かれのもっとも知られ、もっとも影響力のある本となってしまったが、くだんの書物のなかでカーライルが努力しているのは、確信させることよりむしろ説得することである。かれが宣言するところでは、英雄とは「普遍的人間」である。しかしながらこのいわゆる普遍性を、サミュエル・ジョンソンやジョン・ノックスの場合はもとより、ルターとかクロムウェルの場合についても証明するのは困難な仕事であった。カーライルがここで誇張し、矛盾を犯しているのは目にもあきらかだ。だが、私たちとしてもそうした一貫性の不備を過度に強調するのは適切ではあるまい。歴史家も、それがカーライル級の人間ともなれば、じぶん自身が真実の歴史的な方法と捉えているところにしたがって判断されるべきである、とする要求を掲げてもよいところだろう。「歴史学における芸術家《アーティスト》が歴史学における工芸家《アーティザン》から区別されてよかろう。というのはここでも他のいっさいの分野についてと同様、芸術家と工芸家が存在しているからである。一方の人間たちは、ひとつの部門にあって機械的に働いて、〈全体〉を見る目をもつことも、〈全体〉が存在することを感得することもない。他方のひとびとは、それがもっとも卑しい部門であってもが〈全体の理念〉によって生気を吹きこみ、気高いものとして、〈全体〉のなかでだけ〈部分〉が真に見わけられるのをその習性から知っている。この両者がとる手つづきとそれぞれが追う責務とは、歴史学にかんしてもまったく異なったものとならざるをえないのである」(3)。

(1) 以下を参照。Froude, *idem*, I, 167.
(2) 以下を参照。MacMeehan, *op. cit.*, pp. XXXV ff.
(3) "On History", *Essays*, II, 90.

カーライルが口にしている「全体」とは形而上学的なものではなく、個性的な全体のことである。かれがここで古典的なかたちで証言しているのは、のちに実存哲学と名づけられることになる哲学的な態度なのだ。私たちとしてはカーライルのうちにキルケゴールと、ヘーゲル体系に対するかれの攻撃に代表される思想類型が具えている特徴のいっさいを見いだすことになる。私たちがある思想家について知るところは、とかれは宣言している。その思想家が提示する概念のみを知るかぎりでは、ほんのわずかなものにすぎない。およそ当の思想家の理論を理解し、その真価をみとめることができるとすれば、私たちはそのまえにひととなりを知っていなければならない。ドイツ・ロマン主義の著作家たち、とりわけフリードリヒ・ヤコービから、カーライルは生の哲学(Lebensphilosophie)という語を借りてくる。「形而上学やその他の抽象的な学は頭脳《ヘッド》(Verstand)〔悟性〕のみに由来するものだから、それらはともかくとして、生の哲学(Lebensphilosophie)(中略)は頭脳に由来するのとひとしく性格《キャラクター》(Gemüt)〔心情〕にも由来し、またおなじく性格に語りかけるものなのだから、生の哲学がその意義を獲得しうるのは、性格そのものが知られ、また見られるにいたってからのことである。すなわち、著者の世界観(Weltansicht)と、著者が能動的・受動的なかたちでいかにしてそのような世界観に到達したのか、があきらかになってからのことである。要するに著者の伝記が哲学的・詩的に著されて、また哲学的・詩的に読まれるようになってはじめて、意義を獲得するということである」[(1)]。この準則にしたがってカーライルは、『衣装哲学』で展開していた「衣服の哲学」の叙述をとつぜん中断して、さまざまな種類の伝記的な詳論を差しはさんだ。「ロマンス」と題された一章でかれは、若き日々の恋物語を語っている。さらにつづけてみずからの重大な精神的危機に言いおよんで、それをじぶんの「火の洗礼」と見なしていたのである。こうしたことはただの脱線ではなく、著作家であり思想家であるカーライルの方法にとって、不可欠な要素だったのだ。かれが拒否したのは、哲学的体系とその著者とのあいだに境界線を引くことなのであった。カーライルがみずからの哲学と名づけるもののうちには、自伝的な要素がいつでも含まれていた。『衣装哲学』のうちの一場面、カーライルがじぶんの新生(vita nuova)のはじまり、精神的・哲学的な生の開始を描きだしている情景が真正なものであることについては、疑いを容れない。「私はそれをよく憶えているし、そのできごとが起こった場所に行こうとすれば、すぐにでもそうすることができる。(中略)まさにその時から私はじぶんの精神的な新生、あるいはバフォメット[(*1)]の〈火の洗礼〉がはじまったものと考えたい。おそらく私はそののちほどなく、ひとりの人間となったのだと思われる」[(2)]。

(1) *Sartor Resartus*, Bk. I, chap. XI, I, 59.

（2）*Idem*, Bk. II, chap. VII. I, 135.

（＊1）Baphometic. バフォメットは、キリスト教の土俗信仰のうちに入りこんだ、異教的な悪魔のひとり。サバトないしは黒ミサを主宰するものとも考えられていた。

哲学的な体系は、大雑把にいえばふたつの異なった類型のいずれかに所属する。それらは経験的であるか合理的であるか、すなわち帰納的方法にしたがうものであるか、あるいは演繹的方法によるものであるかのどちらかである。哲学的体系は事実にもとづくものであるか、もしくはア・プリオリな原理から導出されるものであるか、のいずれかなのである。それらを評価するためには、経験的な所与の研究か、一般的な真理の分析からはじめなければならない。しかしながらカーライルの場合についていえば、どちらの途を辿っても私たちは、その哲学の性格について真の洞察を手にすることができない。カーライルの哲学は経験的なものでもなければ、思弁的な体系というわけでもない。かれが与えようとしたものは一箇の「生の哲学」以上のなにものでもなく、しかもかれはだんじて、この哲学をじぶんの個人的な経験から切りはなそうとはしなかった。一般的な体系としての形而上学そのもののうちには、不治の病以上のものを見ることができなかったのだ。ありとあらゆる時代におなじ問いが、つまり死と不死、悪の起源、自由と必然といった問題が、あらたな形式のもとにあらわれている。おりにふれて繰りかえされざるをえないのは、みずから宇宙のなんらかの定理を造りだそうとする試みである。とはいえ、そうした企てのいっさいは失敗せざるをえない。「なぜなら、〈無限なもの〉にかんしていったいどのような定理を、〈有限なもの〉が完全な仕方で与えることができるというのだろうか」。なんらかの哲学がただ存在するとか、それが必然的なものであるとかいうだけでは、それはひとつの悪に留まる。ひとは、宇宙の謎を解くようには生まれついていない。人間がなすことができ、またなすべきなのは、じぶん自身つまりみずからの運命とその義務を理解することである。人間が立っている位置はあたかも宇宙の中心であるかのようである。「人間が手にしている時間の切片は永遠性に囲まれており、かれが位置している、両手をひろげたほどの空間は無限性に囲いこまれている。かくてひとはいったいどのようにして、みずからにこう問うことを差しひかえることができようか。私とはなんであり、どこからやって来て、そしてどこに向かうものであるのか」(1)。私たちとしては第一に、こうした問いのいっさいに対するカーライルの解答を確認しておかなければ、その哲学、あるいは人間の歴史的・社会的な生をめぐるカーライルの理論にかんして、およそそのどの部分であれ理解することができないはずである。

（1）"Characteristics", *Essays*, III, 25.

カーライルの理論の個人的な背景

ほとんどなんの関係も、カーライルとデカルトの思想のあいだには存在しない。双方はそれぞれの帰結についても、おのおのの原理にかんしても真っ向から対立しており、めいめいが知的な球体（*globus intellectualis*）の異なった半球に属している。それにもかかわらず、ひとつだけ接触点が存在する——それは、哲学に対するかれらの個人的な接近法なのだ。両者ともに、哲学が開始されるのは確信からではなく、懐疑からであることを主張する。懐疑それ自体は恐れられるべきものではない。それは、私たちの知的な生にあって、その生を顚覆しようとする契機ではなく、むしろ構築しようとする契機なのである。形而上学は懐疑なしにすませることができない。とはいえ、倫理学は形而上学とおなじではない。人間の倫理的な生は、かれがもはやこの「無関心の中心」に留まることを止めたところからはじまるのであって、その態度がある意味では形而上学にとってはただひとつ可能な立場であったとしても、このことは動かない。そこで人間が学ばなければならないのは、「永遠の否」に対し「永遠の然り」を対立させる方法なのである。「希望などなにひとつ持ってはいなかったから」、とカーライルが口にしているのは、みずからの青年時代を語りだすにさいしてのことだった。「私としては、これといった恐怖も持っていなかった。(中略)だがそれにもかかわらず、ひどく奇妙なことに、私は絶え間なく、漠然としていながら突き刺すような恐怖のうちで生きていた。震え、怯え、なんとも判らぬものを感じながら生きていたのである。(中略)そうした気分に浸って、おそらくはもっとも惨めな人間として生きていたのだ。(中略)とつぜん私のうちにひとつの考えが浮かんで、じぶんに問うてみた。「いったいおまえはどのようなものを恐れているのだ？　いったい全体どうして、臆病者のようにいつまでもピーピーと泣いて、竦《すく》んで震えているのか？　卑しい二足動物めが！　いったいなにごとが束になって、最悪のものとしておまえの行く手をふさいでいるのだ？　死か？　そうだな、死ということか。そのうえに地獄の責め苦だの、はたまた悪魔と人間がおまえに加えるかもしれず、加えることがあり、加えることができるすべてのものというわけか！　おまえには気根がないのか、おまえは、それがなにごとであれ、耐えることもできないということか。(中略)それなら、来るものが来ればよい。なにに出くわそうと打ちたおしてやろう!」そしてそう考えたとき、火炎の流れのようなものが、私のたましいの隅々を猛然と通りぬけた。こうして、私はそれをかぎりに、卑しい恐怖をじぶんから振りすててしまった。私は強くなり、かつてない勁《つよ》さを手にいれた。一箇の精神となり、ほとんどひとりの神となったのだ。それ以来ずっと、私の不幸はその気質を変えてしまった。恐怖やめそめそした悲哀ではなく、気概となり、燃えたつ目をした挑戦となったのである(1)」。

(1) *Sartor Resartus*, Bk. II, chap. VIII, I, 134f.

カーライルがその後の生涯と著作において、この「永遠の然り」というあらたな福音を宣教するさいに、かれはつねにゲーテのなまえを挙げることを忘れなかった。ゲーテというこの偉大な先蹤《せんしょう》なくして、とかれは宣言する、じぶんはみずから自身の途を見つけだすことはできなかっただろう。ゲーテの『ヴィルヘルム・マイスター』(*Wilhelm Meister*)がかれに確信させたところでは、「懐疑には、それがどのような種類のものであれ、ただ行動によってのみ終止符を打つことができる」[1]のである。思弁的な思考ではなく行動が、形而上学ではなく倫理学が、ただひとつの手段として、懐疑と否定に打ち克つことができる。そのような方途を辿ることによってだけ、私たちは否定し破壊する学から、肯定し再建する学へと移りゆくことができる。[2]そのような「再建の学」を、カーライルはゲーテのうちに見いだしたのであった。しかしながらカーライルにこのうえない讃嘆の念を惹きおこして、その関心の中心ともなったのは、詩人ゲーテではない。カーライルがゲーテにかんして口にする場合、むしろそれはつねに偉大な思想家としてであって、偉大な詩人としてではなかった。まさにカントの時代にありながらもカーライルは、ゲーテを「私たちの時代きっての思想家」[3]とさえ呼ぶにいたったのである。「私たちの意味しようとすることに近いところを言おうとすれば」、とカーライルはゲーテをめぐる第二のエッセイのなかで語っている。「ゲーテのうちに私たちが、じぶんたちの時代におけるもっとも卓越した事例として見いだすのは、ことばのもっとも厳密な意味で、哲学が〈人間〉と呼ぶことのできるひとりの著作家である、とでも言えばよいだろう。かれは貴族的でも平民的でもなく、自由主義的でも追従的でもなく、また不信心というわけでも敬虔というわけでもなく、これらのすべてを純粋に統合したもっとも優れたもの、「あきらかに普遍的な人間」なのである」。ゲーテが時代を導いているのは、文学的に光彩陸離たる人間としてばかりではなく、他の多くの点でも教師であり模範となる者としてである[4]。かれの第一の能力、それ以外の能力の基礎ともなっている能力は〈知性〉であり、ヴィジョンの深さと力強さなのであった。「要するに完全な人間なのだ。つまり、ミニヨンのごとく打ちふるえる感受性や荒々しい熱狂も、メフィストフェレスのように軽蔑すべく世の笑い種となるものと結びあうことができる。そして、多様な生のどのような面であれ、それぞれに応分のものをゲーテの手から受けとることになるのである」[5]。

（1）*Past and Present*, Bk. III, chap. XI, X, 198. 以下を参照。Carlyle's trans. of *Wilhelm Meisters Lehrjahre*, Bk. V, chap. XVI, XXIII, 386.
（2）*Sartor Resartus*, Bk. I, chap. III, I, 14.
（3）"Diderot", *Essays*, III, 248.
（4）"Goethe", *Essays*, I, 208.
（5）"Death of Goethe", *Essays*, II, 382.

文芸批評という観点からすれば、こうした特徴づけは一面的なものであるかに思われるかもしれない。あらゆる抒情詩人のうちでも最大の詩人たる者が、カーライルによって一箇の偉大な教師に、賢人、教訓詩人のひとりに変えられてしまっているからだ。それにもかかわらず、カーライルがゲーテの仕事にこのような光を当てて見たことは、大きな進歩なのであった。その点でカーライルは、ドイツにおける最初のゲーテの使徒たちを凌駕するふしさえあったのである。たしかに、ロマン主義の著作家たち、ノヴァーリス、フリードリヒ・シュレーゲル、ティーク(＊1)といったひとびとは、ゲーテの詩の魅力に対して、カーライルよりも遥かに感受性に恵まれていた。しかしかれらはゲーテの倫理的理想に共感するところがなかったし、むしろその理想のうちに詩人ゲーテを変わらず脅かすものすら見ていたのである。ゲーテが『ヴィルヘルム・マイスターの徒弟時代』(*Wilhelm Meisters Lehrjahre*)を公刊しはじめたとき、これらのロマン主義の著作家たちは、口をそろえて賛美し熱狂したものである。けれども作品がすすんでゆくにつれて、教訓的な意図が前面に出てくると、ゲーテは教育にかかわるその理想を展開しはじめ、かれらは深く幻滅するようになる。ゲーテのことをかつてノヴァーリスは「この世における詩的精神の権化」(den Statthalter des poetischen Geistes auf Erden)とも呼んだものであるが、そのゲーテがとつぜん詩の大義から離れてしまったかに見えた。ゲーテはすなわち、人生のもっとも散文的で平凡な相を称賛したのである。他方ゲーテの作品はまた、対極的な異論にもさらされた。ヘルダーはゲーテの友人で、ドイツにおける最大の批評家であったけれども、そのヘルダーにしてからが、『ヴィルヘルム・マイスターの徒弟時代』第一巻が示した道徳的な雰囲気にまったく馴染むことができなかったのである。マリアンネとかフィリーネのような登場人物が、ヘルダーには耐えがたかった。かれは当の書物のうちに道徳的な無関心と放埒さを見てとって、それがヘルダーには、この偉大な詩人にふさわしくないと思われたのだ。(1)

(1) 以下を参照。R. Haym. *Herder* (Berlin, R. Gaertner, 1880), II, 618f.

(＊1) ティーク(Tieck, Ludwig, 1773-1853)。ロマン主義期の作家・詩人であり、編集者でもあった。またセルバンテスの『ドン・キホーテ』の翻訳者としても知られる。

カーライルの大きな功績は、双方のあやまりを見ぬいたところにあった。近代文学史における逆説のひとつと称してよいことに、このピューリタンがゲーテの道徳的な性格の解釈者となり擁護者となったのである。カーライルの宗教的・文化的な背景を考慮するなら、これはだんじてたやすい所業ではない。一見してあきらかなとおり、ゲーテとカーライル、それぞれの思想のあいだにはなにひとつ一致点はない。後者はあらゆる教条的宗教を捨てて顧みるところがなかったけれども、そのカルヴァン主義的信仰箇条(*credo*)から完全に絶縁することも絶えてなかった。『ヴィルヘルム・マイスター』に含まれた多くのことどもは、かれにとって不愉快であったにちがいない。ジェームス・ジョンストンに宛てられた手紙のなかでカーライルは、その物語中の「俳優たちや淫蕩な女優たち」には嫌悪以外のなにものも覚えないと告白している。[1] しかしほどなくかれはこういった道徳的なためらいを乗りこえることになるが、それもカーライルが、物語の全体に対する鍵を見いだすことになったからである。カーライルはゲーテを理解しはじめ、そしてそのことでカーライルは、じぶん自身とみずからの若い日々に訪れた重大な危機とを、より適切に理解するようになったのである。「私はそのころそう感じ、またいまでもそう思っているのだが」、とかれはのちにその『回想録』(*Reminiscences*)にしるしている。「じぶんはゲーテに無限のものを負うている。(中略)かれはかれなりの仕方で、私の見てとったところでは、険しい岩だらけの道を私のまえに――最初の近代人として――進んでいったわけだ」[2]。カーライルは自身、「ヴェルテル的なもののただなかに、荒涼たる暗黒の死のただなかに[3]」あったということである。

(1) Letters of September 21, 1823. 以下を参照。*Early Letters*, ed. Charles E. Norton (London, Macmillan & Co., 1886), p. 286.
(2) *Reminiscences*, ed. Charles E. Norton (Everyman's Library, London, J. M. Dent & Sons; New York, E. P. Dutton & Co., 1932), p. 282.
(3) *Lectures on the History of Literature*, ed. J. Reay Greene (New York, Charles Scribner's Sons, 1892), pp. 192ff.

カーライルはおそらく、『ヴィルヘルム・マイスターの遍歴時代』(*Wilhelm Meisters Wanderjahre*)の副題――「あきらめのひとびと」(*Die Entsagenden*)――を、その正しい意味において解釈した、近代最初の批評家であっただろう。かれはゲーテの著作のうちに諦念をみとめたが、カーライルにとってはしかし、この諦念が同時に最高の倫理的肯定なのであった。諦念とは否定ではなく再建なのである。人間の不幸を嘆くことは、とカーライルは宣言する、ただのセンチメンタリズムであるにすぎない。「才能あるバイロンは憤激して起ちあがり、そしてかれはじぶんが「幸福」ではないことをかくも確実に感じとったので、そのことをきわめて激烈なことばで、あたかも興味あるひとつのニュースであるかのように宣言する。そのことはあきらかに、バイロンをひどく驚かせたのであろう。一人前の男子にして詩人たる者が、街角でこのような便りを公言するまで身を落とすのを目にするのは好ましいことではない(1)」。人間の不幸はかれの偉大さに由来するものだ。それは人間のうちに在るなんらか〈無限なもの〉をたしかにあかし立てるものであって、その無限なものをひとは、どれほどの奸智をもってしても〈有限なもの〉の下に隠しおおせることができないのである。カーライルはここでパスカルの口調で語っている。「生の分数は、その分子を増すよりも分母を減じることによって価値を増すことができる。否、私の知っている代数学に欺かれているのでないなら、〈1〉そのものも〈0〉で割れば〈無限〉となるだろう。なんじの賃金要求を、しからば〈0〉とせよ。なんじは世界をじぶんの足下に有するのである。(中略)なんじのバイロンの本を閉じて、ゲーテの頁《ページ》を開けよ(2)」。

(1) *Past and Present*, Bk. III, chap. IV, X, 154.
(2) *Sartor Resartus*, Bk. II, chap. IX, I, 152f.

人間の活動性を、その実践的な生と実践的な義務とをこのように強調することが、カーライルの哲学における非ロマン主義的な特徴となっている。かれは一箇の典型的なロマン主義者であって、それはかれの思想においても、思想をあらわすスタイルと表現についてもそうである。一方かれの〈生の哲学〉は、あらゆるロマン主義の著作家から遥かに隔たっていた。その哲学は実践的な観念論であって、魔術的観念論ではなかったのである。ノヴァーリスをめぐるエッセイのなかでカーライルは、時間と空間は、錯覚を呼ぶすべての現象のうちでももっとも深刻なものであると語っていた。時空とは外的実在ではなく内的な実在であって、たんなる形式として人間の精神的な存在に属するものにすぎない。(1)しかし、人間の認識にまつわるこのような錯覚に満ちた性格は、行動とじぶんたちの倫理的な生の領圏に接近するならば、ただちに消え去ってしまう。ひとりこの領圏のうちでのみ私たちは、確乎たる不動の基礎のうえに立つにいたる。懐疑主義のすべて、理論的な「独我論《ソリプシズム》」のいっさいは克服される。そのとき私たちは真の実在に到達しており、「義務の有する無限な本性」(2)を認識しているのである。形而上学には、そのものとしてはこの謎を解くことがかなわない。私たちとしては懐疑主義の呪文を、たんなる思弁をつうじて打ちやぶるわけにはいかない。「およそこのうえもなく無益な努力というものがあるとすれば、それは、本来の意味での形而上学者が辛苦している、その当のものを措いてほかにない。それはつまり、否定から確信を導きだそうとすることだ。（中略）形而上学的思弁は、それが〈否〉あるいは〈無〉からはじまるかぎりで〈無〉のなかで終焉せざるをえない。形而上学は循環し、際限なく渦を描きながら循環しつづけて――そしてじぶん自身を生みだし、またみずからを呑みこまざるをえないのだ[3]」。

（1）"Novalis", *Essays*, II, 24ff.
（2）*On Heroes*, Lect. II, p. 73. Centenary ed., V, 75.
（3）"Characteristics", *Essays*, III, 27.

実在をめぐるこのような根本的に倫理的な性格を伴った確信が、カーライルのロマン主義に二重の影響を与えていたことになる。その確信に導かれてかれの思想に変化が起きたばかりでなく、その文体にも変化が生じたのである。『衣装哲学』にあってカーライルは、ロマン主義的な文体に属するさまざまな特徴を意図的に模倣していた。そのさいジャン・パウルが、かれにとって偉大な模範となる。ジャン・パウルの書きかたは論理的なルールのすべてを無視するものであるように見え、奇妙で、空想的で一貫性を欠いたものだった。そうはいっても、ロマン主義的文体のなかには一点、カーライルの本性ならびに気質と折りあいがつかない特徴がある。私たちとしても、カーライルのうちにジャン・パウルの示すグロテスクなユーモアをみとめるところがあるにしても、前者のなかに、とはいえロマン主義的なイロニー[＊1]を見いだすことはない。「あのイロニーの能力は」とカーライルは、ジャン・パウル・フリードリヒ・リヒターにかんするその最初のエッセイのなかで書いていた。「つまり例のカリカチュアの能力ということになるが、それはしばしばユーモアの名で通っているとはいえ、主に対象をどこか表面的に歪曲したり反転させたりすることにあり、せいぜい哄笑を引きおこすことに終わるものであって、それはリヒターのユーモアとすこしも似たところがないのだ。（中略）それは、ユーモアの貧しい断片であるにすぎない。あるいはむしろ、たましいを欠いた身体といったところだろう。そのようなカリカチュアに生命があるにしても、それは偽りの、わざとらしい理に合わないものなのである」[1]。カーライルはイロニーを弄する者ではありえなかった。つねにまったく真剣に語っていたのである。「ミラボー、ナポレオン、バーンズ、クロムウェルのような人間で」、とカーライルは、英雄崇拝をめぐるその講演のなかで説いていた。「およそなにごとかをなすに足る人物ともなれば、なにより当のなにごとかにかんして、まさに真剣でない者などひとりとして存在しない。（中略）恐怖と不思議に満ち、生のごとくありありと、死のごとく差し迫ったものとして、この宇宙はかれに対して存在している。（中略）一瞬一瞬に〈燃えさかる火炎のような〔実在の〕イメージ〉がかれのまえに輝き、打ち消しがたくそこに、まさしくそこに存在する！——これが、偉人についての私の第一の定義であると思っていただきたい(2)」。

（1）"Jean Paul Friedrich Richter", *Essays*, I, 16f.

（2）*On Heroes*, Lect. II, p. 44. Centenary ed., V, 45.

（＊1）ドイツ・ロマン主義にあって、無限なものと有限なもの、理念と現実の乖離を超えて、芸術を可能とする、主体の無限な反省をさす。ゲーテはイロニーを否定していたが、ロマン主義者たちは『ヴィルヘルム・マイスター』に見られる多様な視点、多彩な舞台のうちにイロニーをみとめた。

ロマン主義の著作家たちの多くにとって、カーライルの理論のこういった局面はほとんど理解できないものであったことだろう。フリードリヒ・シュレーゲルが、その小説『ルチンデ』(*Lucinde*)のなかで真のロマン的生の輪郭を描きだしたとき、その描写は無為を賛美するところで終わったものである。無為はふつうなら悪徳として非難されるものであるけれども、それはじつは最高の徳のひとつなのだ。無為こそが宇宙の詩的な捉えかたに対する手がかり、想像的生のいっさいにとっての媒体なのである。カーライルがフリードリヒ・シュレーゲルにふれる場合、無為はいつでも大きな共感とともに語られたものだった。とはいえ、およそなにがカーライルの性格とその教説からかけ離れたものであるかといって、こうした無為の理論ほどとおく離れたものはほかにないだろう。かれはじぶんを神秘主義者と称したけれども、その神秘主義はけっして、なんらかの種類の静寂主義へかれを導くものではなかった。カーライルの神秘主義は、敬虔な瞑想にもとづくものではなかったのである。「徳(Virtue)、つまり〔ラテン語でいえば〕Vir-tus, 要するに雄々しさ《マンフッド》、英雄である《ヒーロー・フッド》ということであるけれども、(中略)それはなによりもまず(中略)勇気であり、ことをなす能力である」[1]。「労働が生である。(中略)本来なんじは、じぶんが働くことで獲得したもの以外のどのような知も手にしてはいないのだ。それ以外のものはなおすべて知の仮説であるにすぎない。それらは学校のなかで議論されるべきことがら、雲のなかに浮遊し、きりもなく論理の渦巻きのうちに浮かんでいるものなのである。私たちが当のものを試して確定してみるまでは」[2]。もしもこれが崇拝でないというならば、崇拝にとっては悲しむべきことだろう。カーライルにとっての定言命法は、創りだせ、造りだせ、ということだ。「どれほど些細な生産物の断片であってもかまわない、神の名においてそれを造りだせ。（中略）まだ今日と言われるうちに働け。夜が来れば、だれも働くことができないのだから[3]」。

（1）*Idem*, VI, 210. Centenary ed., V, 218.
（2）*Past and Present*, Bk. III, chap. XI, X, 197f.
（3）*Sartor Resartus*, Bk. II, chap. IX, I, 157.

この最後のことばは、カーライルの著作でほかにも多くみられるように、ゲーテから直接に引用されたものである[1]。ゲーテにおいて、つまりノヴァーリスにでもフリードリヒ・シュレーゲルにでもなく、カーライルは、じぶんの格言「働くことは祈ることである」（*Labore est orare*）が確証されているのを見てとることができたのである[2]。ゲーテこそかれにとって近代世界におけるオイディプスであり、オイディプス同様スフィンクスの謎を解いた者なのだ。「私たちの観点からするなら」、とカーライルは語っている。「ゲーテこそ〈統一者〉、勝利せる〈調停者〉として、私たちのうえに聳《そび》えたっている。かれが統一し調停したものとは、きわめて混乱し分裂した時代の、紛糾し撞着しているさまざまな要素なのであって、それを世界は、キリスト教が登場して以来たえず目にしてきたのである[3]」。

（1）以下を参照。Goethe, *West-Oestlicher Divan*, "Buch der Sprüche".

「まだ昼間なのだから、そら働け、働け！

夜ともなれば、だれも働けないのだから。」

(Noch ist es Tag, da rühre sich der Mann!

Die Nacht tritt ein, wo niemand wirken kann.)

（2）以下を参照。Carlyle's letter to Goethe of April 15, 1827.「私が、暗黒からいくぶんかでも光明へと救いだされ、じぶんの義務や使命についてすこしでも心得るところがあるとすれば、それはあなたの著作を研究したことに、他のなにごとにもまして負っているのです」。*Correspondence between Goethe and Carlyle*, ed. Charles E. Norton (London, Macmillan & Co., 1887), p. 7.

（3）"Goethe's Works", *Essays*, II, 434.

『箴言と省察』の一節で、ゲーテはこう言ってる。「どのようにしてひとは、みずから自身を知ることができるのか？　だんじて、考えることによってではなく、行為することによってである。なんじの義務を果たすことに努めよ。そうすればなんじは直ちに、じぶんがそれに価いするものを知ることになるだろう」(Wie kann man sich selbst kennen lernen? Durch Betrachten niemals, wohl aber durch Handeln. Versuche, deine Pflicht zu tun, und du weisst gleich, was an dir ist)。「そしてなんじの義務とはなにか？　日々の要求である」(Was aber ist deine Pflicht? Die Forderung des Tages)(1)。この箴言が、カーライルにとっては生をめぐる真の形而上学となり、みずからの「生の哲学」の核心となった。内省は、それがたんなる理論的活動であるかぎりでは「まちがいなく疾病の兆候である。（中略）そこにあるのは自己追求であり、実りのない回顧によって、じぶんたちが辿ってきた道を測りなおそうとすることである。一方ただひとつ重要なことがらは、たえずまえにむかって歩みだし、より前進してゆくことなのだ(2)」。この目的のためには、「日々の要求」を知り、「もっとも近くにある仕事」を果たすだけで充分なのである。「なんじのもっとも近くにあり、なんじが義務であることを知っている義務を果たせ。なんじの第二の義務は、そこですでにあきらかとなっていることだろう。（中略）きみたちが、『ヴィルヘルム・マイスター』のロタ一リオとおなじく、多大な驚きをもって見いだすのは、きみたちの「アメリカはここにあって、他のどこにもない」ということだ[3]」。「私たちの仕事こそが、精神がはじめてその生来の相貌を見てとることになる鏡である。だからまた、なんじ自身を知れという、あの不可能な教訓の愚かさはここにある。それは、なんじがなにを為しうるかを知れという、いくぶん可能な教訓に翻訳されるまでは、愚かしいものでありつづけるのである[4]」。

（1）Goethe, *Maximen und Reflexionen*, herausgegeben von Max Hecker, "Schriften der Goethe - Gesellschaft", Band XXI, Nos. 442, 443 (Weimar, Verlag der Goethe - Gesellschaft, 1907), 93.

（2）"Characteristics", *Essays*, III, 7f.

（3）*Sartor Resartus*, Bk. II, chap. X, I, 156.

（4）*Idem*, Bk. II, chap. VIII, I, 132.

人間の生をこのように能動的かつ精力的に捉えるなら、その捉えかたは当然、私たちの自然の捉えかたに反響してゆく。ふたつの問題は緊密に織りあわされており、両者は一箇同一の問題が示す異なる局面にすぎないからである。ひとはいつでもじぶん自身のイメージにならって、自然にかんするそのイメージをかたちづくることになる。人間が自己のうちに根源的で創造的な力をみとめない場合には、自然もまた人間にとってたんに受動的なもの――死せるメカニズムにすぎなくなる。カーライルにしたがえば、これがフランス百科全書派や十八世紀の「哲学者たち」の運命なのであった。かれらの自然理論はまさに、人間をめぐるその理論の写しにほかならない。ドルバックの『自然の体系』(*Système de la nature*)とラメトリの『人間機械論』(*L'homme machine*)にはきわめて似かよったところがある。双方がひとしく表現しているのは、懐疑的で破壊的な、否定的精神なのだ。その哲学にとって真の英雄はファウスト、つまり行為し、渇望する人間ではなく、メフィスト、すなわち「つねに否定する霊」(der Geist, der stets verneint)なのである。メフィストフェレスの準則は、ヴォルテールのそれとおなじ、つまり「本気にしてはならない」(N'en croyez rien)、である。「かれが有している抜け目のない、あらゆることに通暁した知性は、法律屋の知性である。それは反論しうるけれども、確言することができない。かれは山猫のように狡猾な眼でほんの一瞥するだけで、バカげたもの、不似合いなもの、悪しきものを見つけだす。たほう厳粛なもの、高貴なこと、尊ぶべきことがらについて、それらが目に映りもしないこと、その老いたる母とえらぶところがないのである」[1]。

（1）"Goethe's Helena", *Essays*, I, 157.

人間がじぶん自身の偉大さを見失ってしまえば、いったいどうやって、自然に偉大さを見いだすことができるというのだろう。みずから自身がもはや生きてはおらず、たんなる自動機械にすぎないというのなら、どのようにして、人間は自然のうちに偉大な生ける力を見てとることができるのか。たほう私たちがじぶん自身のなかにダイナミズムを発見する場合には、それは自然をあらたに捉えかえすための手がかりを与えてくれることになるだろう。自然とは、外部の機械的な諸力によって動かされる巨大な機関などではない。自然は〈無限なもの〉のシンボルであり、その衣装であって、「神の無限な衣装」なのである。これこそが、カーライルが『衣装哲学』で展開した「衣服の哲学」の核心そのものなのだ。「すべて過ぎ去るものは比喩にすぎない」（Alles Vergängliche ist nur ein Gleichnis）〔ゲーテ『ファウスト』〕――目に見えるいっさいのものは標章《エンブレム》である。この大いなるヴィジョンのまえに、死せる自然の幻影は消え去ってゆく。「自然の体系だと！　どれほど賢明で、その見識《ヴィジョン》のひろさにおいて並ぶことなき者であっても、自然はつねにまったき無限の深さを湛えている」。私たちの貧しいことばや科学的な概念といった、プロクルステスの寝台(*1)に合わせて、自然を描きだそうとするかぎり、それは不可解で測りしれない。私たちには「自然の書物」と口にすることもあるだろう。しかし「それは神々しい象形文字、真の神聖文字でしるされたものであって、預言者であっても、ここで一行、あそこで一行と読みすすめることができるなら、幸いというものなのである(1)」。私たちはこの真に総合的な自然観を、十八世紀の分析的な自然観に対置してみなければならない。そのとき、またその場合にのみ、例の「開かれた秘密(2)」を理解するにいたるだろう。私たちはもはや自然的世界のうちに「恐るべき死の機械」を見てとることはないであろうし、そこに「巨大な水車の単調な騒音を――水車大工もその工場主もいない水車の騒音を(3)」聴きとることもないだろう。

(1) *Sartor Resartus*, Bk. III, chap. VIII, I, 205f.

(2) *On Heroes*, Lect. III, p. 78. Centenary ed., V, 80. 以下を参照。Goethe, *Gedichte* (Weimar ed.), III, 88.

「自然の観察にあたっては、
つねに一事は万事とこころせよ。

なにものも内にもなければ、外にもない。
なんとなれば、内にあるものとは外にあるものであるゆえに。
だから、躊躇することなく捕らえよ、
聖なる開かれた秘密を。」

(Müsset im Naturbetrachten
Immer eins wie alles achten;
Nichts ist drinnen, nichts ist draussen:
Denn was innen: das ist aussen.
So ergreifet ohne Säumnis
Heilig öffentlich Geheimnis.)

（3）“Novalis”, *Essays*, II, 33; cf. Novalis, *Lehrlinge zu Sais*.

（＊1）寝台の長さにあわせて旅人の足を切りおとしたとされる、アッティカの強盗の名にちなんで、恣意的な枠組みのことをいう。

右に見たすべてのことがらにあって、カーライルはただゲーテの観念を再現し、敷衍しているにすぎないようにも見える。しかしながら、他方でかれはけっしてこうした観念を、それらがほんらい真に有していている意味で受容することができなかった。ピューリタンの信仰を棄てたあとでさえカーライルは、ゲーテの著作に見いだすことができるものよりも、いっそう人格的なかたちをとった理想を〈神的なもの〉と〈無限なもの〉にかんして必要としていたのである。カーライルの著作のうちにつねに見られる傾向であるけれども、かれはゲーテの宗教の有する異教的な特徴を抑圧し、あるいは最小化しようとしている。カーライル自身の宗教は道徳宗教であって自然宗教ではない。英雄崇拝をめぐるその最初の講演では、カーライルはたしかに多神教のさまざまな形態を公平に判断しようとしている。偉大な自然力を崇拝することは、とかれは言う、宗教の歴史にあって最初の避けがたい段階である。一方カーライルとしては、無意識的にしても多神教の性格そのものを変容させなければ、この段階を理解することすらできなかった。オーディン、ゲルマン神話のこの最高神は、かれにとってはたんに人間、偉大な王あるいは祭司となったのだ。ひとはオーディンを自然力の人格化と考えるべきではなく、真の人格と考えなければならない。オーディンとはなによりもまず、一箇の教師だったのである。オーディンは、ノース民族のために「この宇宙のスフィンクス的な謎」を解いたのではなかったか。生存は「かれの手で、拍子を打つ美しい調べ」となる。「かれがはじめて、

〈生〉を生き生きとしたものにしたのである。私たちはこのオーディンを、ノース神話の起源と呼ぶことができるだろう。オーディンこそ、あるいはひとびとのあいだで生きていたとき、そのなまえがなんであったのであれ、この者こそがノース最初の思想家なのである」[1]。

（1）*On Heroes*, Lect. I, p. 21. Centenary ed., V, 22.

以上が異教に対するカーライルそのひとの反応であり、これはゲーテのそれとはまったく異なっているのであって、ゲーテの場合にはときおり自身を「断乎たる異教徒」と称したうえに、ヴィンケルマンをめぐるその評論にあってはヴィンケルマンの異教主義の解釈者となり、その擁護者となったほどなのである[1]。カーライルはもはや、伝統的な意味における「有神論者」ではない。とはいえ、かれがなんらかの人格神を必要としていなかったとしても、人格的な英雄はすくなくとも必要としていたのだった。なんらかの自然力を崇拝することは本質的にいって、カーライルにとっては理解できないことである。かれが深く感銘を受けたのはゲーテのいう「三つの畏敬」、つまり私たちの周りにあり、上にあって、さらに下に存在するいっさいのものへの崇拝という教説である。

一方カーライルがだんじて許すことができなかったのは、ゲーテの「異教徒の宗教」とじぶん自身の宗教的な確信とを対比してみることであった。かれにとってそうした宗教は、せいぜいのところ「人間の抱く幼児のそれにも似た思想であって、その人間は、この永遠に驚嘆すべき宇宙のまえに畏敬と驚異の念をもって打ちひらかれている」にすぎない——それは要するに、粗野で子どもじみた仕方で自然の神性を認識することなのである。(2)

(1) Goethe, *Winkelmann und sein Jahrhundert* (Weimar ed.), XLVI, 25ff.
(2) *On Heroes*, Lect. I.

エッケルマンの『ゲーテとの対話』のなかに、ゲーテの宗教観とカーライルのそれとの根本的な差異を説明するためにきわめて好適な一節がある。ゲーテがまず言明してみせるのは、キリスト教の啓示がもとづく〔福音書の〕さまざまなテクストのあいだにはあきらかにいくらかの齟齬《そご》がみられ、さらには矛盾さえも存在するということだ。それにもかかわらず私たちとしては、四福音書のすべてをまったく真正なものと見なすことができる。四福音書のいずれにも、イエスの人格から発する偉大さが反映しているからである。「こう尋ねられた、としてみよう」、とゲーテはさらにつづけている。「私の本性からして、じぶんは〈かれ〉に対してひたすらな畏敬の念を払うかどうか、ということだ。その問いに対しては、私は――もちろんそうだ、と言うだろう。私は〈かれ〉のまえに身を屈《かが》めるが、それはイエスが道徳性の最高原理の神的な啓示であるからだ。じぶんの本性からして私は〈陽〉を畏敬するのか、と尋ねられたならば、私はふたたび――もちろんそうだ、と答えるだろう。太陽もまたおなじく至高の存在者の啓示であって、しかもじっさい、われら地の子らが目にすることを許されたもっとも強力な啓示にほかならないからだ。私としては太陽のうちに神の光と産出力とをみとめ、それを崇拝する。その光と産出力によって私たちはみな生きて動き、かくてじぶんの存在を保っている――私たちだけではない、私たちとともに、いっさいの植物や動物もそうなのである」(1)。カーライルならそのように感じ、このように語ることは、およそありえなかった。キリストへの畏敬を、〈陽〉への讃嘆とおなじ次元に並べることなど、かれにとっては冒瀆と思われたことだろう。

(1) Eckermann, *Conversations with Goethe*, March 11, 1832. English trans. by John Oxenford (Everyman's Library, London, J. M. Dent & Sons; New York, E. P. Dutton &

Co., 1930), p. 422.

そこには、とはいえいまひとつのより強い理由もあってカーライルは、宗教にかかわるその捉えかたや理想について、ゲーテの著作には満足することができなかった。「私は神を信じる！」(＊1)と、ゲーテは『箴言』のひとつでしるしている。「これは美しい、口にするに足ることばである。しかし神がどのような場所で、どのようにしてじぶんを啓示するかをみとめることこそ、地上においてただひとつ真の至福ともいうべきものである」(1)。この箴言にしたがってゲーテは、みずからが同時にひとりの「汎神論者」「多神論者」であり、また一箇の「有神論者」であることを宣言していた。「自然誌家として私は」、とかれは言う。「汎神論者である。芸術家としては多神論者であり、じぶんの倫理的な生にあっては一神論者なのである」(2)。

自然もその数多い形象において
唯一の神をのみを啓示しているのだから、
広大な芸術の領野にあってもまた

ひとつの感覚が永遠に生きることだろう。
それが真理の感覚であり、
それはただ美しいものをもって飾りたてられ、
白昼の至上のあかるみを
心やすらかに打ちながめるのだ。[3]

(Wie Natur im Vielgebilde
Einen Gott nur offenbart;
So im weiten Kunstgefilde
Webt ein Sinn der ew'gen Art;
Dieses ist der Sinn der Wahrheit,
Der sich nur mit Schönem schmückt
Und getrost der höchsten Klarheit
Hellsten Tags entgegenblickt.)

（1）Goethe, *Maximen und Reflexionen*, No. 809, p. 179.

（2）*Idem*, No. 807, p. 179.

（3）Goethe, "Künstler-Lied", Aus den *Wanderjahren*. Carlyle's trans., XXIV, 329では以下のとおり。

As all Nature's thousand changes
But one changeless God proclaim;
So in Art's wide kingdom ranges
One sole meaning still the same:
This is Truth, eternal Reason,
Which from Beauty takes its dress,
And serene through time and season
Stands for aye in loveliness.

（＊1）I believe in God!　全集版が注記しているとおり、ゲーテのドイツ語原文では、Ich glaube einen Gott!　おなじく、つづく一節における「口にするに足る」(a worthy thing to say)は löblich(賞賛すべき)。

しかしながらこの叙述には、神的なものの啓示をめぐるそれとしては、ひとつのものが欠落していた。ゲーテは自然と芸術について語っているけれども、歴史にかんしては口にしていない。ゲーテはけっして、自然や芸術とおなじように、歴史を高く評価することができなかったのである。かれは歴史を〈神的なもの〉の直接的な啓示とは考えなかった――ゲーテとしては、歴史とは人間的なものであり、あまりに人間的なものであるとみとめていたわけである。ゲーテにとって歴史的知識は、私たちの自然の知識とくらべて遥かに劣ったものだった。自然は大いなる一箇の無限な〈全体〉である。歴史が私たちに与えるものはせいぜい、人間の生のばらばらな肢体にすぎない。「文献とは」、とゲーテは言う。「断片のうちの、そのまた断片である。語られたことのうちきわめてわずかな部分が書きとめられ、書きとどめられたもののなかできわめてわずかな部分だけが残されている(1)」。さらにかりにいっさいの史料が保存されていたとしても――私たちは歴史にかんしていったいなにを知ることになるのだろうか。歴史的な「事実」と呼ばれるものは、多くの場合たんなる伝説であるにすぎない。あらゆる著作家たちが私たちに伝えるのは、政治的な事件や人物の性格をめぐって、かれら自身の抱く歪曲された像にすぎない――それはかれらの嗜好、共感や反感、民族的偏見などによって歪められているのだ(2)。カーライルには、歴史にかんしてこれほどまでに軽蔑的で懐疑的な仕方で語ることができなかった。かれは歴史のうちで、自然や芸術においてそうである以上に「目に見える神の外套」を見ていたのである。偉人とはカーライルにとって、あの神聖な啓示の書の霊感に満たされて語り、また行為するテクストなのであり、その一章一章はあらたな時代ごとに完結して、ひとがそれを歴史と呼ぶものなのであった。これらの霊感に満ちたテクストに対して、より多くのただ才幹ある者たちは、善かれ悪しかれその経典注釈〔者〕にすぎないのである。「私の研究にとって」、とかれは叫ぶ。「霊感に満ちたテクストそのものこそが問題なのである！」(3)。真の歴史家に対して歴史は、ゲーテが『ファウスト』でそう述べているような、「塵や芥をぶち込んでおく倉」(ein Kehrichtfass und eine Rumpelkammer)ではない。歴史家には、過去をめぐって物語る能力があるだけではない。かれはそれを甦らせ、現在させる。真正の歴史家は、ガリバーの手品師のように語り、また行動するのだ。かれが呼びもどすのは「華麗なる〈過去〉であって、その過去を私たちが覗きこむことができるようにし、意のままに詮索できるようにする」(4)。そうした見解についていえばカーライルは、ゲーテの著作のうちに支えとなるなにものも見いだすことができなかった。歴史家としては、かれは最初からはじめなければならなかった。カーライルはじぶん自身の道を見つけだして、それを整えていかなければならなかったのである——そしてこの目的のためにかれは、その「生の哲学」を、全面的に変化させるとは言わないまでも、すくなくとも変容させなければならなかった。まさしくこの変容がカーライルを導いて、英雄崇拝と、歴史における英雄的なものとをめぐるその理論へと進ませることになる。

(1) *Maximen und Reflexionen*, No. 512, p. 111.
(2) 詳細については、以下を参照。E. Cassirer, *Goethe und die geschichtliche Welt* (Berlin, B. Cassirer, 1932)
(3) *Sartor Resartus*, Bk. II, chap. VIII, I, Centenary ed., I, 142.
(4) 以下を参照。"Schiller", *Essays*, II, 167.

カーライルの理論とその歴史観の形而上学的な背景

歴史の迷路を通りぬけて、じぶんを導いてくれるような先導者を探し、ちょうど自然と芸術の王国で自身を先導してくれた、ゲーテの代わりとなる者を求めていたとき、カーライルはいったいどこにそうした人物を見つけだすことになったのだろうか。ひとりだけ、そうした役割にかなうかに見える人間が存在していた。ヘルダーがそのひとである。とはいえ、私たちの手もとにあるどのような証拠からも、ヘルダーがかつてカーライルの思想に決定的な影響を及ぼした経緯があかし立てられることはない。とはいえ、カーライルが当初から烈しい関心と強い讃嘆の意を覚えていた、いまひとりの思想家なら存在していた。ドイツ文学の現況を論じた最初期の論考のひとつ(一八二七年)で、カーライルはフィヒテのことを、かれは冷静で巨大な、断乎とした精神として、堕落したひとびとのあいだにあった大カトーのように毅然として晴れやかに立っている、と語っていた。これほどに剛毅な知性と、これほどに静謐で崇高、重厚にして不動の精神が、哲学的な議論にくわわったのは、およそルターの時代以来かつてなかったことなのだ。私たちはかれの見解を容認することも否認することもできるだろう。けれども、思想家としてのかれの性格を軽く見積もることができるひとがあるとすれば、それは、フィヒテをよく知らない者だけである。かれは、私たちの時代よりもすぐれた時代にのみ見られた人間のたぐいに肩を並べる人物なのである。(1)

(1) "State of German Literature", *Essays*, I, 77.

このように評価するさいカーライルは、フィヒテの形而上学にかんしてはほとんど考慮に入れていない。フィヒテはその『知識学』(*Wissenschaftslehre*)(*1)において、みずからの形而上学的体系をはじめて呈示したが、その著作は哲学的文献のなかでももっとも難解な書物のひとつである。カーライルはそれを研究することも、またマスターすることもほとんど不可能だったにちがいない。かれが読んだのはむしろフィヒテの通俗的な著書、『学者の本質』(*Das Wesen des Gelehrten*)や、さらにおそらく『人間の使命』(*Die Bestimmung des Menschen*)、『現代の特徴』(*Die Grundzüge des gegenwärtigen Zeitalters*)といったところだったろう。そこにカーライルとしても、フィヒテの形而上学の全体を見いだすことはできなかったけれども、あの「大カトー」を、現代について語り、それを「あらゆる真理に対する絶対的無関心の時代、さらにはまったく無拘束にして放埒な時代――すなわち、まったき罪に満ちみちた状態」(1)として語りだす者を発見したのであった。カーライルの関心はことごとく道徳的な問題に向けられており、そのような思想家としてかれは、このような判断から深い感銘を受けたにちがいない。フィヒテが現代世界における死にいたる病として描きとったものに対して、治療法を見いだすことは果たして可能であったのだろうか。

（1）以下を参照。Fichte, *Grundzüge des gegenwärtigen Zeitalters*. English trans. by W. Smith, *The Popular Works of Johann Gottlieb Fichte* (4th ed. London, Trübner & Co., 1889), II, 17. Lect. II.

（＊1）『全知識学の基礎』(*Grundlage der gesamten Wissenschaftslehre*, 1794) のこと。

一方カーライルは、じぶんが深く負うところがあると感じていた人物に対して不誠実となることとなく、フィヒテの見解を受けいれることなどできたのだろうか。その人物にカーライルは、師に対する弟子としてばかりか「精神的な父」(1)に対する息子としてすら負うところがあると思っていたのだ。つまりは、ゲーテとフィヒテの〈生の哲学〉を調停することは可能か、ということである。あきらかに、両者はおなじ型に属していない。フィヒテの「主観的観念論」は、ほかならぬその原理にあってゲーテの「客観的観念論」とはまったく両立不可能なものだった。こうした差異について、カーライルは気づいていなかったように思われる。かれの精神は論理的なものでも論弁的なもの(＊1)でもなく、直観的なものであった。カーライルはたんなる折衷主義者として、もっともかけ離れた源泉のさまざまから気ままに借用してくるといったことはなかったにせよ、それでもおよそどのような理論であれ、じぶんの倫理的・宗教的な要求に適合させうるかぎりではたやすく受けいれたのである。

（1）以下を参照。*Correspondence with Goethe,* April 15, 1827.

（＊1）discursive. 本書・上、九八頁の訳注（＊1）参照。

そしてこの点にかんしていえば、じっさいフィヒテとゲーテの見解とのあいだには、接触する一点が存在していた。カーライルがくりかえし言いおよぶゲーテのことばは、「どのような種類の懐疑であっても、それに終止符を打つことができるのはただ行動のみだ」というものである。この基礎的な提題を、カーライルはフィヒテのうちにも見いだすことができたわけである。フィヒテの『人間の使命』は三巻に分かれている。第一巻の標題は「懐疑」、第二巻が「知識」、第三巻のそれが「信仰」である。フィヒテによれば、知識とはだんじてたんなる理論的な行為ではない。論理的な推論によって、すなわちじぶんたちの論証と推論の力をもってしては、私たちはけっして実在と真理にふれることを希望しえない——ましてその本質へと貫入するのを望むことはかなわない。そういった方途によって私たちは、ひたすら徹底的な懐疑論へと導かれるばかりである。

かりにその方途が真理へといたるただひとつの通路であるとするなら、私たちはあたかも夢のなかにあるかのように生きるべく、永遠に呪われていると言わなければならないだろう。物質的世界と呼ばれているものは、ひとえに影のごとき存在をもつものであるにすぎない。それは〈自我《エゴ》〉の所産であり、この自我こそが〈非我《ノン・エゴ》〉を「定立」するのである。一方もうひとつの途があって、それが私たちを導いて、この影の世界を超出させる。ただひとつ明断で確実、不動にしていかなる懐疑も許さない実在があるとすれば、それは私たちの道徳的な生という実在である――これは一箇の「実践的」な実在であって、たんに「理論的」なものではない。ここに、そしてここにおいてのみ私たちは、確乎たる大地《グラウンド》と根拠のうえに立っているのだ。道徳法則の、定言命法の確実性こそ、第一のものとして私たちに与えられている――それが他のあらゆる知識の条件であり、その基礎なのである。じぶんの知性によってではなく、みずからの意志によって私たちは実在を把握するのだ。

「なんじがかつて信じていた実在、なんじから独立して存在する物質的世界、なんじがその奴隷となることを惧れていた一箇の世界は」、とフィヒテの『人間の使命』に登場する精霊は語っている。「消えうせてしまった。この物質的世界とはただ知識によって成りたったものであり、それじしん私たちの知識だからである。とはいえ知識は、まさにそれが知識であるがゆえに実在ではない。（中略）なんじがいまや探しもとめているもの、それがじゅうぶん正当であることを私もまた知っているけれども、それは、たんなる現象のかなたにある実在的ななにものかであり、かくて無化されるに至ったものとはべつの実在である。だがなんじの努力が、もしこの実在をなんじの知識によって、あるいはなんじの知識にもとづいて造りだそうとするものであれば、あるいはまたなんじの悟性をもってその実在を把握しようとするものならば、無駄というものだろう。かりにもし、なんじがそれを捉える他の器官を所有していないのなら、なんじはだんじて実在を見いだすことがないはずである。とはいえなんじは、そのような器官を所有しているのである。（中略）たんなる知識ではなく、なんじの知識にしたがって行為することこそ、なんじの使命なのだ。（中略）なんじ自身をいたずらに観想するためでなく、もしくは敬虔な感情に想いをひそめるためでもなく——そうではなく、行為するためにこそ、なんじはここに存在する。なんじの行為、そしてなんじの行為のみが、なんじがなにに価いするかを決定するのである」[1]。

（1）Fichte, *Bestimmung des Menschen*, "Sämtliche Werke", ed. J. H. Fichte, II, 246ff.

Popular Works, I, 404-406.

こうしたいっさいがカーライルの著作に再現され、しかもしばしばフィヒテの用語そのままに表現されている。「私の〈持っている〉ものではなく、私の〈なす〉ところが」、とかれは言う、「私の〈王国〉である」(1)。「知識だと？　働くさいに有効な知識をこそ、なんじは固守すべきなのだ。なんとなれば、〈自然〉それ自身もそういった知識を信頼して、それに対して〈然り〉と口にするからである」(2)。もしもなにか確乎として不可疑な知識が存在するならば、それは外的世界に属するものではなく、私たちの内的な生に――くわえてこの内的生の不動の中心、つまり私たち自身の自己意識に帰属するものなのである。「私はあの内的な事件を、いつまでも忘れることがないだろう（中略）」、とカーライルは、ジャン・パウルを引きながら語っている。「そこでじぶんが目撃したものは私の〈自己意識〉の誕生であり、その事件にかんしてなら私はいまでも、その時と所とを挙げることができる。とある昼まえ、幼い子どもであった私は戸外に立って、左かたの薪の山を眺めていたが、そのとき突然「私は〈私〉である」(ich bin ein Ich)という内的ヴィジョンが、天上からの閃光のように私のまえに煌《きら》めき、以後も輝く光を伴って継続した。そのとき私はじぶんの〈私〉をはじめて目にして、それ以後もかわらず目にしてきたのである」[3]。

（1） *Sartor Resartus*, Bk. II, chap. IV, I, 96.
（2） *Past and Present*, Bk. III, chap. XI, X, 198.
（3） "Jean Paul Friedrich Richter Again", *Essays*, II, 111.

しかし、この「自己」とはいったいなにか。「私とは何者か？　みずからを「私」と呼びうるこのもの（das Wesen, das sich Ich nennt）はだれなのか[1]」。いったいどのようにして、どこで私たちはそれを見いだすことができるのか。あきらかにそれは、諸事物のあいだに存在するひとつの事物ではない——つまり、科学的な方法によって発見され記述されうる対象ではない。それを計算して、また測定することはできない。それは物理的事物とおなじ仕方で「与えられて」いるものではなく、「なされる」べきものなのである[＊1]。フィヒテが語っていたとおり、それは事実（Tatsache）ではなく事行（Tathandlung）である。つまり、ひとつの事実ではなく一箇の行為である、ということだ。この行為が遂行されることなしに、私たち自身をめぐる認識も、かくてまた外的実在についてのなんらかの知識も不可能なのである。

（1）*Sartor Resartus*, Bk. I, chap. VIII, I, 41.

（＊1）「事行」は、フィヒテ知識学の用語。『全知識学の基礎』の第一根本命題によれば、「私が私である」「私は私に対して存在する」とは、私がじぶん自身を「端的に根源的に」定立することであって、それはラインホルト的な意識の「事実」ではなく、むしろ定立するという行為(Handlung)と、そのなすところの結果(Tat)とが同一のものとなる、事行(Tathandlung)なのである。つづけて、この事行が遂行されることが外的世界の認識をも可能とする、とあるとおり、フィヒテの事行はカント理論哲学における「私は考える」(ich denke)、「超越論的統覚」を捉えかえしたものという側面をもつ。

こういったすべてをつうじてカーライルは、じぶんがゲーテの著作のうちに見いだすことのできなかった或るものを発見した。フィヒテの『学者の本質』はカーライルがくりかえし引用する著作であるが、歴史的世界をめぐるカーライルの捉えかたに哲学的な基礎を与えることになるものだった。フィヒテによれば歴史的世界は、たんに副次的な所産、第二次的な現象、つまり自然という偉大な宇宙に包括され、そしてある意味でそこに解消されるだけのものではない。フィヒテの体系にあって、自然と歴史との関係は逆転していた。私たちが自然の現象だけに考察を限定しているかぎりでは、とフィヒテは宣言する、真理を発見することも「絶対的なもの」を把握することもできない。フィヒテは、自然の哲学の可能性そのものを熱烈かつ鞏固に否定した。シェリングがその自然哲学を展開したとき、かれはフィヒテによって、超越論的観念論の大義に対する重大な裏切りという廉で批難されたのである。みずから方向を見失い道をあやまってはならない、とフィヒテは第二講義で学生たちに語りかけた。迷わせるものとは、〈自然哲学〉(Natur-Philosophie)という名を掲げた哲学なのだ。それは真理へと向かうさらなる一歩であるどころか、その哲学は古来すでにひろく行きわたっている誤謬への回帰にすぎないのである。[1]

（1）Fichte, *Über das Wesen des Gelehrten*, "Sämtliche Werke", VI, 363f. *Popular Works*, I, 224f.

フィヒテはこのように、歴史と「精神的」世界を真の、否ただひとつ「絶対的なもの」と考えたが、その捉えかたのうちにカーライルの見いだしたものが、英雄主義と英雄崇拝の理論へと向かう第一の決定的な動因なのであった。フィヒテがカーライルに提供したものは、英雄崇拝をめぐる形而上学のすべてですらあったかもしれない。

私たちはここではフィヒテの体系について、その一般的輪郭を描きとることで満足しなければならない(1)。その体系は「主観的」観念論の体系と記述しておくことができるだろう。とはいえ「主観的」という語はいつでも曖昧で誤解を呼びやすい。それに劃定と規定を与えておくことが必要である。フィヒテの「超越論的主観」――〈非我〉〈Nicht-Ich〉を定立する〈自我〉〈Ich〉――は経験的な主観でもなければ、かれ以前の哲学体系に見いだされる、さまざまなタイプの主観性と一致するものでもない。それはデカルトの論理的主観ではなく、バークリの心理学的な主観でもない。フィヒテの主観が属しているのは別箇の秩序、すなわち純粋に倫理的な秩序なのである。つまり、「自然」の領圏というよりも「目的」の領圏に、「存在」の領圏というよりは「価値」の領圏に所属しているのだ。第一の基礎的な実在、およそ「実在的」と言われる他のあらゆるものにとってその条件であり前提となるものは、道徳的主体である。この主体が見いだされるのは思弁・観想・論証といった論理的過程によってではなく、私たちの自由〈意志〉の作用においてなのである。フィヒテの哲学にあって、デカルトの言う、私は考える、それゆえに私は存在する(*Cogito, ergo sum*)は、私は意欲する、それゆえに私は存在する(*Volo, ergo sum*)という公準へと変えられる。とはいえフィヒテは「独我論者《ソリプシスト》」ではなくエゴイストでもない。「自我」はみずからを自由な行為によって見いだす——すなわち根源的な事行（Tathandlung）によって、ということだ。活動こそが自我の本質そのものであり、その意味にほかならない。けれども活動が行為でありうるのは、それが働きかける素材あってのことである。自我は一箇の「世界」を、その活動の舞台として要求する。そしてこの世界のなかで自我が発見するのは、行為し立ちはたらく他の主体たちなのである。自我は、それらの主体の権利とその本源的な自由を尊重しなければならない。それゆえ自我はじぶん自身の活動を制限して、他者たちに対してその活動の余地を与えなければならないのだ。この制限が私たちに課せられるのは、外的な権力によってではない。制限の必然性は自然的事物におけるそれではなく、一箇の道徳的必然性である。道徳法則、この真に絶対的なものにしたがって、私たちは他の主体と協働しなければならず、一箇の社会的な秩序を樹立しなければならない。自由な行為によってこそ、私たちはみずからを発見するのであるけれども、その行為はさらにもうひとつの行為、私たちが他の自由な主体を承認する行為によって完成される必要がある。この承認の行為が、私たちにとって第一の根本的な義務なのだ。

（1）フィヒテの知識学（Wissenschaftslehre）のより立ちいった分析にかんしては、以下を参照。

E. Cassirer, *Das Erkenntnisproblem* (Berlin, B. Cassirer, 1920), vol. III.

義務と責務とが、したがって、「実在的」世界と呼ばれるものの要素である。私たちの世界はじぶんたちの義務の素材なのであり、それを感覚的な形態にあって表現したものなのである。「私たちの世界は、私たちの義務を感性化した素材である。それこそ、さまざまな事物のなかでもっとも本来的な意味で実在的なもの、いっさいの現象にとって真に根本的な素材となるものである。私たちを強制して、そうしたものの実在に対する信仰へと駆りたてるものは一箇の道徳的強制である。それが、自由な存在にとってはただひとつ可能な強制なのである」(Unsere Welt ist das versinnlichte Materiale unserer Pflicht; dies ist das eigentliche Reelle in den Dingen, der wahre Grundstoff aller Erscheinung. Der Zwang, mit welchem der Glaube an die Realität derselben sich uns aufdringt, ist ein moralischer Zwang; der einzige, welcher für das freie Wesen möglich ist)(1)。

(1) Fichte, *Über den Grund unseres Glaubens an eine göttliche Weltregierung*, “Sämtliche Werke”, V, 185.

しかしながら、私たちの道徳的世界にかんするこの壮麗な構築物には礎石がなお欠けていた。フィヒテの哲学がそこから開始される原則は、実在の基礎的な要素、実在が形成される素材と材料とが人間の道徳的なエネルギーである、とするものである。とはいえ私たちとしてはいったいどこに、そのエネルギーを見いだすことになるのだろうか。あまりに脆弱で、ほとんど自由の理念にまでみずからを高めることのできない個人も存在する。かれらには、自由な人格性がどのようなものであり、それがなにを意味するかはほとんど捉えがたい。かれらには知られておらず、またかれらが理解しようともしないことがらがあるのであって、それはそもそも、じぶんたちが人格的で自立的な存在と価値を手にしており、みずから「「われ」と語りうるもの」[(1)]であるという消息である。いっぽう私たちが目にする他の個人にあっては、道徳的なエネルギー、「われ」の意識が、そのまったき活力においてあらわれているのである。

（1）以下を参照。Fichte, *Erste Einleitung in die Wissenschaftslehre*, "Sämtliche Werke", I, 434f.「ひとがどのような哲学をえらぶかは、だから、ひとがどのような人間であるかに依存している。（中略）生来弛緩した（中略）人間なら、だんじて観念論までみずからを高めることはないだろう」(Was für eine Philosophie man wähle, hängt sonach davon ab, was man für ein Mensch ist ... Ein von Natur schlaffer ... Charakter wird sich nie zum Idealismus erheben)。

歴史的・文化的世界をめぐって語りだそうとする場合に忘れてはならないのは、右にみた基本的差異である。十八世紀の哲学者たちは断乎たる個人主義者であった。かれらが人間の平等な権利というその教説を引きだしてきたのは、暗黙のうちに信じていた、理性の平等からなのであった。デカルトは『方法序説』を以下のような言から開始する。「良識はこの世のすべてのもののうちで、もっとも平等に配分されている。どのようなひとでも、じぶんはそれを十分に具えていると思い、他のどのようなことにも満足できない人間であっても普通なら、現にもっている以上にこの性質を欲しいとは思わないからである」。フィヒテが手を切ったのはこういった捉えかたである。後年の著作においてフィヒテは、この理性の平等という提題のうちにたんなる知性主義の偏見をみとめるようになる。もしも理性が実践理性を意味し、道徳的意志を意味しているとするならば、それはだんじて平等には分配されていない。それはどこにでも見いだされるものではなく、現実には少数の偉大な人格のうちに集中している。そういった偉大な人格のうちに、歴史的な過程の有する真の意味が、その十全で比類のない強靭さをもってみずからを顕示している。かれらが「英雄」であり、人類文化の最初の先駆者なのである。「それでは最初にいったいなにものが」、とフィヒテは問うている。「現代西欧の国々に現在の居住可能な形態を与えて、開化されたひとびとが住むのにふさわしい場所としたのだろうか。歴史がこの問いに答えてくれている。敬虔で神を畏れる者たちが〈神の意志〉にかなうものと信じたのは、森のなかで怯えながら放浪して暮らすひとびとを、開化された生活へと導くことであって、（中略）かれらはかくて荒涼とした荒れ野へと出向いたのである。（中略）一体だれが、野蛮な人種を統合して、対立しあう種族を法の支配のもとへともたらしたのか。（中略）全体だれがかれらをその状態のうちに保って、現存する国家を、内部の無秩序に発する解体や、外部の力による破壊から守ったというのか。かれらがどのような名を負っていようと、その〈時代〉に遥かに先だった者たちこそ〈英雄〉であり、かれらこそ、周囲のひとびとからは、物質的・精神的な力にあって際だった巨人だったのである」[1]。

（1）Fichte, *Grundzüge des gegenwärtigen Zeitalters.* 以下を参照。*Popular Works,* II, 47f.

私が言おうとしているのは、カーライルがフィヒテのこの形而上学的な教説をその細部にいたるまで受けいれた、ということではない。おそらくかれは、フィヒテの超越論的観念論の体系を、その十全な意味と趣旨とにおいて理解することすらできなかっただろう。カーライルは、その体系の理論的な前提や、あるいはその含意をはっきり把握してはいなかった。フィヒテは形而上学者として語り、カーライルの場合は心理学者や歴史家として語っている。フィヒテが試みたのは、論証によって説得することである。他方カーライルは通常、その読者と聴衆の感情《センチメント》に語りかけることで満足していた。後者の場合は、英雄崇拝が人間本性にあって基本的な本能であり、それが根絶されることがあれば、人類は絶望的な状態へと導かれることだろう、と単純に宣言しただけである。(1)

（1）以下を参照。*Sartor Resartus,* Bk. I, chap. X, I, 54.

私たちの歴史的・体系的な分析の成果を振りかえるなら、私たちはいまやカーライルの英雄崇拝の理論が有する意味とその影響とを判断するのに、より好適な地歩を占めていることになるだろう。おそらくどのような哲学上の理論であれ、政治的なリーダーシップにかんする現代の理想へいたる道を準備するにさいして、これほど寄与したものはほかにないだろう。カーライルがはっきりと強調して宣言したところによるならば、帝王であり、人間に対して命令する者である英雄は「実際のところ、私たちにとっては英雄主義のいっさいの形態を集約するものである」ということではなかったか。「祭司であれ教師であれ、およそ人間のうちに宿るものと想像できる、どのような世俗的あるいは霊的な尊厳もここにその肉身を得て、私たちに命令し、たえず実践的な教えを提供して、日々刻々、私たちがなにをなすべきかを告げている」(1)。かくもはっきり公然と言われているわけである。現代のファシズムを擁護する者たちが、ここにすかさずじぶんたちに都合のよい箇所を見つけ、カーライルのことばを変じて、政治的な武器とすることはたやすかったのである。とはいえカーライルを、その理論から引きだされた帰結のすべてに対して責めがあると見なすことは、歴史的な客観性のあらゆる規則に反することだろう。この点について私としては、この主題を論じた近年の文献に見られる判断に同意することができない(2)。カーライルが「英雄主義」や「リーダーシップ」で意味していることは、現代のファシズム理論に見いだされるものとだんじておなじではない。カーライルによると、ふたつの基準によって、私たちは真の英雄と似而非英雄とをたやすく区別することができる。その「洞察力」と「誠実さ」とである。カーライルはただの一度として、虚言が、偉大な政治的闘争にあって不可欠な、あるいは正当な武器であると考えたり、もしくは語ったりすることができなかった。たとえナポレオンのような人物であっても、後年にいたって虚言を弄しはじめると、ただちにひとりの英雄であることを止めるのだ。「「戦況報告のごとく当てにはならぬ」が、ナポレオンの時代にことわざともなってしまった。ナポレオンはそれに、可能なかぎり口実をもうける。つまり敵を欺くため、部下の士気を保つため必要であった等々というわけだ。要するになんの口実にもならない。（中略）嘘はなにものでもない(no-thing)。なにものでもないものからなにものか《サムシング》を造りだすことはできない。造られるのはけっきょく無《ナッシング》(nothing)であって、諸君の努力は水泡に帰することになるのである」(3)。カーライルがじぶんにとっての英雄たちをめぐって語りだすとき、つねに第一に配慮したことは、かれらがあらゆる種類の瞞着を軽蔑していたのを私たちに確信させることだった。およそマホメットやクロムウェルのようなひとびとにかんし、かれらが嘘つきであったと口にするほど大きなあやまりはほかにありえない。「以前から、率直に言ってこのクロムウェル虚言説は、私にとって信じがたいものだった。それればかりでなく、私としてはどのような偉人についてであれ、そのような言を信じることすらできない[4]」。「それを信じるくらいならば、世のほとんどのことは信じられることになるだろう。ひとが、いったい全体この世をどのようなものと考えるべきかまったく途方に暮れるとすれば、それは山師めいたことがこの世にかくも広がり、善しとされるときなのである[5]」。

（1） *On Heroes*, Lect. VI, p. 189. Centenary ed., V, 196.
（2） 後出、注（5）参照。
（3） *On Heroes*, Lect. VI, p. 230. Centenary ed., V, 238.
（4） *Idem*, Lect. VI, p. 203f. Centenary ed., V, 211.
（5） *Idem*, Lect. II, p. 43. Centenary ed., V, 44.

もうひとつの特徴が、カーライルの理論を、英雄崇拝をめぐる後代のタイプから区別している。かれがじぶんの英雄にかんしてもっとも讃嘆したのは感情の誠実さばかりではなく、その思考の明晰さでもあった。行動の巨大なエネルギーや意志の偉大な力には、いつでも知性的な要素が含まれている。意志と性格の勁さも、それに拮抗する思考の力を欠いていたとすれば、いつまでも無力なままであることだろう。このふたつの要素のあいだで釣りあいが取れていることが、真の英雄を際だたせるしるしなのである。英雄とはことがらそのもののうちで生きている者のことであり、ことがらの見かけのなかに生きる者のことではない。他の者たちが決まり文句やうわさ話のなかを行き来して、そこでまったく安住している一方、英雄はひたすらみずからのたましいとものごとの真実のみと連れだっている。(1) カーライルは神秘主義者として語っているが、その神秘主義はたんなる非合理主義ではない。カーライルにとっての英雄——預言者・祭司・詩人——はすべて、同時に深遠で純粋な思想家として描かれている。カーライルの叙述にあってはオーディン、この神話中の神すらもひとりの「思想家」としてあらわれる。「ノースに登場した最初の「天賦の才をもった人間」とでも、かれのことは称するべきだろう！数知れないひとびとがこの宇宙をよぎり、過ぎ去っていったが、そのさいかれらが抱いたものは、あるいは動物であっても感じるような無言の漠たる驚異の念であり、あるいはまた人間のみが感受するような痛ましい、問いもとめながらも実りのない驚異の念なのであった。——ついに偉大な〈思想家〉があらわれ、みずからはじめる(*original*)者、〈預言者〉があらわれて、その者がかたちづくり口にした思想によって、万人の微睡《まどろ》んでいた能力が覚醒し思考が目覚めた。これがつねにかわらず思想家、精神の英雄がなすところなのであった」(2)。思想とは、それが深く真実で純粋なものであるならば、驚異を呼びおこす力をもつものなのだ。『衣装哲学』のなかでカーライルは「思想という、奇蹟をよぶ偉大な魔術」について語っている。「奇蹟をよぶ魔術(thaumaturgic)と、私はそれを名づける。なんとなれば、これまですべての奇蹟はそれによってもたらされ、そしてこれからも無数の奇蹟がもたらされるだろうからである」(3)。詩であってさえも、この「思想という奇蹟をよぶ魔術」を伴うことがないならば、きわめて貧しいものとなるだろう。それというのも、詩のなかに想像力のたわむれのほかになにも見ないというのは、詩にまつわるひどく不十分な捉えかただからである。ダンテもシェイクスピアも、ミルトンもゲーテも、偉大で深遠な、しかも純粋な思想家であった――そして思想家であったことこそが、かれらの詩的な想像力の、もっともゆたかな源泉のひとつだったのである。思想を欠いた想像力は不毛であって、それが産みだしうるものといえば、たんなる影と幻とにすぎないだろう。「結局のところ」とカーライルは言う。「詩人にとって第一の天賦の才は、あらゆる人間にとってそうであるように、充分な知性を有しているということなのである」(4)。

（1） *Idem*, Lect. II, p. 53. Centenary ed., V, 55; Lect. IV, 125, Centenary ed., V, 128.
（2） *Idem*, Lect. I, p. 21. Centenary ed., V, 21.
（3） *Sartor Resartus*, Bk. II, chap. IV, I, 95f.
（4） *On Heroes*, Lect. III, p. 102. Centenary ed., V, 105.

かくして、カーライルの理論が語るところによれば、人間における生産的で建設的な力のさまざまが稀にして幸運なかたちで結合していることこそが、英雄の性格を構成している。そしてそういった複数の力のなかでも道徳的力が最高の地位を占め、優越的な役割を果たすことになる。かれの哲学にあって「道徳性」が意味しているのは、否認と否定の力に対抗する肯定の力にほかならない。真に問題であるのは、肯定されたことがらというよりは、かえって肯定する行為そのものとその行為の強度なのである。

ここでもまたカーライルは、ゲーテを引きあいに出すことができたかもしれない。ゲーテが自叙伝のなかで語っているところによれば、青年時代にその友人がかれを特定の信仰箇条《クレド》へと回心させようとしたとき、ゲーテはいつでもかれらの努力を撥ねつけたとのことである。「信仰にあっては、と私は言ったものだ。すべてが信じるという事実にかかっている。なにが信じられているのかは、まったくどうでもよいのだ。信仰とはふかい安心《あんじん》の感覚であり、それは現在と将来の双方にかかわる。この保証が生まれるのは、無際限で全能な測りがたい存在者に対する信頼からなのだ。こうした信頼の揺るがないことが重要な点となる。一方そういった存在者をどのように思考するかは、私たちの有するそれ以外の能力、あるいは環境にすら依存しており、しかもそれはまったくどうでもよいことである。信仰とは聖なる容器であり、そこにだれもが物惜しみもせず喜んで、じぶんの感情、じぶんの悟性、じぶんの想像力を、あらんかぎり注ぎこんでゆくものなのである」(1)。ここに私たちがみとめることのできるのは、カルヴァン派の正統信仰を放棄したのちに、カーライル自身が抱くことになった宗教的な感情に対するまさに打ってつけの表現である。英雄にかんする講演でかれが全面的に強調したのは、宗教的な感情がどのような種類のものであるかではなく、それがどれほどの強度を具えているか、であった。後者の度合いのみが、カーライルにとっては唯一の基準だったのである。それゆえかれとしてはおなじだけの共感をもって、ダンテのカトリシズムやルターのプロテスタンティズム、さらに古いノースの神話、イスラム教もキリスト教も、ひとしなみに語りえたのだ。カーライルがダンテのうちでもっとも賛美したものといえば、それはこの強度なのであった。ダンテが私たちのまえに登場するのは、とカーライルは語る。広く普遍的《カトリック》な精神としてではなく、むしろ狭く教派的《セクト》ですらある精神としてである。ダンテが世界的に偉大であるのは、かれが世界とともに広いからではなく、かえって世界とともに深いからなのだ。(＊1)「私としては、ダンテほどの強度を具えたものをほかに知らない」(2)。

(1) Goethe, *Dichtung und Wahrheit*, Buch XIV. English trans. by John Oxenford (Boston, S. E. Cassino, 1882), II, 190.
(2) *On Heroes*, Lect. III, p. 90. Centenary ed., V, 92.
(＊1)「世界的に偉大である」は world-great,「世界とともに広い」は world-wide,「世界とともに深い」は world-deep.

しかしながら、カーライルはかならずしも、宗教をめぐるこの普遍的で包括的な理想に合わせて生きることができなかった。かれのうちには或る種の本能的な共感や反感が残っており、それが判断に影響していたのである。このことはとりわけ、十八世紀に対するその態度のうちで明確にあらわれる。カーライルは〔当の世紀の〕歴史的過程の有する性格を、簡潔な定式のかたちで描きとろうとして、それは「〈信仰〉対〈不信仰〉の戦争」であったと語っていた。[1]「世界の、また人間の歴史にあって、その特別な、唯一にして最深の主題は」とゲーテのがわは、その『西東詩集』(*West-Oestlicher Divan*)への注解のなかで述べている。「そこに他のあらゆる主題が従属しているものであるが、それはつねに不信仰と信仰との葛藤ということだ。信仰が支配的な時代は、それがどのようなかたちのものであれ、光輝き、心情を高め、同時代にとっても後代に対しても有益なものである。あらゆる時代は、これに対して、どのようなかたちであれそこで不信仰が惨めな勝利を収めているかぎりは、たとえいっときは偽りの輝きを放つことがあるとしても、後世の目からすがたを消してしまう。なぜなら、だれであれ好んで労を払ってまで無益なものを究めようとはしないからである[2]」。

(1) *Idem*, Lect. VI, p. 197. Centenary ed., V, 204.
(2) Goethe, *Noten und Abhandlungen zu besserem Verständnis des West-Oestlichen Divan*, "Werke" (Weimar ed.), VII, 157.

カーライルはこれらのことばを、こころからの同意を示しながら、ディドロにかんするその論考の末尾に引いている。(1) とはいえかれはそのことばを、ゲーテとおなじ意味で理解していなかった。カーライルによる「信仰」や「不信仰」の捉えかたは、まったく異なっていたのである。ゲーテにしたがえば、人間の歴史にあって生産的な時代はすべて、それ自体として(*ipso facto*)信仰の時節と見なさなければならない。この語にはまったく神学的な含意はなく、格別に宗教的な含意すらも伴っておらず、ひとえに、否定の力に対して肯定の力が優越していることを表現するものであるにすぎない。ゲーテが十八世紀をめぐって語りだす場合に、したがってそれを不信仰の季節とすることは、だんじてありえなかったのだ。かれもまた、大百科全書に表現されている一般的な傾向に対して、個人的には強い反感を覚えていた。「百科全書派のひとびとが語るところに耳を傾けるとき」、とかれは自伝のなかで言っている。「あるいはかれらの浩瀚な著作の一巻を開いてみると、私としてはあたかも、大工場のなかで動いている無数の糸巻きと織機のあいだを通りながら、そこで軋む音やガラガラと鳴る響き、目と感覚をともに混乱させるすべての機械、そのもろもろの部分がたがいにきわめて入りくんだ仕方でかみ合っている、なんとも不可解な設備をまえにして、一切れの布地を編みあげるのに必要ないっさいのものを観察することで――じぶんが身にまとっている上着すら不快なものと感じられるようになるのである」[2]。それでもなおゲーテはこういった感情にもかかわらず、啓蒙の世紀を非生産的な時代とはけっして考えることがなかったし、そう語ることもなかったのだ。かれはたしかにヴォルテールを痛烈に批判したとはいえ、その著作に対してはいつでも深い感嘆の意を漏らしていた。ディドロをゲーテは一箇の天才とみとめて、その『ラモーの甥』(*Neveu de Rameau*)を翻訳し、その『絵画論』(*Essai sur la peinture*)を編んで、注釈を付けているのである[3]。

(1) *Essays*, III, 248.
(2) Goethe, *Dichtung und Wahrheit*, Bk. XI, English trans., *op. cit.*, II, 82.
(3) "Werke" (Weimar ed.), XLV, 1-322. 詳細にかんしては、以下を参照。E. Cassirer, "Goethe und das achtzehnte Jahrhundert", *Goethe und die geschichtliche Welt* (Berlin, B. Cassirer, 1932).

こうしたいっさいがカーライルにとっては承服しがたく、また理解しがたいものですらあったのだ。歴史家としてなら、カーライルはゲーテよりもいくらか有利な立場にあった。歴史的問題に対するその関心は遥かに強力なものであったし、事実にかんする知識はより包括的なものだった。それにもかかわらず他面からすれば、かれはじぶん自身の個人的な経験から歴史を理解しえたにすぎない。その「生の哲学」がカーライルの歴史的な業績にとっては手がかりとなっている。青年時代の重大な危機にあってかれは、否定と絶望から肯定と再建へ――「永遠の否」から「永遠の然り」へとつうじる道を見いだしていた。それ以来かれは人類史の全体をもおなじ仕方でとらえ、そして解釈したのである。カーライルの想像力、つまりピューリタンとしての想像力のなかで、歴史は巨大な宗教劇となった――すなわち、善と悪との力のあいだでたえず生起する葛藤となったのだ。「いま生きており、またかつて生きていた真実のひとびとはみな同一の軍隊の兵士であって、天の統帥のもとに徴兵され、おなじ敵、すなわち〈暗黒〉と〈邪悪〉の帝国に対して闘うべく定められているのではないだろうか」(1)。かくてカーライルとしてはだんじて、歴史をただ「記述する」というわけにはいかない。かれがなすべきは、聖別するか破門するかであって、要するに口をきわめて褒めそやすか、それとも罵倒するかのどちらかなのである。その描く歴史的な肖像は、きわめて印象的なものである。とはいえ私たちとしてはそこに、他のすぐれた歴史家たちの著作のなかで讃嘆させられる、あの繊細な陰影が欠けているのを感じざるをえない。かれはつねに黒と白とで塗りこめる。カーライルの観点からすれば、十八世紀はそもそものはじまりからして断罪されていた。ヴォルテールについてゲーテは、この「光の一般的な源泉」[2]とも語っていたが、そのヴォルテールもカーライルにとっては暗黒の精神であり、またそうでありつづけた。カーライルの叙述を信じるならば、ヴォルテールは想像する能力のいっさいを欠いて、かくてまた生産力のすべてを持ちあわせていなかった。十八世紀全体からはなにものも生みだされることがなく、人間の美徳のひとつ、人間の能力のひとつとして、十八世紀に負うものはない。「哲学者たち《フィロソーフ》」はひたすら批判し論争して、ばらばらにしたにすぎない。ルイ十五世の世紀は「気高さや秀でた徳、あるいは優れた才能のあらわれをもたない時代、浅薄な明るさ、うわべの輝き、うぬぼれ、懐疑、またさまざまなかたちのあてこすりの時代[3]」なのであった。

(1) *On Heroes*, Lect. IV, p. 117. Centenary ed., V, 120.
(2) 以下を参照。Eckermann, *Conversations with Goethe*, December 16, 1828; English trans. by John Oxenford, p. 286. 同書については、本書、一二八頁の注(1)を見よ。
(3) "Voltaire", *Essays*, I, 464f.

こういった評価について言うならば、カーライルはひとえにロマン主義の著作家たちの先例にしたがったにすぎない。とはいえかれの語り口は、ますます亢進してゆく狂信的な憎悪を伴っていく。フリードリヒ・シュレーゲルのような人物であっても、十八世紀はその限界のいっさいにもかかわらず、さまざまな才能が花開いた世紀であったのをまず否定はしなかったことだろう。ここでカーライルは、歴史家あるいは文芸批評家としてではなく、神学的な狂信家として語っているのだ。かれは、百科全書派の仕事を「パリ反キリスト教会の使徒行伝と使徒書簡」(1)であると言っているのである。カーライルは、〈啓蒙〉期の文化的な生が有する積極的な要素を、まったく見落としている。もっとも恐るべき不信仰があるとするなら、それは自己自身に対する不信仰である。私たちとしては〈啓蒙〉の思想家たち、大百科全書の執筆者たちを、そうした不信仰のゆえに批難することができるだろうか。じっさいにはかれらを、その正反対のあやまり、すなわちみずからの能力と人間理性一般の力とを過信した廉で断罪するほうが、遥かに正当ということになるだろう。

(1) "Diderot", *idem*, III, 177.

他方、フランス革命の理想に対するカーライルの反感のうちに、一定の政治的もしくは社会的な綱領を見てとることもほとんど不可能というものだろう。かれの関心はいつでも社会的なものというよりはむしろ個人的《バイオグラフィカル》なものでありつづけたのであって、カーライルがその後しだいに当時の社会問題に対してより関心を寄せるようになったとはいえ、この件にかかわりはない。その主要な関心のありかは個々《インディヴィデュアル》の人間であり、市民政府や社会生活のさまざまな形態ではない。最近の文献でいくつか、カーライルをサン・シモン主義と結びつけたり、あるいはまたその著作のうちに歴史をめぐる社会学的な捉えかたを読みこもうとしたりすることも試みられているけれども、それは不毛というものである。(1)エルネスト・セイエールがその著作『カーライルの現代性』(*L'actualité de Carlyle*)で証明しようと企てたのは、じぶんが以前、帝国主義の哲学をめぐる浩瀚な著作中で研究した数多くの一連の思想家たちに、カーライルもまた属している、ということであった。(2)またべつの著作家たちはカーライルを「イギリス帝国主義の父」として描きとっている。(3)しかしはっきりと注目にあたいする差異が、カーライルの見解とイギリス帝国主義の他の形態とのあいだには、植民地政策をめぐるその見解の違いも含めて存在している。(4)カーライルのナショナリズムすらも、特殊な色彩を帯びていた。かれはひとつの国民の真の偉大さを、その精神的《モラル》な生と知的な達成が示す強度と深度のなかに見ていたのであって、その政治的な野望のうちにみとめていたのではない。カーライルはきわめて率直かつ大胆に語っている。「私たちのこの国土のうえに、じぶんたちがこれまで生みだしてきたどのイギリス人も」、とカーライルは、シェイクスピアについて語りながら、じぶんがまえにしている貴族趣味の聴衆に向かって問いただしている。「あるいは百万のイギリス人であっても、このストラトフォードの一村夫子にくらべるなら、むしろ手ばなしてもよかろう、とすら私たちは考えるのではないか。どれだけ群れをなすまでに高貴なひとびとが並べられたとしても、代わりにかれを売りわたそうなどとは思わないことだろう。かれこそが、私たちがこれまでなしえたもっとも偉大なものなのだ。諸外国と肩を並べたときの私たちの誇りであり、また私たちイギリスの家庭を彩る装飾となるものとして、かれ以上に人手に渡ることが望まれない、いったいどのような品目があるだろうか。考えてもみたまえ。かりにかれらが私たちに、こう尋ねたとしてみよう。きみたちは、きみたちのインド帝国ときみたちのシェイクスピアのどちらを諦めるかね。さあ、イギリス人たちよ、インド帝国など手に入れたこともないというのと、シェイクスピアなぞ持ったこともないというのと、いったいどちらだね？　じっさいこれは深刻な問題だろう。役人たちであるなら疑いもなく、いかにも役人ふうのことばで答えることだろう。しかし私たち、ともあれ私たちの側にしてみれば、とにかくこう答えざるをえないのではなかろうか。インド帝国があろうと、インド帝国などなかろうと、私たちはシェイクスピアなしでは暮らすこともできない！　インド帝国は、ともあれいつかは失われるだろう。一方このシェイクスピアは喪われることがない。シェイクスピアは私たちとともに永久に在りつづける。私たちとしては、じぶんたちのシェイクスピアを諦めるわけにはいかないのだ[5]」。

（1）以下の著作を参照。Krs. L. Mervin Young, *Thomas Carlyle and the Art of History*（Philadelphia, University of Pennsylvania Press, 1939）, and Hill Shine, *Carlyle and the Saint-Simonians*（Baltimore, The Johns Hopkins Press, 1941）. こうした著書の批判をめぐっては、以下を参照。René Wellek, "Carlyle and the Philosophy of History", *Philological Quarterly*, XXIII, No. 1（January, 1944）.

（2）以下を参照。Ernest Seillière, *La philosophie de l'impérialisme*（Paris, Plon-Nourrit et Cie., 1903-6）. 4 vols.

（3）以下を参照。G. von Schulze-Gaevernitz, *Britischer Imperialismus und englischer Freihandel*（Leipzig, Duncker & Humblot, 1906）; Gazeau, *L'impérialisme anglais.* こうした

記述があやまりであることは、以下で示されている。C. A. Bodelsen, ***Studies in Mid-Victorian Imperialism*** (Copenhagen and London, Gyldendalske Boghandel, 1924), pp. 22–32.

（4）この点については、以下を参照。Bodelsen, *op. cit.*

（5）***On Heroes***, Lect. III, p. 109f. Centenary ed., V, 113.

右にみたような件は、二十世紀の帝国主義やナショナリズムとはひどく異なった響きをもっている。カーライルの英雄崇拝の理論にどれほど反対であったとしても、このようなことばを語った人物をだんじて、今日のナチズムの観念や理想を唱道する者として非難すべきではないだろう。たしかにカーライルは、「力《マイト》は正義《ライト》である」と口にして憚らなかった。が、かれはつねにほかならぬ「力」ということばを、自然的《フィジカル》意味というよりはむしろ精神的《モラル》な意味で理解していたのである。英雄崇拝は、かれにとっていつでも道徳的《モラル》な力の崇拝を意味していたのだ。カーライルは往々にして、人間性に対しては深い不信の念を抱いていたようにも思われる。一方かれは、「人間はけっして野蛮な暴力に完全に身を委ねることはなく、かえってつねに精神的《モラル》な傑出に対して身を任せる」[1]と想定し、またそう主張するほどに、充分な信頼を〔人間性に〕寄せており、かつ楽観的でもあった。その思想が有するこういった原理を無視してしまうなら、私たちは、歴史、文化、政治的・社会的な生をめぐるカーライルの捉えかたのいっさいを破壊しつくすことになるだろう。

（1）"Charactereristics", *Essays*, III, 12.

XVI　英雄崇拝から人種崇拝へ

ゴビノーの『人種不平等論』

過去数十年間の政治的闘争にあって、英雄崇拝と人種崇拝とはきわめて密接に結びあって、その利害と傾向のすべてにおいて両者はほとんど一箇同一のものであるかに見えたものである。この結びつきによってこそ政治的神話は進化して、現在の形態と強さを獲得するにいたったのである。理論的な分析にさいしては、しかしながら私たちは、双方の力のあいだのこうした同盟関係に欺かれてはならない。ふたつのものはけっして同一ではない——発生的にも体系的にも、べつのものなのだ。その心理学的動機、歴史的な起源、その意味と目的が、おなじものではないのである。両者を理解するためには、双方をたがいに分離しておく必要がある。

　この差異について得心することは、それぞれの著作家たちを研究してみればたやすいところであって、かれらは十九世紀の後半にこのふたつの思想潮流おのおのの主要な代表者となったのである。そういった著作家たちのあいだには、共通のものがほとんどなにひとつ存在していない。というのも、英雄崇拝をめぐるカーライルの講演とゴビノーの『人種不平等論』(*Essai sur l'inégalité des races humaines*)とは、ある意味で共約不可能だからである。二冊の著書にはその観念や知的な傾向、さらには文体についても似たところがない。スコットランドのピューリタンとフランスの貴族とのあいだには、関心をめぐって真に共有しあうものなどありえなかったのだ。かれらがそれぞれ擁護していたのは、まったく異なった精神的《モラル》・政治的ならびに社会的な理想なのであった。かれらの観念が、のちにひとつの共通の目的のために用いられることができたという事実によってすら、両者のあいだの亀裂は埋めつくされることがない。あらたな一歩、重大な帰結を伴う一歩が刻まれたのは、英雄崇拝がその本来の意味を喪失して、人種崇拝と混合し、双方が同一の政治的綱領の不可分の構成要素となったときなのである。

　ゴビノーの著書の趣旨を把握するためにもまた、私たちとしては当の一書のうちにこういった後年の政治的傾向を読みこんではならない。そういった傾向は、著者が意図していた意味とはまったく異質なものなのだ。ゴビノーの書こうとしていたのは政治的なパンフレットではなく、むしろ歴史的・哲学的な論考なのであった。かれはみずからの諸原理を、政治的・社会的な秩序の再建や、あるいはその革命に適用することなど思いつきもしなかった。ゴビノーの哲学は能動的なものではない。その歴史観は運命論的なものだった。歴史は一定の仮借ない法則にしたがう。事件の推移を変化させるのを望むことはできず、私たちになしうることはただこれを理解し、受容することのみである。ゴビノーの著書は、鞏固な運命愛(*amor fati*)に満ちみちている。人類の運命は、そのそもそものはじまりからあらかじめ定められている。人間によるどのような努力も、これを転じることができない。ひとは、みずからの運命を変化させることができないのである。とはいえ一方、人間のがわからするなら、おなじ問いをくりかえし反復するのを止めることができない。人間はみずからの運命を支配することができないとしても、すくなくともじぶんはどこから来て、どこへと去ってゆくのかを知りたいと望む。この願望こそ、基本的で根絶しがたい人間の本能のひとつなのである。

ゴビノーは、じぶんが問題に対するあらたな接近法を発見したばかりではなく、この古来の謎を解くことにはじめて真に成功したものと確信していた。以前の宗教的・形而上学的な解答のすべては不十分である、とかれは宣言する。それらはことごとく、主要な論点、人間の歴史における本質的な要因を捉えていないからである。くだんの要因への洞察を欠くところでは、歴史はいつまでも封印された書物でありつづける。しかしいまや封印は解かれ、人間的な生とその文明の神秘はあきらかとなる。なんとなれば、人種のあいだに精神的《モラル》・知的な多様性が存在するという事実は、目にもあきらかであるからだ。だれであれその件を否定し、あるいは無視することはできない。とはいえ、これまでまったく知られてこなかったのは、この事実の有する意義とその決定的な重要性なのである。その重要性がはっきりと理解されないかぎりは、人類の文明にかかわる歴史家たちはみな暗夜を歩むばかりなのだ。

歴史はなんら科学ではない。それはたんに主観的な思想の混合物であるにすぎず、一貫した体系的な理論というより希望的な観測にとどまる。ゴビノーは、みずからがこうした事態に終止符を打ったものと自負していた。「問題となるのは、歴史を自然科学の仲間に引きいれて、そういった種類の知識が有する正確さのすべてを（中略）歴史に与え、歴史を最終的に偏頗《へんぱ》な裁判権から解きはなつことなのであって、その裁判権とは、政治的党派のさまざまが恣意的に、今日にいたるまで歴史に押しつけてきたものなのである」[1]。ゴビノーは、特定の政治的綱領を唱道する者としてではなく、科学者として語っているのであって、しかもみずからの演繹した結果が不可謬なものと考えていた。ゴビノーの確信していたところでは、歴史は数知れない空しい努力の果てに、かれの著作にいたってはじめて成熟を遂げ、成年へと到達したのである。かれはみずからを第二のコペルニクス、歴史的世界のコペルニクスと見なしていた。この世界の真の中心がひとたび見いだされたならば、いっさいが変わるのだ。私たちはもはやものごとをめぐるたんなる思いなし《オピニオン》にかかわるのではなく、私たちが生きて活動するのは、事物そのもののただなかにおいてなのである。私たちの目は開かれ、耳は聞き、私たちの手は触れることができる[2]。

（1） Gobineau, *Essai sur l'inégalité des races humaines* (2d ed. Paris, Firmin-Didot), "Conclusion générale", II, 548, 2 vols.

（2） *Idem*, II, 552.

一方ゴビノーの著作を読むとだれでも、こうした壮麗で巨大な計画と、それがじっさいに成しとげたところとを対比して、深い幻滅を覚えざるをえないことだろう。学問の歴史にあっても、これほどまでに高遠な目的がこれほどまでに不適切な手段によって追求されたことは、おそらく他に類例すらみない。たしかにゴビノーは膨大な資料を積みあげ、それらは種々様々な源泉から掻きあつめられている。かれはたんにひとりの歴史家として語るばかりではなく、一箇の言語学者、人類学者、さらには民族学者としても語りだす。しかしながらその論証を分析しはじめると私たちには、多くの場合それがひどく薄弱な論拠にもとづくものであると分かる。聳えたつ壮大な建造物が、きわめて狭小で脆弱な基礎のうえに構築されている。ゴビノーの著書をはじめて論じたフランスの批評家は、ただちにその歴史的方法の根本的な欠陥を見てとった(1)。ゴビノーの同志やその追随者すら、欠落や明白な誤謬が、「科学的」と僭称されたその証明のうちに存在しているのを率直にみとめざるをえなかった。ヒューストン・ステュアート・チェンバレン(*1)は、ゴビノーの「子どもじみた博識」とも口にしている。じっさいかれは、あらゆることを知りぬいているかに見える。かれにとって歴史にはなんの秘密もない。ゴビノーはその一般的な経路ばかりでなく、その細部のすべてをも知りつくし、もっとも錯綜した諸問題にもみずから答えうるものと自負している。かれは、ことがらの遥かとおい起源にも遡り、いっさいをその真の条件のもとで、正当な位置において見てとることになる。とはいえ、決定的な点、すなわちみずからの提題を経験的に証明する段となると、ゴビノーの『不平等論』はその弱点を紛れもなくあきらかに示してしまう。かれはきわめて恣意的な仕方で事実を取りあつかう。その提題を支持するかに思われるすべてのものは、ただちに受けいれられる。他方、否定的な事例は完全に無視されるか、すくなくとも〔その意味が〕最小化される。ゴビノーが露呈しているのは、批判的な方法のまったき欠落であり、その批判的方法こそ十九世紀の傑出した歴史家たちが教えてきたはずのものなのだ。

（1）たとえば、以下の論文を参照。Quatrefage, "Du croisement des races humaines", *Revue des deux mondes*, March 1, 1857.

（＊1）チェンバレン(Chamberlain, Houston Stewart, 1855-1927)。イギリス生まれのドイツの著作家で、ゴビノー説を承けて『一九世紀の初基盤』(一八九九年)を著し、その人種主義がナチズムの基礎ともなった。

二、三の具体的な例を取り、ゴビノーの議論と推論の方法を見てみよう。かれにとってもっとも鞏固な確信のひとつは、白色人種だけが意志と能力とをもって、文化的な生を形成するということだった。この原理が、人種の根底的な差異をめぐるその理論の礎石となっている。黒色人種と黄色人種はみずから自身の生を持たず、意志を有さず、じぶん自身のエネルギーを具えていない。かれらは死せる素材にすぎないものとして、その主人の手に委ねられている――つまり惰性的なかたまりとして、より高い人種によって動かされなければならないのである。一方ゴビノーとしても完全に見おとすわけにいかなかった事実は、人間の文明の一定の痕跡が、白色人種の影響が及んだものとはまず考えられない地域にも存在する、ということであった。この障害を、かれはどのように乗りこえたのであろうか。解答は、いたって単純なものだった。教条《ドグマ》は確乎として打ちたてられている。それはいかなる疑問も、いかなる例外も許さない。私たちの手にしている証拠があまりにも乏しく、教説《ドグマ》を確証することができない場合、もしくは教説とあきらかに矛盾しているかに見えるときには、証拠のほうを補全して訂正するのが歴史家の任務というものである。歴史家であるなら、それらの事実を、あらかじめ抱かれた図式に適合するよう伸縮させなければならないのだ。

ゴビノーは、私たちの歴史的な知識の欠落を補うさい、きわめて大胆な仮説を提起することに、すこしのためらいも覚えていない。中国はたとえば、非常に古い時代には高度に発達した文化生活を示していた。しかし他方、人類の劣等なふたつの変種、つまり黒色人種と黄色人種とはただの粗布、木綿や羊毛といったものにすぎないのであって、そのうえに白色人種がじぶんの繊細で柔らかな糸を紡いできたことはまったくたしかなところであるのだから、[1]中国文化とは中国人たちが作りあげたものではない、とする結論は避けがたい。私たちはその文化を、インドから移住してきた異種族、すなわち中国を侵略し征服して、中華王朝と中華帝国との基礎を据えたクシャトリアのようなひとびとの所産と見なさざるをえない。[2]おなじことが、西半球に見いだされる、きわめて古い文化の痕跡にかんしても当てはまる。アメリカ原住の種族が、かれら自身の努力によって文明へといたる途を発見することができた、と想定することも不可能である。ゴビノーによれば、アメリカ大陸のインディアンは独立した人種を形成するものではない。かれらはただのアマルガム、黒色人種と黄色人種との混合にすぎない。いったいどのようにしてこういった貧弱な雑種が、みずから自身を統治し組織することなど、かつてありえただろうか。黒色人種が相互に闘争しあうにすぎず、黄色人種がじぶんの狭隘な圏内で移動しているかぎりでは、およそどのような歴史もありえず、いかなる発展も不可能であった。そうした抗争の帰結はまったく非生産的なものであり、人間の歴史にどのような痕跡も残すことができなかったのである。アメリカやアフリカの大半、アジアのかなりの地方についていえば、事情はそうだったのだ。いっぽう私たちが歴史と文化とを目にする場合についていえば、いつでもどこでも白色人種に注意を向けておかなければならない。私たちはかならず白色人種のすがたを発見する。白色人種が現存し、かれが活動していたことは、たんなる演繹的な推論の過程によって、ゴビノー理論の第一原理から引きだされるだろうからである。その原理とはすなわち、「歴史が発出するのは、白色人種たちとの接触からにかぎられる[(3)]」というものにほかならない。

(1) *Essai*, “Conclusion générale”, II, 539.
(2) *Idem*, Bk. III, chap. V, I, 462ff.
(3) *Idem*, Bk. IV, chap. I, I, 527.

ゴビノーもみとめているとおり、白色人種とアメリカ原住の種族とが、西半球が発見される以前に接触したことを示す証拠はなにひとつ存在しない。それでも、この事実は強制で一般的、かつア・プリオリな原理によって肯定されうる。「地球上に現に生存し、あるいは生存してきた多くの民族のうちで、完全な社会の状態まで成熟してきたのは十を数えうるにすぎない。それ以外の民族は、多少の独立性は保ちながらも、あたかもみずからの太陽の周りをめぐる諸惑星のように、これらの民族の引力のもとでその周りを廻ってきたのだ。なにかひとつの生の要素であっても、この十の文明のうちで、白色人種の刺戟に由来しないものが存在したとするならば、あるいはそれらの文明と混淆した劣等な種族から紛れこんだものではない、なんらかの死の種子が存在するとすれば、その場合には本書が依拠している理論の全体があやまっていることになるだろう(1)」。

(1) *Idem*. Bk. I, chap. XVI, I, 220. 引用は、以下による。English trans. by A. Collins (London, William Heinemann; New York, G. P. Putnam's Sons, 1915), p. 210. ゴビノーの著作全六巻のうち、この翻訳が収めているのは最初の一巻のみである。

ゴビノーは、みずからの結論を絶対的に確信していた。かれの自信には、およそ際限がない。その宣言したところによれば、ゴビノーの証明は「ダイヤモンドのように不滅」なのである。デマゴギーを撒きちらす観念の毒牙も、とかれは絶叫する、こうした争いようがない証明に嚙みつくことはだんじてできないだろう。しかしながら、堅牢無比にして争いようもない証明なるものが、実はどのような性格を有しているのか、それを見てとることはたやすいところである。そのいわゆる証明は、たんなる論点先取(*petitio principii*)にすぎない。論理学の教科書で、この誤謬の明白な例を挙げる必要が生じてくるとすれば、ゴビノーの著書をえらぶにしくはない。かれの挙げる事実は、いつでもその原理と一致している。それというのも、歴史的事実が欠けている場合は、事実がかれの理論に沿って組みたてられ、偽造されるからである。くわえておなじその事実がふたたび、理論が真であることを証明するために使用されるのだ。ゴビノーがじぶんの読者を欺こうと意図していたわけではないのはたしかだったとはいえ、かれが絶えずおこなっていたのは、みずからを欺くことだったのである。ゴビノーはいかにも真摯であり、まったく素朴であった。かれがけっして気づくことがなかったのはこの悪循環であって、当の悪循環にその理論の全体が依存している。ゴビノーは学者として、また哲学者として語ったけれども、みずからの原理のさまざまが合理的な方法によって発見されたものとは一度たりとも主張したことはない。

ゴビノーにとっては、個人的な感情のほうがつねに論理的あるいは歴史的論証よりも優れており、またより説得的なものだった。その個人的感情はきわめて明白で、率直なものである。かれが属していたのは古い貴族の家柄であり、かれを満たしていたのはただならぬ誇りであったけれども、その誇りはたえず傷つけられていた。かれは高貴なる種族の一員でありながらも、ブルジョア体制のけち臭い条件のもとで生きざるをえなかった。その体制に対してゴビノーが感じていたのは深い嫌悪なのである。かれにとってただ自然であったばかりではなく、ある意味で道徳的な義務でさえあったものは、みずからの身分《カースト》の立場から思考することである。身分とはゴビノーにとって、国民や個々の人間を超えて、それよりも遥かに高貴な実在なのであった。著書のなかでゴビノーは、アリアン人種に属するバラモン階級を称賛して、かれらこそカーストの有する価値とそのこの上もない重要性をはじめて理解し、それを確乎として打ちたてたと語っている。かれらの手ぎわはまことに天才的であり、その示したところは深遠にして独創的な観念なのであって、当の観念は人類の進歩に対してまったくあらたなみちすじを指ししめすものなのだった。フランスの貴族階級の要求が正当であることを立証するために、ゴビノーが遡ってみせる学説は、十八世紀にブーランヴィリエが提起し擁護したもので、フランス封建制度の理論の基礎となった学説である。モンテスキューはブーランヴィリエの著書を分析して、それを「第三階級に対する陰謀」と呼んでいた。ブーランヴィリエが強力に否定しようとしたのは、フランスが同質的な全体をなしていることである。フランス国民はふたつの人種に分断されており、それぞれは本質的にまったく共通したところを持っていない。かれらはたしかに共通の言語を口にしているとはいえ、共通した権利も起源も有していないのだ。フランス貴族階級は、その起源をフランク族、ゲルマン系の侵略者と征服者に遡るけれども、国民の大半は被征服者、奴隷に属しており、かれらは独立した生活を要求するすべての権利を失っている。「真のフランス人を体現する者たちは」、とこの理論を唱道する者のひとりは書いていた。「今日では貴族とその一党であって、かれらは自由な人間の子孫である。一方むかしの奴隷や、かつてはその主人による賦役におなじく使役されていたあらゆる種族が、第三階級の父祖たちなのである」[1]。

(1) 詳細にかんしては、以下を参照。A. Thierry, *Considérations sur l'histoire de France* (5th ed., Paris, 1851), chap. II. さらには、Ernest Steillière, *Le Comte de Gobineau et l'aryanisme historique* (Paris, Plon-Nourrit et Cie., 1903) の、著者による序論を参照のこと。

こうしたいっさいをゴビノーは熱烈に受けいれた。しかしかれがじぶんに課したのは、より偉大で、遥かに困難な仕事だったのだ。ゴビノーは人間の文明にかんしてひとりの哲学者として語ったが、哲学者である以上はフランス史という狭隘な限界に留まるわけにはいかない。フランス国民のうちにみとめられる事情はさらに一般的な過程のひとつの事例であり、兆候のひとつにすぎない。フランス史とはいわば、ひとつの肖像画を微細画に置きかえたようなものである。それは文化的過程の全体を、ちいさく縮尺した像を示すものなのだ。貴族と平民、征服者と奴隷とのあいだのくだんの抗争こそ人類史の永遠の主題である。この構想の本性とそれが生じるゆえんとを理解するならば、ひとは人間の歴史的な生に対する手がかりを発見したことになる。

ゴビノー理論のこの出発点からただちに示されるのは、英雄崇拝と人種崇拝のあいだの深い差異である。両者が表現しているのは、非常に距離のある、正反対とすら言ってよい人間の歴史の捉えかたなのだ。「歴史の目的のすべては」、とカーライルは尋ねている。「伝記的なものではないだろうか」。しかもかれとしては躊躇《ため》らうことなく、この問いに対して肯定的に答えているのである。個人へのこうした関心は、ゴビノーの著作にあってはまったく不在である。かれの究明の全体は実際のところ、固有名にすこしも言及することすらなく与えられていた。カーライルを読んで私たちが受ける印象は、あらたな偉人、宗教・哲学・文学・政治における天才があらわれるごとに、人間の歴史のなかであらたな一章が開始される、ということだ。宗教的な世界の性格が全体として一変するのは、たとえばマホメットやルターが出現したことによってであり、政治の世界と詩文の世界は、クロムウェル、あるいはダンテとシェイクスピアを俟《ま》って革命的に変化したのである。あらたな英雄はだれもみな、「神的理念」の有する一箇同一の、偉大にして不可視な力をあらたに受肉している。ゴビノーが歴史的・文化的世界を叙述する場合には、こういった神的理念は消え去ってしまっていた。かれもまたロマン主義者であり神秘主義者ではあるけれども、その神秘主義は遥かに現実主義的な類型に属する。偉人たちは天上から降臨してくるわけではない。かれらの力のいっさいは大地から発し、かれらがそこから生まれ、そこに根を下ろした土壌に由来する。偉人たちの有する最良の資質は、かれらの人種に帰する資質なのである。偉人とはいっても、かれらだけの力ではなにごともなしえない。かれらは、じぶんの所属する人種の奥底にひそんでいる力を体現するにすぎないのだ。

この意味でゴビノーは、個人とは「世界精神の代行者」以上のものではないとするへーゲルの言に同意することができただろう。だがゴビノーがその著作をものしたときには、時代は一変していた。ゴビノーやその世代はもはや、高遠な形而上学的な原理を信じることができない。かれらはなにごとかより手ざわりのあるもの、「私たちの目で見ることができ、耳で聞くことができて、その手に触れるもの」を、なにかしら必要としていた。あらたな〔ゴビノーの人種〕理論が、こういった条件のすべてを満足するものであるかに思われたのである。

実際的な面でいえば、そこには大きく明白な利点もあった。ここには或る空隙を満たしうるなにごとかがあったのであって、その空白は、十九世紀の後半ともなると至るところで感じられていたのである。人間とは、結局のところ形而上学的な動物である。人間の「形而上学的欲求」には根絶しがたいところがある。一方、十九世紀の壮大な形而上学的体系は、もはやそういった問いに対して明晰で理解可能な解答を与えることができなかった。それらの体系は、きわめて手が込んで洗練されたものとなり、ほとんど理解を超えるものとなっていたのだ。ゴビノーの著作についていえば、事情はまったく異なっている。たしかにゴビノー自身の理論は、人種を人間の歴史における基礎的で支配的な力と見なすものであって、それはなお徹底して形而上学的なものだった。とはいえゴビノーの形而上学は自身が自然科学であると主張し、また一見したところではもっとも単純な種類の経験にもとづくかのように見える。だれもが形而上学的な演繹の長大な連鎖を辿りうるものではなく、どのようなひとでもヘーゲルの『精神現象学』や『歴史哲学』を学びうるわけではない。それでも、だれであっても、じぶんの属する人種と血統の言語を理解することができる——あるいは、それを理解するものと信じている。そもそものはじまりからして、形而上学の求めてきたのは、疑うことができず揺るがすことのできない普遍的な原理であったけれども、その希望はたえず座礁してきたのである。ゴビノーによればことの消息は、形而上学が、その伝統的な主知主義的な態度に固執するかぎりでは、およそ避けがたいところなのであった。いわゆる「普遍的なもの」とその実在性という問題は、哲学史の全体をつうじて論じられつづけている。しかしながら哲学者たちが一度も夢想だにしなかったのは、真に「普遍的なもの」とは人間の思考のうちに求められうるものではなく、人間の運命を決定する実体的な諸力のなかにこそ見いだされる、という事情なのである。そういったさまざまな力のすべてのうちで、人種こそもっとも強力で、かつもっとも疑いを容れないものである。人種にあって私たちが手にしているのは一箇の事実であって、たんなる観念ではない。

ニュートンは物理的世界の基礎的事実を発見し、その事実を介して全物質界を説明することができた。かれは万有引力の法則を発見したということである。一方、人間界にあっていっさいを引きつける共通の中心はなお知られていない。ゴビノーとしては、じぶんがこの問題に対する解答を見いだしたと信じていた。そのうえかれはこのおなじ確信の感覚を、読者たちの精神に押しつけたのである。ここに生まれたのはあらたなタイプの理論であって、その理論にははじめから鞏固で奇妙な魅惑がまとわりついていた。人間がじぶんの属する人種の力を否定し、それに抵抗するとすれば、それは人間にとって愚かしいことというべきで、ちょうど物質の一片が引力への抵抗を試みるようなものなのだ。

「全体主義的人種」の理論

人種とは、人間の歴史において一箇の重要な要因である。異なる人種は異なった形態の文化を形成し、これらの形態は同一の水準にあるわけではない。それらは、それぞれの性格にあっても価値についても、おのおの異なるものである。――こうしたすべては、一般にみとめられた事実なのであった。モンテスキューの『法の精神』(*Esprit des Lois*) 以来、そうした変位をもたらす自然的な条件すら注意ぶかく研究されてきたのである。しかしながらこのよく知られている問題が、ゴビノーの専心したものではない。ゴビノーのそれは、遥かに一般的で困難な課題なのであった。かれとしては、人種が歴史的世界にあってただひとりの主人であり支配者であって、それ以外のさまざまな力はその従者であり衛星であることを証明しなければならなかった。現代の全体主義的な国家の観念は、ゴビノーにとってまったく馴染みのないものである。かりにそれを知っていたとすれば、かれは激しくこれに抗議したことであろう。愛国心すらゴビノーにとってはたんなる一箇の偶像であり、偏見にすぎない。だがしかしナショナリズム的な理想のすべてに反対するものでありながら、ゴビノーは間接的な仕方で、全体主義国家のイデオロギーを準備するのにもっとも貢献した著作家のひとりに数えいれられる。人種の全体主義こそ、そののちの全体主義的国家観へのみちすじをしるしづけるものとなったのである。

私たちが当面している問題の観点からすれば、この件がゴビノーの理論にあってもっとも重要で、また関心をよぶ特徴のひとつである。しかしながら私の知るかぎりこの論点は、当の主題をめぐる文献のなかでこれまで正当な取りあつかいを受けていない。ゴビノーの学説は可能なあらゆる角度から分析され批判されてきており、哲学者・社会学者・政治家・歴史家・人類学者たちがその議論に参加してきている[1]。とはいえ私の考えるところでは、人種そのものの栄光化が、ゴビノーの理論のもっとも重要な要素というわけではない。じぶんの祖先、家柄や血統を誇ることは、人間の自然な性格である。それは一箇の偏見であるとしても、きわめてありふれた偏見のひとつである。その偏見はかならずしも人間の社会的な生や倫理的な生を危険にさらしたり、その基礎を掘りくずしたりするものではない。けれどもゴビノーのうちにみとめられるのは、それとはまったく異なったなにごとかである。それは、他のいっさいの価値を破壊しようとする一箇の企てなのだ。人種の神は、ゴビノーの公言したとおり、妬む神である。その神は、みずからのかたわらで他の神々が礼拝されることを許さない。人種こそがいっさいであり、他の勢力のすべては無なのである。それらは、独立した意味や価値をまったく有していない。かりにそれらがなんらかの力を持っていたとしても、その力は自律的なものではない。力は、これらの勢力に対して、より優越している至上の存在から、すなわち全能の〔神たる〕人種から委任されたものであるにすぎない。この事実は、文化的な生のすべての形式のなかで、つまり宗教・道徳性・哲学・芸術、国民や国家にあってあらわれているのである。

（1） たとえば、以下を参照。"Numéro consacré au Comte de Gobineau", *Revue Europe*, October 1, 1923, and "Numéro consacré à Gobineau et au gobinisme", *La nouvelle revue française*, February 1, 1934.

この提題を証明するにさいして、ゴビノーはきわめて方法的に議論をすすめている。その学説の叙述はつねに明晰で一貫したものである。ゴビノーの著作をカーライルのそれと比較してみるだけで、私たちはただちにふたりの著作家のあいだの大きな差異に気づくことだろう。カーライルの『衣装哲学』にあってはいっさいが異様で、戯作《げさく》めき、切れ切れで散漫である。ゴビノーの『不平等論』に私たちは、これとは正反対のものを見いだす。ゴビノーの文体は空想的で情熱的ではあるけれども、それは入りくんで一貫性を欠くというわけではない。かれが受けたフランス流の教育が、その影響のあとを留めているのだ。ゴビノーによる説明の仕方は、フランス的な分析的精神の長所をすべて具えている。かれはゆっくり、しかも途切れなく議論をすすめてゆく。無理を押して、みちすじを付けるといったことは、ゴビノーにはできなかったのである。そのさい克服されなければならなかった障害は大きく、挑戦すべき権威も数多く、巨大なものであった。かれがその目的に到達しようとして試みたやりかたからあかし立てられるものは優れた手腕であり、巧妙な手口であって、このことは、ゴビノーがただ著述の術に通じているばかりか、外交術にも長《た》けていたことをあかしている。

ゴビノーにとってもっとも強力な敵があったとすれば、それは言うまでもなく、人間の起源と運命にかかわる宗教的な捉えかたである。かれの理論がこれとまったく調停不能であることは、はじめからあきらかであった。ゴビノーの著書を最初に批評した者たちも、ただちにこの点を強調している。トクヴィルはゴビノーとは個人的な友人であり、その才能やひととしての性格をたかく評価していた。だが最初にゴビノーの著作を読んだとき、トクヴィルはその理論に激しく反対している。「率直に言って」、とかれはゴビノーに書きおくっている。「(中略)私としては、こういった学説にまったく反対です。それはおそらくあやまっており、たしかなところとしては有害であるということです[1]」。トクヴィルの議論に反駁することは、困難をきわめる仕事であった。この点にかんしていえば、ゴビノーはみずからの批判者と争うばかりではなく、じぶん自身に対して戦わなければならなかったからである。かれは敬虔なカトリックであり、キリスト教の教義を全面的に受けいれて、しかも教会の権威に服従していた。聖書は、かれにとって霊感に満ちた書物でありつづけ、それが字義どおりに含む真理はけっして否認されてはならなかった。ゴビノーとしてはそれゆえ、世界の創造や人間の起源をめぐる聖書の理論を公然と攻撃するわけにはいかなかったのである。しかし他方こうした出発点からして、人種間の根本的な差異にかんするじぶんの提題に対する論拠を見いだすことは不可能だったのだ。ゴビノーには、黒色人種や黄色人種に属する成員が、白色人種とおなじ人類の一族に所属することすらも承認することができなかった。こういった民族に見いだされるものといえば、まったくもって醜悪な野蛮さと、粗野をきわめる利己主義なのである。(2) 私たちとしては、そういった存在がその起源を白色人種と同一の源泉から引きだしていることなど、およそみとめることができるだろうか。黒色人種といえば、ある観点からすれば動物よりも遥かに劣等なものであり、いったいどのようにしてそういった存在が、アリアン人種の成員たち、この半神とも言いうる存在と同等のクラスに所属することができるというのだろうか。ゴビノーは、そのディレンマから逃れるべく絶望的な努力を重ねたけれども、ついに断念したかのように見える。かれが告白するところでは、この〔固く結ばれた〕結び目は解きがたく、それはゴビノー自身にとってばかりではなく、人間理性一般にあっても解きえないものなのである。「科学の権威に対して、私としては敬意をもっており、それをじぶんでも投げすてるわけにはいかず、さらにくわえて宗教的な解釈に対する敬意にしても、じぶんでは攻撃をくわえることなど思いもよらないので、私は、ひとつの深刻な疑念を捨ておくことにせざるをえないが、その疑念とは、つねにじぶんに圧《の》しかかってくる、〔人類の〕原初的な統一という問題にかかわるものである。（中略）なんぴともあえて否定しえないところであるとおり、この深刻な問題には神秘的な闇が覆いかぶさっており、そこには自然的であると同時に超自然的なものでもある原因がはらまれている。くだんの問題を包みこんでいる冥《くら》がりの奥底では、究極的には神の御心にその座を有する原因が支配している。人間の精神はその現存を感じとることができるとはいえ、その本性を見ぬくことはできず、ふかい畏敬の念とともに佇むほかはない(3)」。「学識をめぐる一論点を暗闇のうちに閉ざしておくほうが、そうした権威に対する争いの場へと入りこむよりはよいだろう(4)」。

（1） Lettre de 17 novembre 1853, *Correspondance entre Alexis de Tocqueville et Arthur de Gobineau*, 1843–59, publ. par L. Schemann (Paris, Plon, 1908), p. 192. トクヴィルとゴ

ビノーとの関係をめぐっては、以下を参照。Romain Rolland, "Le conflit de deux générations : Tocqueville et Gobineau", *Revue Europe*, No. 9 (October 1, 1923), pp. 68–80.

（2）*Essai*, Bk. II, chap. I, I, 227.

（3）*Idem*, Bk. I, chap. XI, I, 137f. English trans., p. 134.

（4）*Idem*, I, 120. English trans., p. 117.

こうしたことがらは、とはいえ形式的な屈服を示すにすぎず、その件によっては、ゴビノーがじぶん自身の理論をキリスト教の倫理的理想にひどく反するかたちで展開することを妨げられはしない。かれはそうした矛盾を読者の精神にばかりでなく、じぶん自身にすら隠そうとして、形而上学的な真理と文化的な価値とをキリスト教について裁然と区別してみせる。前者にかんしてはなんの疑問もありえないが、後者は無視されてよいのである。じじつキリスト教は、人間の文明の発展にはほんのすこしの影響も与えなかった。それは、文明に対する能力を創造することがなく、それを改変することもなかったのだ。「キリスト教が文明化を促す力であるのは、人間のこころをより善くし、その行状をより良くするかぎりにおいてである。しかしキリスト教はただ間接的にそのように働くにすぎず、それもキリスト教が、道徳や知性のこうした改善をこの世界の移ろいゆくものごとに適用しようとは、まったく考えもしないからである。だからキリスト教は、社会の状態がどのようなものであれ、そこにあらたな改宗者が見いだされるようであればつねに満足するのであって、それはくだんの社会の状態がどれほどに不完全なものであろうとかかわりがない。(中略)かれらの状態が、その者たちの回心の直接的結果として改善されうるものであるとすれば、キリスト教はまちがいなくそういった改善をもたらすことに最善を尽くすことだろう。とはいえキリスト教はただひとつの慣習さえ変更しようともせず、また或る文明から他の文明へと進歩するよう強要しようともしないこともたしかだろう。というのもキリスト教は、そういった文明のどれひとつにしてもみずから採りいれたことはないからである(1)」。

(1) *Idem*, I, Bk. I, chap. VII, I, 64. English trans., p. 65.

「理の当然として、私たちとしては当面の問題にかんしてキリスト教をまったく考慮外に置かなければならない。あらゆる人種がキリスト教の恩恵にひとしく浴しうるものであるとしても、それは人間のあいだに平等をもたらすために「この世に」送られたもののではありえない。キリスト教の王国は、私たちはそう言ってよいだろうが、まったく文字どおりの意味において「この世のものではない」のである」[1]。これはキリスト教を最上の地位にまで押しあげようとするものであるかに見えたけれども、そうした栄光化はきわめて高くついたのである。ゴビノーの解釈を受けいれるならば、キリスト教は、人間をその地上における闘争について助力する意志も持たなければ、その力すらも有していないことになる。それは依然として偉大で神秘的な力であるとしても、その力は、私たち人間の世界を突きうごかすためになにごともなしえない。そのように結論することで、ゴビノーの目的は達せられたことになる。すなわち、人間の歴史的な生にあってキリスト教はその権利のいっさいを放棄して、かくて人種というあらたな神のまえに身を屈するのである。

（1） *Idem*, I, 69. English trans., p. 70.

これは、とはいえ最初の一歩にすぎなかった。ゴビノーのゆくてを、なおいまひとつの障害が遮っていた。それはつまり、十八世紀の「人道主義」と「平等主義」の理念ということになる。それらの理念が基礎を置くのは宗教ではなく、あらたなタイプの哲学的倫理学なのであった。そういった理念について、そのもっとも明瞭で体系的な叙述が見いだされるのはカントの著作においてであって、その礎石となるのが自由の理念であり――そして自由とは「自律」を意味するものだったのである。その理念が表現している原理は、道徳的な主体がみずからに与えた規則以外のどのような規則にもしたがうべきではない、とするものである。人間はたんに外的目的のために使用されうる手段であるばかりではなく、それ自身が「目的の王国における立法者」である。この件が人間にとってその真の尊厳、たんなる自然的な存在者を超えたその特権をかたちづくるのである。「目的の王国にあっては、すべてのものは価格をもつか尊厳を有するか、のどちらかである。価格をもつものは他のものと交換可能であって、なにかべつのものと置きかえることができる。その一方いっさいの価格を超えているもの、したがってまたどのような等価物も許さないものは尊厳を有する。（中略）それゆえ、道徳性ならびに道徳性を担いうるかぎりでの人間性だけが、ひとり尊厳を有するものなのである」(1)。

(1) Kant, *Grundlegung zur Metaphysik der Sitten*, Sec. II, "Werke", ed. E. Cassirer, IV, 293.

こういったことのすべてが、ゴビノーにとってはまったく理解できないものであったばかりか、まったく耐えがたいところなのであった。それは、かれの本能と内奥の感情のいっさいとひどく矛盾したものだったのである。おそらくゴビノー以外のどのような近代の著作家も、ニーチェが距離の情熱(Pathos der Distanz)というかたちで描いたあの感情に、これほどまでに深く囚われていた者はなかっただろう。尊厳とは個人的な差別を意味しているのだから、私たちは、他者たちを劣った存在として見下すことなしにそうした差別を意識することができない。あらゆる偉大な文明や高貴な人種のすべてにおいて、これこそが支配的な特徴なのだ。すなわち「みずからの血統や家柄を誇りに思う者はだれであれ、俗衆と混ぜあわされることを拒絶する」(1)。普遍的な倫理的基準や価値を求めることなど、およそ理に悖《もと》っている。ゴビノーにとって、普遍性とは俗悪であることを意味する。生まれながらの貴族としてかれは、庶民や俗衆からみずからを区別することによってのみ、じぶんの価値を感受することができた。ゴビノーはこうした個人的感情を、個人的な領域から人種学や人類学へと投影したことになる。

（1）*Essai*, Bk. IV, chap. III, II, 21f.

優秀な人種が、みずからがなんであり、なににあたいするのかを知るにいたるのは、その足もとに奴隷のごとく膝を屈する、他の人種とじぶんとを比較することによってである。かれらの自己確信は、こういった軽蔑と嫌悪の要素を欠いては十全なものとはなりえない。一方は他方を含み、またそれを要求しているのだ。こういった観点からすれば、定言命法をめぐるカントの有名な定式こそ一箇の語義矛盾となるだろう。それがひとつの普遍的な法則となるのを、私たちが同時に意志しうるような準則にしたがってのみ行為することは不可能なのだ。およそ普遍的な人間など存在しないというのに、いったいどのようにして普遍的法則が存在しうるというのだろうか。ひとつの倫理的な格言が、あらゆる場合に妥当すべきことを要求するものであるとすれば、それはどのような場合に対しても妥当するものではない。だれに対してであれ適用される規則は、だれにも適用されないものである。それはたんなる抽象的な定式であるにすぎず、人間的・歴史的世界にあってなにひとつ等価物を有することがない。この点にかんしても人種の本能は、私たちの哲学的な理想や形而上学的な体系のすべてよりも遥かに優越していることをおのずとあかし立てたわけである。ゴビノーが受けいれた「アリアン」ということばの語源考証によれば、その語ががんらい意味していたのは「高貴な」にほかならない。

アリアン人種の成員は、人間が高貴なものとなるのは個人的な資質という徳によるのではなく、その所属する人種の遺産によるものであることを知悉していた。「人格的な名誉と尊厳を、私たちは至上の君主、真の主権者である人種によって封ぜられることをつうじてだけ所有する。みずからにアリアンという称号を与えた白色人種は、その称号が有する気高く華やかな意味をじゅうぶん理解していた。かれらがその名につよく固執したのはそのゆえである(1)」。ある人間が偉大であり高貴であり、有徳であるのは、その行為によるのではなく血統による。私たちの個人的な業績が受けなければならないただひとつの吟味は、じぶんたちの父祖の吟味である。その者の出生証明書が、ある人間に対してその道徳的な価値の確実性を賦与する。徳とは獲得されるべきものではない。それは天からの賜物《たまもの》、より精確にいうとすれば大地からの賜物、人種の身体的・精神的な資質による賜物なのである。劣等な人種の成員が「道徳的」あるいは「理性的」存在であると口にすることは、きわめて低級な道徳性の感覚をあかし立てることだ。「猛獣すら も」とゴビノーは、黒色人種について描きながら語っている。「これらの恐るべき種族と比較する定点として用いるには、なお高尚にすぎると思えることだろう。かれらにかんして、その身体を思いえがくにはサルで事足りるだろうし、その精神的な面にかんしていうなら闇の悪霊に類するものを想いうかべてみる必要がある、と感じるはずである」(2)。

（1） *Idem*, Bk. III, chap. I, I, 370.
（2） *Idem*, Bk. II, chap. I, I, 227.

ゴビノーはキリスト教の倫理的・宗教的な理想について語るさいには、きわめて慎重で遠慮がちに語っている。かれは、こうした理想がなんらかの実践的な意味と影響とを持っていたことは否定したけれども、それらに対しては深い畏敬の念をあらわすのを怠らなかった。その真の見解が遥かに明瞭なかたちであらわれてくるのは、もはやそういった伝統的な躊躇《ちゅうちょ》に掣肘《せいちゅう》されないときである。キリスト教についてはなおも賞賛され讃嘆されたものが、いっぽう仏教にかんしては手ひどく非難されているのである。仏教をめぐっては、ゴビノーとしても率直に包みかくさず論じることができたからである。かれが仏教のうちにみとめたのは、人間の歴史における最大の偏屈さのひとつなのである。そこでは、ひとりの人間がもっとも大きな身体的・知的な才能に恵まれ、もっとも高貴な家柄に生まれ、最上位のカーストに属する王侯の子息でありながら、突如そうした特権のいっさいを放棄することを決意して、貧しく悲惨なアウトカーストのひとびとに向けられた、あらたな福音の説教者となったのだ。ゴビノーの目には、こうしたことのすべては許しがたい罪悪、一種の大逆罪であるかのように映った。それは、アリアン人種の尊貴さに対して犯された罪なのである。アリアン人種こそがカースト制度を創出し、混血の危険から身を守ろうとした者だからである。

いっぽう仏教は、ゴビノーの思考法からすれば、たんに道徳的なあやまりばかりではなく重大な知的な誤謬をも犯していた。それは感情をねじ曲げるものであるのにくわえて、判断をも捻じまげるものである。歴史哲学のあらゆる健全な原理に反して、仏教は道徳性のうえに存在論を基礎づけようとしているけれども、本当なら道徳性のがわが存在論に依存しているのである。仏教の発展、その衰退と頽廃があらわしているのは、道徳性と理性にみずからのまったき基礎を有すると主張する政治的・宗教的な教説の行きつく先を私たちのまえに示す、格好の、またもっとも説得的な実例なのだ。[1]

(1) *Idem.* Bk. III, chap. III, I, 442.

人種の有する本能がなお旺盛で、それが他のさまざまな力によって歪められることもなく、それ自身のみちすじを歩んでいるかぎりでは、民族がこういったあやまりに陥ることはありえなかった。それがゲルマン民族の場合である。ゲルマン神話では、人間が救われるのはその道徳的な行為が有する徳によるのではない。楽園は、英雄・戦士・貴族たちに対して開かれており、それはかれらの所業とはかかわりがない。「高貴な人種に所属する人間、真のアリアン人が、その血統の力のみによってヴァルハラ〔万神殿〕へと入る栄誉を得て、たほう貧民・捕虜・奴隷、要するに劣等な生まれが混入した不純な者たちが、えらぶところなく、氷に覆われたニブルハイム〔冥界〕の闇へと堕ちてゆく[1]」。

（1）*Idem*, Bk. VI, chap. III, II, 370.

それほど思考の努力を払わなくても、こうした議論の論理的なあやまりが見いだされる。ここに見られるのはおなじく論点先取（*petitio principii*）であって、それはゴビノーの方法を特徴づけるものである。循環論法と循環推論が、その著作全体でくりかえされている。異なった人種をそれぞれの道徳的な質にかんして比較するさい、私たちに必要なのは一定の評価の基準ということになる。いったいどこに、そのような基準を見いだすことができるだろうか。普遍的な倫理的原理と称されるもののいっさいが無効であると宣言された以上は、特殊な〔価値〕体系のなかから選択しなければならない。そしてあきらかにより高級な人種のみが真の、より高次な諸価値を与えることができる。高貴で善く有徳であるとかれらが称するものが、そのように称されることで有徳なものとなるのである。こうして白色人種、とりわけてアリアン人種こそが道徳的に卓越しているとする提題はまったくの同義反復となる。それは分析的判断であって、当該の人種の定義そのものから帰結する。私たちとしては、かれらの行為を判断する必要がない。かれらの行為は、それが良きひとびとにより為されたものであるがゆえに善きものであるにちがいないのだ。存在論が道徳性に先行し、道徳性にあって決定的な要因でありつづける。人間がなすことではなく人間がそうであることが、その者に道徳的な価値を与える。「ひとは良く行為したがゆえに善くあるのではなく、善くあるがゆえに、つまり良く生まれたがゆえに善く行為するのである」(＊1)。これはきわめて単純に響き、いっぽう同時に驚くほど素朴である。奇妙なことにほかでもなくこの素朴さこそが、ゴビノーの理論に対して、その大いなる実践的な力と影響力とを与えたのであった。この循環的な定義によってこそ、くだんの理論はある意味では無傷でありつづけるものとなる。ひとは、分析的判断に対して反論をくわえることができない。すなわち、合理的もしくは経験的な証明によって、それを反駁することができないのである。

（＊1）全集版の注記によれば、アベラールの倫理学書の一節を敷衍したもの。

とはいえ、宗教や道徳性が普遍的な価値を有しているとしても、それ以外にもなお、さらに特別な種類の価値が存在している。国家や国民は、見たところ人間の歴史にあって最大の力であり、人間の社会的な生のなかでもっとも強力な推進力であるように思われる。しかしこれらの力を独立した威力として、それ自身において価値のあるものと考えるとすれば、ゴビノーの第一原理と矛盾することになるだろう。かれとしては、宗教や道徳の理想に対してそうしたのとおなじように、政治的な理想に対しても挑戦する必要があった。私たちの目から見ると、レイシズムとナショナリズムが結合するのは自然なことであるかのように思える。私たちの場合は、両者を同一視しがちなのである。しかしながらこれは歴史的な視点からも、体系的な観点からしてもあやまりなのである。双方はその起源についても、その趣旨や傾向からいっても明確に区別される(1)。この区別は、ゴビノーの著作を研究してみることで、非常に明晰なものとなる。かれはナショナリストでもなければ、フランスの愛国主義者でもない。ゴビノーが受けいれ更新することになったのは、ブーランヴィリエの提題であって、その提題にしたがうならば、フランスは一度として真の国民的統一性を手にしたことがない。さきに見ておいたように、フランスは征服者と被征服者、貴族と平民とに分割され、両者はおなじ次元に存在するものではなく、双方がおなじ政治的・国民的な生を分かちあうこともできない(2)。ゴビノーはこの見解を、人間の歴史の全体に適用したわけである。国民と称されているものは、だんじて等質的な全体ではない。その全体は混血の所産であって、混血とはこの世でもっとも危険なものなのだ。そうした混合物にかんして畏怖と畏敬の念をもって語るとすれば、人間の歴史をめぐる正当な理論が有する第一原理を蹂躙《じゅうりん》することとなるだろう。愛国心は民衆の支配《デモクラット》を説く者や煽動家《デマゴーグ》たちにとって徳目であるかもしれないが、貴族的な徳ではまったくない。むしろ人種こそ最高の貴族主義者なのである。私たちの抱いている「祖国」の観念とは、いったいなにごとなのか？　それはたんなることばであって、そのことばにはおよそどのような自然的実在も歴史的実在も対応していない。国は、とゴビノーは言う、語ることもできないし、生き生きとした声で命令を下すこともできない。いっさいの時代をつうじて経験が示してきたところによれば、たんなる擬制《フィクション》によって施行される専制以上に悪しきものはほかにない。専制はそのとき、まさしくその本性によって無情であり、冷酷であって、耐えがたいまでに不遜な要求を伴う。ゴビノーによると封建制度の最大の利点のひとつは、そのシステムのもとで人間はそういった偶像に身を屈することがない、ということにある。「封建時代には、祖国(patrie)ということばはほとんど使用されなかった。その語が、じっさいかえり咲くにいたったのは、ガロ・ロマン民族がいまいちど台頭し、政治にあって一定の役割を果たすようになってからのことなのである。かれらの勝利とともに、愛国心がふたたび一箇の徳目となりはじめたのだ」[3]。

（1）「レイシズム」と「ナショナリズム」とのあいだの差異をきわめて明確にしめす論述は、最近では以下の論文のなかで与えられている。Hannah Ahrendt, "Race-Thinking Before Racism", *The Review of Politics*, VI, No. 1 (January, 1944), 36–73.

（2）本書、一八五頁参照。

（3）*Essai*, Bk. IV, chap. III, II, 29, n. 2.

ゴビノーの理論の方法論的な準則を受けいれるなら、なんらかの観念が有する真の価値を規定するもっとも単純な方途はつねに発生的なものである。観念の価値を判断するためには、その起源を認識する必要がある。それでは愛国心という理想の起源はなんだろうか。それがアリアン的理想ではすこしもないことを証明する事実は、アリアン人種中でもっとも優れて高貴な代表者であるテュートン民族が、くだんの理想をとりわけその優れたかたちでは受容しなかった、ということだ。愛国心はゲルマン民族の徳目ではまったくない。ゲルマン民族の世界では人間こそがすべてであって、たほう国家はほとんどなにものも意味していない。この件が、ゲルマン民族とそれ以外の人種――ギリシア・ローマ・キンメリア人たちの血統を混えたセム族のひとびと――とのあいだで乗りこえがたい差異をかたちづくっている。「そこでは群衆が見られるばかりで、個人はほとんど問題ともならず、そして混乱が増すにつれて――つまり個人の属する人種的な混淆がより複雑になるのに合わせて――個人はそれだけすがたを消してゆくようになる(1)」。ヨーロッパ文明にあってギリシア人たちは、ポリスに対する見境のないその讃嘆のゆえに、愛国心という過てる理想にかんして責任がある。ギリシアでは、個人は法の命令のもとにある。偏見や、あるいは世論の権威に強制されて、各人はこのポリスという抽象物に、じぶんのすべての性向、その観念や慣習、さらにはみずからの財産や、もっとも親密な個人的で人間的な関係さえも犠牲に供することを余儀なくされた。とはいえ、ギリシア人たちはこういった理想をみずから造りあげたわけではない。それはセム人種から借りられたものなのである。詮ずるところ愛国心とは、「カナンの怪物」(*1)にほかならないのだ。(2)

(1) *Idem*, Bk. VI, chap. III, II, 365.

(2) *Idem*, Bk. IV, chap. III, II, 29 and 31.

(*1) ここではいわゆる「レヴァイアサン」のこと。

ギリシア文化に対してこのように厳しい批判が展開されたあとで、ゴビノーの著作では、ローマ人たちの生活や文明に対する批判がつづいてゆく。そこでもまたゴビノーが用いるのはおなじ方法である。かれが私たちに説得しようとするのは、普通ならローマ精神における最上のしるしと見なされているものこそが、じつのところその内的な弱点であったということである。ローマ帝国は、そのもっとも堅固な基礎をローマ法のうちに有していた。ローマ法のみが、ローマ人の生活を緊縛する唯一の力となったのである。ローマ法は集成され法典化を施され、また注釈されて、かつ分析された。しまいにローマ法学は、ローマ帝国が衰微し、さらに崩壊したのちでさえ、生き延びることとなったのだ。ゴビノーにしたがえばローマ法の構造全体が、高く賞賛されたギリシアのポリスと正確にひとしい状況のうちにある。それは生命をもたない抽象物なのである。ローマ人たちは止むをえないことを潔くおこなったのであった。かれらはそのために人工的な絆を創りだし、まったくばらばらな要素のさまざまを結びあわせる。そのようなことが為されえたのは、ひとえに妥協を含んだ立法によってのみであったけれども、それは、あらゆる人種のクズたちからなる住民のあいだで可能となる、ただひとつの立法だったのである。(1) 制度を称賛するのは無意味というものであって、それは、制度が二次的で従属的な価値を有するにすぎないからである。制度は、民衆が人種的にみてどのような状態にあるかに由来し、その状態に依存する。人種のこの状態がローマ法の支配のもとで、かつてないほどに劣悪で呪わしいものとなったのだ。人間文化のどの領野においてであれ、ローマは生産的ではなかったし独創的でもなかった。ローマはじぶん自身のものを有することがなかったのである――宗教について、芸術をめぐって、文学にかんして、そのいずれにあってもである。すべては他の民族から借りてこられたものだった。アウグストゥス時代すらおよそいかなる意味でも偉大でも美しくもなく、それ自身において賞賛にあたいするものでもない。ローマに対して好意的に語りうることといえばただひとつ、与えられた歴史的条件のもとで、ローマ帝国のかかえる、混然としまったくばらばらな住民たちをまえにしていながら、ローマは唯一可能な解決を提起した、ということである。ローマ帝国の欠陥はその支配者個人に責めを帰しうるものではなく、責めを負うべきはむしろ雑多な大衆であって、その大衆をローマは統制し、一定の統御のもとへともたらさなければならなかったのだ(2)。「私としては」と、ゴビノーは言う。「ローマの名声が伴う威厳のまえで低頭したり、またそのような成果を称賛したりする気にはまったくなれない(3)」。

（1） *Idem*, Bk. V, chap. VII, II, 260f.
（2） *Idem*, Bk. V, chap. VII, II, 249ff.
（3） *Ibid.*

とはいえ、人間文化の分析がこれで終わってしまったわけではない。宗教・道徳性・政治ならびに法律のほかになお、芸術というもうひとつの偉大な領圏が残されている。私たちは、芸術に対してもおなじ原理を適用することができるだろうか。シラーはその

『人間の美的教育にかんする書簡』のなかで、芸術とは人間にあって特殊な性質であるばかりでなく、人間の本性と本質をかたちづくるものであることを証明しようとした。それは人間の仕事《ワーク》ではなく、〈創造主〉の御業《ワーク》なのである。人類を取りかこむ大気は、芸術によって創造されている。かりにこの件が本当だとするなら、あらゆる人種を結びあわせる紐帯が見いだされたことになるだろう。それというのも、芸術はひとつの人種にのみ帰属する特権というわけではないからである。それは太陽のように、義《ただ》しいひとも不義の者も照らしだし、低級な人種のうえにも高級な人種の頭上にもひとしく輝いている。この事実を、ゴビノーとしても否定しない。反対にそれを承認し、強調するのである。だからこそ、そこから引きだされるみずからの理論に反するかにみえる結論は、かれにとって格別な強さをもって迫っていたにちがいない。ゴビノーは芸術に深い関心を有していたばかりではなく、芸術はかれの生にあって最大の情熱のひとつであったからである。ゴビノーは詩人であり彫刻家でありまた芸術の多くの領域に挑戦している。(＊1) もしじぶんの提題がこのきわめて重要な論点において成りたたないものであったとするなら、それを主張しつづけることはゴビノーにとってほとんど不可能となったことだろう。

（＊1）ゴビノーのとくに紀行文『アジアでの三年』や『ニューファンドランドへの旅』等は高

く評価されることがあり、また評者によっては『アジア中編小説集』がスタンダールの作品と並べて評価されることもある。

ディレンマから逃れようとするその方策は、一見したところまさに驚くべきものであった。ゴビノーは、芸術がアリアン人種にだけ具わった特別な天賦ではないことを率直にみとめている。アリアン種族の成員だけでは、おそらくどう考えてみても偉大な芸術を発展させることはできなかっただろう。芸術は想像力の所産であり、想像力は、真のアリアン人を特徴づけるものではない。それはアリアン人の血管中を流れる異質な血脈の一滴である。その血脈は黒色人種に由来するからだ。黒色人種のあいだでは想像力が支配し、それは過剰に横溢する力となる。ここに芸術の真の源泉があって、芸術とは黒色人種からの遺産なのである。ゴビノーの読者にとっては、こういった発見は大きな衝撃となったにちがいない。かれが黒色人種について口にするとき、最大級の軽蔑と嫌悪とを隠すこともなかったのではなかったか。ゴビノーの語るところでは、その身体の組成にかんして黒色人種たちはサルよりも低級で、動物的な本能にあって猛獣よりもなお邪悪であり、道徳的に見るなら地獄の悪霊とおなじレベルにあるのではなかっただろうか？　そういった輩を、ことここにいたって最初の芸術家と考えるべきであり、他のあらゆる人種はかれらの遺産に負うところがあるとすることは、じっさい大きな逆説なのである。しかし、ゴビノーには怯むところがなかった。

高貴な人種に属し、ひとたびその血統を意識した者ならば、こうした危険な遺産に対して警戒を怠ってはならない。そうした人間がくだんの遺産を受けいれるときには、真剣な考慮を欠いてはならないし、その遺産の魅力に屈することがあってはならないのだ。芸術はいつでも、偉大なセイレーンであることを止めず、かの魔女《セイレーン》が誘惑し、眠りこませようとするのは、私たちの最良の精神的・道徳的才能なのである。私たちがその声に耳を傾けることはかまわないけれども、賢人であるなら、ちょうどオデュッセウスがそうであったように、セイレーンに囚われることを用心して〔身を帆柱に縛りつけて耳を塞ぎ〕ふるまうことだろう。ゴビノー自身つねにみずからの芸術的な本能に対して、いくらかの不審すら抱いていた。かれはその本能を、或る種やましい心もちで目にしていたのである。そういった本能は、ゴビノーの手にしていた真のアリアン人のイメージと適合しなかったのだ。アリアン人であるなら、芸術と適法的な婚姻契約を結ぶことができないのであり、芸術とはアリアン人にとっていつでも大きな誘惑者、つまりは高級娼婦《クルティザンヌ》であって妻ではない。

なおしかし、最後の問題が残っている。すくなくとも主観的な絆が存在して、相異なる人種を結びあわせているのではないか。ゴビノーの宣言していたところでは、冷酷な自然法則にしたがって、劣等人種は未来永劫「主人たちの足元に這いつくばるように」呪われている。とはいえそうした主人たち自身も、こうした憐れむべき状態についてなんらかの理解をもつのが至当というべきではないだろうか。ゴビノーにしたところで、そのような義務を絶対的に否定するようなことはなかっただろう。その語り口がいつでも傲岸不遜なものであったことはたしかであるけれども、かれは生来の貴族として、高貴なる者の義務(noblesse oblige)についてはじゅうぶん弁《わきま》えていた。ゴビノーは「人道主義的」な理想のいっさいを否認したとはいえ、この点でかれに完全な確信があったというわけではない。その行動が、みずからの原理につねに厳密に一致していたとは言えないのである。そうした緊張を特徴づけるあきらかな証拠が、高名なユダヤ人学者であったアドルフ・フランク宛ての一書簡に見いだされる。ゴビノーが述べているところでは、かれにはペルシア滞在中にしばしば、テヘランのユダヤ人たちを、不正・抑圧・迫害から保護する機会が訪れたとのことである。(1) それゆえ私たちとしても、ゴビノーを非難して、かれには人間的な同情や、善良さ、あるいは慈悲心といったものが欠落していたと言うことはできない。ゴビノーがいかなる意味でも「人道的」な理想のさまざまへと立ちかえることがなかった、とは言えないのだ。しかしながらその理論それ自体には、選択の余地がすこしも残されてはいなかった。ゴビノーの個人的な感情は沈黙を余儀なくされ、かれの一般的提題が展開されるにさいしておよそどのような場所も占めてはいない。

（1）以下を参照。A. Combris, *La philosophie des races du Comte de Gobineau* (Paris, F. Alcan, 1937), p. 232.

この点にかんしても、ゴビノーとカーライルを比較することから教えられるところはきわめて大きい。一見したところでは、両者の政治的な傾向はひどく似通っているように思える。ふたりはともに十八世紀の政治的理想に対抗するその不倶戴天の敵である。つまり、自由・平等・博愛の理想、ということだ。カーライルの見るところでは、これらの理想の破壊的な影響を回避するために、英雄崇拝へと回帰するほかにすべがない。かれの宣言にしたがえば、ひとり英雄崇拝のみが、崩壊や滅亡、完全なアナーキーから私たちを救いだすことができる。それにもかかわらず根本的な差異が、カーライルの英雄崇拝とゴビノーの人種崇拝とのあいだに存在している。前者が試みるのは結合し統合することである一方、後者は分割し分離しようとするのである。カーライルの英雄たちはだれもおなじことばを語り、おなじ大義のために戦う――かれらのすべてが「そこから霊感を受けて語り、その本文を体現して行動しているのは、あの聖なる黙示録なのであって、その一章一章はあらたな時代ごとに完結することで、ひとはそれを〈歴史〉と呼ぶことになる」(＊1)。本質的にいえば偉人は、自然の手もとからあらわれてきたかぎりで、つねにおなじ種類の存在である。「私が示そう(＊2)と思うのは」、とカーライルは言う。「これらの存在がすべてみな、その本来からすればひとつの素材からできているということである」(＊3)。他方ゴビノーにとっては、そうした同一性など思いも及ばないところである。北欧人のオーディンとセム人のマホメットとにかんして、あたかもかれらがおなじ人間の一族に属しているかのように語るとすれば、ゴビノーにとって冒瀆であると思えたことだろう。くわえて、普遍的な正義、万人に対してひとしい正義について口にすることにいたっては、誤謬以上のものであって、地獄に落ちるにあたいする大罪なのだ。「正義よ、正義よ！」、とカーライルは絶叫した。「あれこれの理由を口実にして、われらが正義をなすあたわざるときには、いつでもわれらに災いあれ。〔中略〕ただひとつのことだけが世界には必要であり、しかもその一事は不可欠のものなのだ。正義よ、正義よ、神の聖名《みな》にかけて、われらに正義を与え、われらをして生かしめよ。われらに与えるにその模造品や代用品のみをもってせよ、さすればわれら滅びなん！[(1)]」

（1） *Latter-Day Pamphlets*, No. II, "Model Prions". Centenary ed., XX, 68.
（＊1） 全集版の注記によると、カーライル『衣装哲学』からの引用。
（＊2） 底本の clear を、全集版によって appear にあらためる。
（＊3） 全集版の注記によれば、カーライル『英雄論』からの引用。

こういった個人的な感情が、カーライルの社会哲学に浸透している。かれはけっして社会主義者ではなく、イギリスのトーリー党〔保守派〕の一員でありつづけたけれども、幼少期このかた、貧民の問題をみずからの問題と考えていたものだった。私たちがここで想いおこすのは『衣装哲学』の一場面であって、そこでいきつけのコーヒー店に腰を据えていたトイフェルスドレック教授がとつぜん立ちあがって、じぶんの大ぶりのカップを掲げ、乾杯の辞を述べるのだ。「神と悪魔との名において、貧民のために」（Die

Sache der Armen in Gottes und Teufels Name)[1]。他方ゴビノーが貧民について口にするときには、まったくちがった調子となる。かれは古いゲルマンの制度にこころから同意したが、そこでは富者と貴族にかぎってヴァルハラの栄光へと招きいれられる[2]。貧困とは賤しむべきものなのである。アリアン人種であるゲルマン人は、自己と、世界のなかでみずから果たすべき役割をめぐって、きわめて昂然たる観念を抱いていたが、それは、ゲルマン人が権利からして封建領主であり土地所有者であって、すなわち世界の一部を手にしている者であったからである[3]。そういった生来の世襲の遺産への権利を要求しえない者は、つねに一箇のアウトカーストでありつづけた。これが古来のカースト制度にとってその不可欠の部分であって、この制度を導入した者こそアリアン人種の祭司たちなのである[4]。

（1）*Sartor Resartus*, Bk. I, chap. III, I, 11.
（2）本書、二〇五頁参照。
（3）*Essai*, Bk. VI, chap. III, II, 372.
（4）*Idem*, Bk. III, chap. I, I, 388.

ゴビノーの理論は、見たところ文明的な生のすべての圏内を包みこんで、その目ざすところに到達している。あらたな宗教、人種崇拝が確乎として樹立されたのである。どのような反対者ももはや恐れるに足りない。キリスト教は無能かつ無力であり、仏教とは道徳的な倒錯にほかならず、愛国心はカナンの怪物、法と正義ならばたんなる抽象であって、芸術は誘惑者にして娼婦にすぎず、抑圧された者たちに対する同情や貧民への憐憫など感傷に満ちた幻想にほかならない。かくてリストは完成されている。これこそがあらたな原理の凱歌なのである。

破壊の作業をこのように体系的に遂行したのち、いったいなにが残されることになったのだろうか。ゴビノーそのひとにとってはなにが残され、そしてかれはじぶんの追随者や信奉者に対してなにを約束することができたのか。私たちは最初の問いに対する答えを、ゴビノーの最後の著作に見ることができる。一八七九年に、かれは『ノルマンディ・ブレー地方の征服者、ヴァイキング、ヤール・オッタル、およびその末裔の歴史』(*Histoire d'Ottar-Jarl, pirate norvégien, conquérant du pays de Bray en Normandie, et de sa descendance*)(1)を公刊した。この一書はおそらく、書物の歴史全体をつうじてもっとも奇妙なもののひとつだろう。そこでゴビノーが論じているのは、もはや人間の文明の歴史ではない。その関心は変位してしまったのである。かれが知ろうと望むもののすべてはじぶん自身の血統であり、みずからの家族の由来である。ゴビノーが、じぶんでは確乎たる証拠を手にしていると信じているところによるなら、かれの一族はヤール・オッタル、つまり有名なヴァイキングで、ユングリング家、その元来の起源をオーディン、この最高神にまで遡る王族の一員たる者の直系の子孫なのだ。そのうえなんとも偏狭な見解が、人間的な生やその歴史にかんしてこの書物のうちに見うけられることか！　出版された当時ゴビノーがよく知られた著作家、すなわち『不平等論』や『ルネサンス』の著者でなかったとしたら、だれも一書を真剣には受けとらなかったことだろう。かれは口をひらくといつでも、慎みを欠いて法外な貴族の誇りをみせてきた。そうはいっても今般はその誇りは愚にもつかない嗤うべきものとなっていて、ほとんど誇大妄想にすら接していた。普遍史をめぐる哲学者が、みずからの一族の歴史を説く哲学者と化してしまったのである。文化の系譜学を研究するかわりに、かれはただじぶん自身の系図学にこころを奪われている。これこそが、かくも巨大な企図から生まれた悲しむべき結末なのであった。ゴビノーがはじめに与えた偉大な約束は、歴史を精密科学たらしめ、歴史の経路にかんするいっさいの主観的幻想と先入観に満ちた見解から私たちを解放してみせるというものだった。[2] 一方、著作家としてのその経歴の終点にいたって、そうした視界は痩せおとろえてゆく。ゴビノーの感情と思考は、ただひとつの点に固定されて動かない――その一点とはじぶん自身の系図なのだ！　まさに「大山鳴動して鼠一匹」(*Parturiunt montes, nascetur ridiculus mus*)〔山たちが産気づいて、嗤うべき子ネズミが生まれる〕というものなのである。

(1) Paris, Didier-Perrin, 1879.
(2) *Essai*, "conclusion générale", II, 548.

こうしたすべてのことを考えると、ゴビノーの思想の一般的特徴があきらかとなる。かれの個人的な生が貧しいものとなり、その精神的な視界が狭くなっていったことは、ある意味ではその理論が生んだ避けがたい帰結である。ゴビノーは、アリアン人種の卓越性とその比類なき価値を発見した〔と信じた〕とき、このうえもない熱狂に満たされた。この人種が人間の歴史にはじめて登場する瞬間をことあげする段ともなると、かれとしても、その決定的な重要性を描きとるのに足る力強いことばを探しあぐねるほどである。それはたんに地上的な一瞬であるだけではなく、宇宙的な瞬間なのだ――ただ人間たちにとってばかりではなく、神々や天界にとってすら偉大な光景というものなのだった。(1)それこそ、人間の歴史をめぐる恍惚感に充ちた見解であり、偉大きわまりない期待と約束とに満たされたはじまりであるかのように思われたのである。アリアン種族、このもっとも高貴でもっとも知的で精力的な人種が、大いなる歴史のドラマにあってその真の立役者であるとすれば、どれほどどきりのない希望を、私たちとしても人間の文明の進歩に対して抱くことができるというものだろう！　ゴビノーの著作はこうして、一種の陶酔、人種崇拝と自己崇拝の陶酔とともに開始される。

（1） *Idem.* Bk. III, chap. I. I. 374f.

しかしながら最初のこうした感情の昂ぶりは、深い幻滅に場を譲ることになる。一種の逆転の弁証法によって、当初の楽天主義的な見解が突如として深刻で救いようのない悲観主義へと転ずるのだ。より高き人種がその歴史的な使命を果たすと必然的に、避けがたくみずからを破壊してしまう。かれらが世界を支配して組織するためには、世界と密接に交渉しなければならない。だが、かれらにとってこうした交渉こそが危険であって、かれらはつねに変わることなくこの源泉からの感染にさらされる。その結果は、より高き人種にとって惨憺たるものとなるほかはない。異なる人種どうしが協働することは共住を意味し、共住することは混血を意味して、混血することの意味するところは腐敗と堕落なのである。それはつねに、おわりのはじまりである。人種の純血性が失われれば強靭さは消えうせ、その組織力も喪われる。より高き人種はみずからの所業の犠牲となって、みずからの奴隷の奴隷となる。

その著書の最後にゴビノーは、この理論が含む原則から一般的な結論を引きだしている。かれは想像をめぐらせ、地上に生存することになる最後の人間のイメージを描きだす。時が満ちれば高貴な人種の堕落が完成し、あらゆる人種の区別は消失しているだろう。そのとき、人間の歴史において生気を与える原理はその存在を焉《お》えていることだろう。疑いなく、ひとびとは平和裡に共存している。かれらのあいだにはなにひとつ競争も起こらないことになるだろうが、しかし他方そこにはなんの活力もなく進取の気象すらなく、権力と征服への意志も存在しないはずである。かくて、現代のデマゴーグどもの唱道する平等主義の理想がその成就をみることになる。だがそのとき人間的な生は、それを生きるに価いするものとしていたすべてを失っていることだろう。人間たちは幸福な状態で暮らし、それはあたかも羊の一団や水牛の一群のごときものとなるだろう。

この偉大で満ちたりた微睡みの時期には麻痺の時節がつづいて、そして最後に完全な昏睡の時間が訪れる。ゴビノーは、こうしたさまざま時期の長さを見積もることさえしてみせた。かれが判定するところでは、勁さの時節、真の生の時代は、遥かむかしに消え去ってしまった。私たちはいまでは、老耄《ろうもう》と消尽の状態を生きている。人類はおそらくこのけちくさく哀れな生存を、さらに数世紀は引きずってゆくかもしれない。とはいえ人類の運命は封印されている。死が避けがたいのである。

これが、ゴビノーの理論にあって最後のことばである。そして実際、そのことばこそかれの著作全体の神髄なのだ。その著書の冒頭をかざる一文で、ゴビノーはあらかじめこの終末を示していた。人種崇拝はゴビノーにとって崇拝の最高の形式であり、最高神の崇拝なのであった。しかしこの神は、敗北を知らないものでも死を免れたものでもありえない。その神は、むしろきわめて傷つきやすいものなのだ。もっとも昂揚した瞬間にあってさえ、ゴビノーは忍びよってくる運命をけっして忘れさることができなかった。すなわち「神々の黄昏」という運命である。神々は立ちさろうとしている（Les dieux s'en vont）――神々は死ななければならないのだ。「文明の没落とは、歴史のありとあらゆる現象のなかでももっとも顕著な、とはいえ同時にもっとも不可解な現象である。

それは一箇の災難として、たましいを恐れおののかせる一方、そこにはつねに、なにごとかきわめて神秘的で巨大きわまるものが含まれているがゆえに、思想家たちはそれを凝視し研究し、その秘密を探って倦むところがない。（中略）私たちが結局は肯定せざるをえないのは、あらゆる人間の集まりは、それがどれほどまでに巧緻をきわめた社会関係の網目によって守られていようと、まさにそれが誕生した日に、その生命のさまざまな要素のあいまに隠されたかたちで、避けがたい死の種子を身に帯びる、ということである。しかしこの種子、死というこの原理とはなんであろうか。それは、もたらされる結果とおなじく一様なものであって、いっさいの文明はおなじ原因から滅亡するのだ[1]」。いまや私たちは帰結を眼のまえにしている。帰着したところは深刻な悲観主義であるばかりでなく、完璧な消極主義であり虚無主義である。ゴビノーは、人間的な価値のすべてを掃討してしまった。それらの価値を、あらたな神、人種というモレク〔子どもを犠牲として要求する、セム族の神〕に捧げることを決意したのである。しかしこの神は死に絶えつつある神であって、その死によって封印されるのは人間の歴史と人間の文明の運命である。その運命は、神自身の破滅に巻きぞえにされるのだ。

（1）*Idem*, Bk. I, chap. I, I, 1f. English trans., pp. 1f.

XVII　ヘーゲル

現代政治思想の発展に対するヘーゲル哲学の影響

およそ他のどのような哲学体系も、かつてヘーゲルの形而上学ほど強く永続的な影響を政治的な生に対して行使してきたことがない。ヘーゲル以前の偉大な哲学者たちもみな国家の理論を提出し、その理論はそれぞれ政治的思考の一般的なみちすじを規定するものであったが、それらはしかし政治的な生にあってごく慎ましい役割を演じてきたにすぎない。そうした理論は「理念」と「理想」の世界に属するものであって、「現実的」な政治的世界に帰属するものではなかったのである。哲学者たちは往々にしてこの事実を託《かこ》ってきたのだ。カントは極めつけの一本の論考を執筆して、そのなかで「理論上は正当であるかもしれないが、実践的な生には適用できない」という主張を反駁することを試みた。しかしながらそういった努力のすべては空しかったのであって、それも、政治的思考と政治的生とのあいだの裂け目が乗りこえがたく横たわりつづけていたからである。政治理論のさまざまが熱心に議論の対象となっており、それらは攻撃され、また擁護されて、立証され、あるいは反駁されてきている。とはいえこういったことのいっさいは、かりに影響があったとしても、ほんのわずかなそれを政治的な生における闘争に対して与えてきたにすぎない。

ヘーゲル哲学を研究するさいに私たちが出会うことになるのは、まったく異なった状況である。かれの論理学と形而上学は当初、その体系のもっとも鞏固な堡塁であると考えられていた。しかしながらほかでもないこの面から、かれの体系はきわめて激しく危険な攻撃にさらされるようになる。しかも、つかの間の闘争の果てにその攻撃が功を奏したかのように思われたのであった。それにもかかわらずヘーゲル主義は再生したが、それは論理学や形而上学の思考の領野にあってではなく、政治思想の分野においてなのである。偉大な政治学的体系で、ヘーゲル主義の影響に抗しえたものはほとんどひとつとして存在しない。現代の政治的なイデオロギーがことごとく私たちに示しているのも、ヘーゲルの法哲学と歴史哲学のうちではじめて導入され擁護されたさまざまな原理が有する強靭さであり持続性であり、またその永続性なのである。

それは、しかしながらピュロスの勝利(＊1)というものである。ヘーゲル主義は、その勝利の代償を支払わなければならなかった。ヘーゲル主義はたしかにその作動範囲を著しく拡大していった一方、統一性と内的調和が失われてしまった。それはもはや明晰で同質的な、首尾一貫した政治思想の体系ではない。さまざまな学派や党派がこぞってヘーゲルの権威に訴えるとはいえ、かれらは同時にまったく異なった、たがいに相容れない解釈をヘーゲルの基本原理のさまざまに対して与えているのだ。それらの原理は、かつてはひとりの哲学者のものであったとはいえ、いまや散り散りにされ、その残骸と化している。ヘーゲルの政治理論についてはシラーが『ヴァレンシュタイン』(*Wallenstein*)(＊2)のプロローグで語っているところを引きあてることができるかもしれない。「党派の愛憎に攪乱されて、その歴史上の性格は揺らいでゆく」。ボルシェビズムやファシズムまたナチズムが、ヘーゲルの体系を分解し寸断したのだ。かれらはたえず、戦利品の分けまえをめぐってたがいに争う。しかもそれは、もはやたんなる理論闘争といったものではない。恐るべき政治的な効果を伴っているのである。

（＊1）紀元前二七九年、エペイロスの王であったピュロスが、莫大な犠牲を払ってローマに勝利した故事から、割に合わない勝利のこと。

（＊2）ヴァレンシュタイン(Wallenstein, Albrecht Wenzel Eusebius von, 1583-1634)のこと。三十年戦争の皇帝軍総司令官を務めた。

当初から、ヘーゲルの注釈者たちはふたつの陣営に分かれていた。ヘーゲル「右派」と「左派」とが、たがいに絶えず抗争しあっていたのである。それがたんに哲学的な学派のあいだの闘争に留まっていた間は、その討議は比較的無害なものであった。最近の数十年間では、とはいえ状況がまったく変化してきている。げんざい賭けられているのは、以前の論争とはまったく異なったものなのだ。それは生死を賭した闘争[＊1]となった。最近ある歴史家が問題を提起して、一九四三年におけるロシア人とドイツ人侵略者との戦闘は、本質的にいえばヘーゲル学派の左派と右派とのあいだの抗争なのではないか、と語っている[1]。これは問題を誇張する言明のように思われるかもしれないけれども、しかしそこに含まれているのは真理の核心のひとつなのである。

（1）以下を参照。Hajo Holborn, "The Science of History", *The Interpretation of History*,

ed. Joseph R. Strayer (Princeton University Press, 1943), p. 62.
（＊1） a mortal combat. 『精神現象学』「自己意識」論に登場するヘーゲル自身の表現。Kampf auf Leben und Tod.

ヘーゲル哲学を研究するにさいして私たちとしては、ほかの思想家の場合とおなじ仕方でことを進めてゆくことはできない。プラトンの知識の理論、アリストテレスの自然哲学、あるいはカントの倫理理論をめぐって、その性格への見とおしを得ようとする場合なら私たちは、それらの哲学者たちが導きだした主要な結果を描きだすだけで事足りるかもしれない。へーゲルの体系を論じようとするさいには、とはいえ、そうした記述ではまったく不十分だろう。「ある哲学的な著作の有する内奥の真理は、そのさまざまな目的や結果において以上にいったいどこでよりすぐれて表現されているというのだろうか」とヘーゲルは、『精神現象学』の序文で問うている。「そして、こういった目的と結果とが決定的なかたちで認識される仕方として、おなじ時代におなじ分野で活動している、他のひとびとが産みだしたものとの区別をつうじて認識される以上のものがありうるだろうか。かりにしかし、こうした手つづきが認識の手はじめ以上のものと見なされうるものであるなら、つまりそれが一箇の哲学体系を現実に認識することとして通用するのならば、私たちとしては実際のところそれを、問われていることがらについてその真の問題を回避するための奇計と考えなければならない。（中略）というのも、真の主題はその目的のうちで尽くされるものではないし、（中略）また到達されたたんなる結果にしても、具体的な全体そのものではないからであって、結果とは、結果へと到達する過程と合わせたものとしてその具体的全体なのである。（中略）むき出しの結果は体系の屍というものであって、それらを領導した傾向を背後に残している。（中略）ことがらそのものを把握するかわりに、この種の手つづきはその主題から能うかぎり遠くはなれてしまっている。（中略）もっとも容易なことは堅固な実質ある内容に対して判断を下すことであり、それよりも困難なのはこうしたものを把握することであって、なによりも困難であるのは、そうした判断と把握とを伴いながら、そうした内容にかかわる体系的な叙述を産みだすことなのである[1]」。

（1）Hegel, *Phenomenology of Mind*, English trans. by J. B. Baille (London, S. Sonnenschein & Co. ; New York, Macmillan, 1910, 2d ed. London, George Allen & Unwin ; New York, Macmillan, 1931), I, 3f. 2 vols.

こういった困難によって、ヘーゲル哲学の解釈が種々様々に分かれてくる事情が説明される。ひとつの特殊な性格をとり出せば、その反対の性格を見いだすのはたやすく、それはむしろ不可避なのだ。ヘーゲルはこうした矛盾を恐れていない。かれがこの矛盾のうちに見ているのは、思弁的思考と哲学的真理の有するほかでもないその生命なのである。いくたびも倦むことなく、ヘーゲルは名高い同一律と矛盾律に挑戦する。その原理が真ではないというわけではない。それはたんに形式的で抽象的、それゆえに浅薄な原理である。私たちが現実のうちに見いだすものは、つねに対立するものの同一性にほかならない。

ヘーゲルの政治思想にあってさえ、すべての定立にはその反定立がつづく。かくしてその政治的体系を、なんらか特定の標語をもって定義することは不可能となる。かれはつねに、じぶんが自由の哲学者であると主張した。「物質の本質が重力であるように、他方では〈精神〉の実体と本質とは〈自由〉であると主張することができるだろう。だれであれただちに同意する教説によれば、〈精神〉は他のさまざまな性質とならんで、〈自由〉をも授けられている。しかし哲学の教えるところは、精神の属性のすべてがただ自由によってのみ存在するということである。(中略)思弁的哲学のひとつの帰結は、自由こそが精神のただひとつの真理であることなのである」(1)。ヘーゲルの反対者たちは、これはヘーゲルの教説を真に叙述したものではなく、その戯画であると信じていた。哲学者のフリースは、ヘーゲルの国家論が「学の花園のただなかではなく、奴隷根性の堆肥のうえに」生いそだったものであると断じる。ドイツの自由主義者たちはこぞっておなじようように感じ、おなじように口にしたものである。かれらがヘーゲルの体系のうちに見たものは、政治的な反動のもっとも堅牢不抜な牙城なのである。かれらの判断によれば、ヘーゲルは民主主義の理想のすべてに対するもっとも危険な敵だったのだ。「私の見るかぎりでは」、とルドルフ・ハイムはその著『ヘーゲルとその時代』(*Hegel und seine Zeit*)のなかで書いている。「ホッブズやフィルマー、またハラーやシュタールの教えてきたすべてのことは比較的寛容なものともいうべきなのである。ヘーゲルは(その『法哲学』への)序文中で、ヘーゲルの意味において現実的なものは、理性的であると述べたが(*1)、この有名な章句にくらべてみるならば、ということである。神の自由な恩寵の理論〔君主権神授説〕と絶対服従の理論とは、現に在るものそれ自体を聖化する恐るべき教説にくらべてみれば、罪のない無害なものというべきなのだ」(2)。

（1） *Lectures on the Philosophy of History*, English trans. by J. Sibree (London, Henry G. Bohn, 1857, p. 18; new ed. London, G. Bell & Sons, 1900).

（2） R. Haym, *Hegel und seine Zeit* (Berlin, R. Gaertner, 1857), p. 367. 以下を参照。Hugh A. Reyburn, *The Ethical Theory of Hegel; A Study of the Philosophy of Right* (Oxford, Clarendon Press, 1921), p. 63.

（＊1） 引用された英訳では、the rationality of the real. ハイムの原文は、Vernünftigkeit des Wirklichen. ヘーゲル自身の表現は、「理性的なものは現実的であり、現実的なものは理性的である」(Was vernünftig ist, das ist wirklich; und was wirklich ist, das ist vernünftig)。この多義的な対句の意味を、あるいみではハイムの理解が一義的に決定したところがある。

さてここで私たちが直面せざるをえない大きな問題がある。「現に在るものそれ自体」を聖化する哲学体系が、現代の政治思想にあって最大の革命的勢力のひとつとなることなど、いったいどうして可能であったのか、ということである。ヘーゲルの死後、かれの学説が突然まったくべつの角度から見られ、まったく異なった仕方で利用されるようになったのはどうしたことか。プロイセン国家の哲学者が、マルクスやレーニンの教師となったのである――「弁証法的マルクス主義」の擁護者、というわけだ。ヘーゲルそのひとには、こういった発展に対する責任はない。かれはまちがいなく、自身の政治理論が含む前提のさまざまから引きだされた帰結について、その多くを拒絶しただろう。その性格と個人的な気質からすれば、ヘーゲルは急進的な解決の試みすべてに対して反対であった。かれは伝統の力を擁護する、ひとりの保守主義者であったのである。習俗(Sitte)こそヘーゲルにとって、政治的な生における基本的な要素であった。その初期の著作群にあって、ヘーゲルはギリシアのポリスとローマの共和国を描きだして、そのなかでこの理想を賛美している。かれは変わらず、このおなじ見解を主張し擁護しつづけた。ヘーゲルとしては、習俗のうちであらわれるもの以上に高次ないかなる倫理的秩序もみとめようとはしない(1)。

(1) *Rechtsphilosophie*, §151. English trans., *The Ethics of Hegel; Translated Selections from his "Rechtsphilosophie"*, by J. Macbride Sterrett (Boston, Ginn & Co., 1893), p. 142. Complete English trans., *Hegel's Philosophy of Right*, trans. by S. W. Dyde (London, G. Bell & Sons, 1896), p. 161.

ここで私たちは、ヘーゲルの「観念論《イデアリズム》」とプラトンのそれとのあいだの根本的な差異を捉えることができる。プラトンはソクラテスの弟子として語っていた。かれは、個人的な責任を遡求する、ソクラテスの要求に訴えたことになる。習俗や慣習は無効なものと宣言されたわけである。伝統や慣例のうちには、真の政治的な生の原理を見いだすことができない。そうした原理は「正しい思いなし」(doxa)ではなく知識(epistēmē)のうえに基礎を置いているのであって、それがまさにソクラテスの発見した、合理性と道徳意識のあらたな形式なのである。ヘーゲルにとっての「理性」は、そうしたプラトン的なタイプのものではない。「じっさい自己を意識した理性の実現という概念は(中略)ある民族の生にあってその現実的な実現を見いだす。理性はそこで流動的な普遍的実体としてあらわれ(中略)同時に、多数の完全に自立的な存在者へと分散するのである。(中略)これらの存在者は、じぶんがそうした個体的で自立的な存在者であるのは、みずからの特殊な個体性を投げすて犠牲に供することによって、この普遍的実体が自身のたましいと本質となる、という事実をつうじてであることをじぶんの内部で意識している」(1)。

（1） *Phenomenology of Mind*, English trans., I, 341f.

保守主義こそかくて、ヘーゲルの倫理学理論にあってもっとも著しい特徴のひとつである。にもかかわらず、それがすべてではない。その特徴は特殊で一面的な側面にすぎず、その一面を全体と見あやまってはならない。ヘーゲルの政治理論や歴史哲学には、ふたつの相反する傾向が奇妙な仕方で混淆されているのがみとめられる。かれは歴史的な世界の全体を包括しようとする。ヘーゲルが語るのは、東洋文化、中国あるいはインドについてであり、いうまでもなくギリシア・ローマあるいはゲルマンの文化をめぐってである。かれがみずからの体系のなかで示そうと望んだのは、なんらかの特殊な民族の精神ではなく普遍的な精神であり、つまりは世界精神なのである。「さまざまな民族の精神(*genii*)は、具体的理念としては、それ自身の真理と性格を〈絶対的理念〉のうちに有している。それらの民族の精神は世界精神の玉座の周りに立ちならんで、それを実現する遂行者であって、またその栄光を証言し装飾するものとなる。世界精神であるかぎりでの精神にとって固有に必要なことは、ひとえにみずからに立ちかえることであるにすぎない——すなわち、じぶん自身の存在ならびに自由の使命とを意識された知へともたらすことなのである[(1)]」。

(1) *Philosophy of Right*, § 352, Sterrett trans., pp. 210f. Dyde trans., pp. 345f.

しかしながら、その政治体系と実際的な政治にあってヘーゲルは、こういったすべてを包括する仕事に堪えなかった。かれ自身がつねに強調したところによるなら、哲学者はみずからにとって現在する世界の、そのさまざまな制約から逃れることができない。しかもヘーゲルにとってのこの「現在する世界」はむしろ狭隘なものなのであった。それはドイツとプロイセンに繋ぎとめられていたのである。ヘーゲルはドイツの愛国者として出発している。かれは、みずからの時代とみずからの国家をめぐる問題に深い関心を抱いていた。その最初の政治的パンフレットのひとつは一八〇一年に書かれたもので、そこでヘーゲルが論じていたのはドイツ憲法論についてである。(*1) ドイツの政治的な生命は深刻な危機へと近づいており、その権力を失い、その尊厳のすべてを喪っているとヘーゲルは宣言する。やがて、解放戦争〔ナポレオン戦争〕ののちにかれは、ドイツの政治的生命にとっての危機は解決策を見いだしたと信じた。プロイセンこそその解決にさいして主導的な役割を演じたところから、かれの思考と希望とのいっさいはそれ以後、プロイセン国家に集中することになる。こうした現実の政治問題のことごとくを論じながら、ヘーゲルはしだいにみずからの哲学的な普遍主義を制限しなければならなくなったのだ。かれはその普遍主義からナショナリズムへと移行したばかりでなく、また一種の特殊主義、地域主義へと移っていったのである。その『法哲学』への序文にあってヘーゲルは、みずからの個人的感情、反感、じぶんのいわば特異体質すら漏らしてしまっている。

（＊1）本書・上、三七一頁本文ならびに訳注（＊1）参照。

この点からいえばヘーゲル体系の形式は、それが含む直接的な内容よりも遥かに優れたものだった。ヘーゲルが死んでからも永らく、さらにはその形而上学が崩壊したのちでさえ体系の形式が影響を与えつづけたのである。それは起爆力のひとつともなって、十九世紀をつうじて政治思想の発展にかかわることになる。それ以来ヘーゲル体系の形式は、ヘーゲルの政治理論に影響を与えたあらゆる個人的・一時的な条件のさまざまとは切りはなされる。当の形式は往々にして、ヘーゲルそのひとに抗して作動したのだ。その形式によって、かれにとってはもっとも堅固でもっとも親しいものであった政治的確信のいくつかが反論されて、その基礎を掘りくずされた、ということである。こういった過程はじっさい、弁証法的な方法の有する一般的な性格と完全に一致している。およそ思想というものは、つねにそのようなふたつの顔を示すのである。双面《ヤヌス》の神の像のように、思想は前後のいずれにも顔を向けている。弁証法的な過程にあってはすべてのあらたな段階のうちに、それに先行するあらゆる段階が含まれ保存される。そこには唐突な変化もなければ、連続性の断絶も存在しない。だが他面でこうした保存の作用は、必然的に一箇の廃棄の作用となる。弁証法的な過程をつうじて生成したものは、すべて止揚された契機(aufgehobenes Moment)としてのみ、その真理と価値を有する。生成したものは不可欠な境位《エレメント》として保存されるとはいえ、孤立化されるならばその実在性は無化されるのである。有限な現実存在はどれもみな、あらたなより完全な形態にその場を譲るために滅びなければならない(＊1)。

（＊1）「廃棄」と訳したのは abrogation. おそらくはドイツ語の Aufheben の訳語として使われている。ヘーゲルはたしかにときに、「止揚するとは否定することであると同時に保存することである」(『精神現象学』知覚章)と語るけれども、実際には aufheben という語は、ヘーゲルの場合でも多くはたんに「廃棄する」という意味で使われていた。また「契機」とはただの要素ではなく、不可欠な構造的成素を指す語であり、エレメントはヘーゲルのばあい通常、(たとえば魚にとっての水、鳥にとっての大気のように)或るものが存在する境位を意味しているが、本文中の英語 element はたんに「要素」という意味、あるいは契機《モメント》という意味で使用されているかもしれない。

こういった捉えかたは、しかしながら、「現に在るものそれ自体を聖化すること」と両立しえない。ヘーゲルがその晩年しだいにこういった誘惑へと屈していったとき、かれはじぶん自身の体系の精神に反してふるまったわけである。その初期の論考のひとつ、一八〇二年に執筆された「自然法の学的とりあつかいについて」のなかでヘーゲルが強調していたのは、これとは反対の態度である。そこでかれは世界史を倫理的な生の偉大な悲劇として描いて、〈絶対的なもの〉がたえずその悲劇をみずから演じているものと見なしたのであった。絶対精神の運命とは、じぶんを絶え間なく客観性のうちへ生みだし、苦悩と死に委ね、みずからの灰からあらたな栄光へとじぶんを高めることである。神的なものはみずからの形態と客観性とを具えながら二重の本性を有し、その生はこのふたつの本性の絶対的な統一なのである。[1] あきらかにこれはたんなる保守主義や伝統主義ではなく、むしろその反対物である。

（1） Hegel, *Schriften zur Politik und Rechtsphilosophie*, ed. Georg Lasson, "Sämtliche Werke", VII (Leibzig, Felix Meiner, 1913; 2d ed. 1923), 384f.

ヘーゲルの政治理論の真の性格を理解しようとするならば、かくて私たちとしては、問題をよりひろい平面へと投げかけてみなければならない。かれ自身の見解を、具体的な政治的問題に徴して研究するだけでは不十分である。それらの見解は個人的な関心を引くだけであり、哲学的な関心にはあたいしない。「思いなしとは私のものである」(Die Meinug ist mein)、とヘーゲルが語ったのは、そのよく知られた語呂あわせのひとつである。ここで問題なのは政治的信仰箇条《クレド》ではなく、かれの体系によって導きいれられた政治的な思考のあらたな方向づけなのである。ヘーゲルが与えた特定の解答ではなく、あらたな問題設定の仕方こそが主要には遥かに重要であって、しかも永続的な関心を引きおこし、持続的な影響をふるったものなのだ。しかしこの点をあきらかにして、ヘーゲルの政治思想をあたうかぎり正当に評価するためには、みずからの視界を拡大してゆく必要がある。私たちとしては、ヘーゲル哲学の第一原理にまで遡っておかなければならない。

ヘーゲルの政治理論の形而上学的背景

宗教の問題と歴史の問題とが、ヘーゲルの学説にあってそのふたつの知的な中心となっている。最初期からこのふたつの問題が、ヘーゲルの哲学的思考にとって大きな、そのうえもっとも烈しい関心を引くものなのであった。ヘーゲルの初期著作を研究してみると、このふたつの関心のあいだにほとんど境界線を引くこともできない(1)。双方はたがいに融合し、分かちがたく一体となっているのだ。ヘーゲルの思考の根本的傾向を記述しようとするなら、かれは宗教を歴史のことばで、たほう歴史を宗教のことばで語ろうとした、と言ってみることもできるだろう。

（1）Hegel, *Theologische Jugendschriften*, ed. H. Nohl (Tübingen, Mohr, 1907).

そのために、宗教思想にあってもっとも古い、もっとも困難な問題のひとつが、突如としてあらたな形態をまとうことになった。古代の思想家も近代の思想家も、さまざまな角度から神義論(＊1)の問題にアプローチしてきた。ストア主義者、新プラトン主義者、そしてライプニッツが、自然的《フィジカル》あるいは精神的《モラル》な悪の存在を目のまえにしながら、神の摂理をめぐってそれぞれの弁明を与えてきたのである。啓蒙期には、そうした神学的な解決の多くが拒否される。それにもかかわらずくだんの問題はなお、一般的な哲学的関心の焦点でありつづけた。それは、ヴォルテールとルソーとのあいだの争いの種ともなったのだ。いまやヘーゲルは、そうした論争で用いられた論拠のすべてが失効していると宣言する。私たちには「弁明」を求める必要がなく、自然的な悪や道徳的な悪を正当化するにも及ばない。悪とはたんに偶然的な事実にすぎないものではない。悪はかえって、現実性の根本的な性格、ほかならぬその定義から生じてくるのだ。現実性にかんして肯定的な極と否定的な極とを分離することこそ恣意的であって、また表面的なふるまいなのである。

（＊1）theodicy. フランス語で théodicée. ライプニッツによる造語で、同名の著作がある。「弁神論」とも訳す。世界に存在する悪の存在をまえにして神（テオス）の正義（ディケー）を弁証しようとする試み。伝統的には、悪をたんなる「欠如」とみなして、存在自体としての神と切断するアウグスティヌス的な解決が優勢であった。

それでもなお、古来の神義論の問題が忘却されたわけではない。その反対であって、ヘーゲルの確信するところ、かれこそはじめて当の問題を真の光に照らして見てとったのだ。ヘーゲルによれば、私たちは問題を再定義しておく必要がある。つまり、その宗教的・神学的な意味の背後に発見されなければならないものは、より深遠な哲学的意義なのである。これが、ヘーゲルの歴史哲学にあって果たされるべき課題であった。一般に歴史とは、〈時間〉における〈精神〉の展開であって、それは、〈自然〉が〈空間〉における〈理念〉の展開であるのと同様なのである。「いっとき流行したのは、動物とか植物とか、さらには個々別々のできごとのうちで顕示された神の智慧を賛美することである。しかし、〈摂理〉がこのような対象と現存の形式とのなかで示されることがみとめられるとするなら、どうして〈世界史〉のうちであらわれないなどということがあるだろうか。世界史は、そう考えるにはあまりに巨大な素材であるかのように思われる。とはいえ神の智慧、すなわち〈理性〉は、大いなるものにあっても、ちいさなものにおいても一箇同一のものなのだから、神はその智慧を大きなひろがりのなかで行使するには弱すぎるなどと想像してはならない。（中略）私たちが主題を取りあつかう手法は、この点についていえば一箇の神義論（*Theodicaea*）――神のありかたの正当化――であり、それはライプニッツがかれなりの方法で形而上学的に、すなわち無規定的で抽象的なカテゴリーにおいて試みたものである――つまりは、世界のうちで見いだされる災厄も包括されなければならず、思考する精神は悪の現存という事実と和解しなければならない、ということになる。実際、そういった調和をもとめる見解がこれほど切迫して要求されるところといえば、世界史を措いてほかにない。くわえて、このような見解に到達することが可能となるとすれば、それはひとえに、否定的契機《エレメント》がそのうちで、一箇の従属的で消失した空虚なものとなる肯定的な現実存在を承認することによってのみなのである(1)」。

(1) *Lectures on the Philosophy of History*, p. 16.

ヘーゲルの反対者たちはつねに、歴史をこのように調和させる企てはたんに一箇の偽造にほかならないと宣告してきた。かれらがそのうちにみとめたのは、浅薄な楽観主義(＊1)にすぎなかったのだ。ヘーゲル哲学の対立者であったショーペンハウアーが語るところでは、そういった楽観主義はバカげたものであるばかりか、邪悪なものなのである。これは、とはいえあきらかにヘーゲルの見解に対する誤解である。ヘーゲルは一度として、悪や悲惨、残酷さや犯罪が、人間の歴史に内在しているのを否認したことがなく、そういった罪悪を軽視したり赦免したりすることもなかったのである。この点にかんしていえばかれは、悲観主義の論拠のいっさいをみとめている。幸福と呼ばれるものは、とヘーゲルは宣言する、特殊な目的の領域に属している。「みずからの状況が自身の特殊な性格・意志・空想に適合していると考え、その状況をじぶんで享受する者は幸福である。世界史は幸福が実現される舞台ではない。幸福な時節とは世界史における空白の頁なのであって、それは、幸福な時期とは調和の季節であるからであり――反定立が保留されている時節だからである」(1)。この反定立を欠くところでは歴史は生命のないものとなり、その意味と衝迫とを喪失する。私たちが人類の歴史のなかに求め、そこで享受するものは、人間の幸福ではなくその活動であり、エネルギーなのである。

(1) *Idem.* p. 28.

(＊1) optimism. あるいはライプニッツ的にいえば、この世界がすべての可能世界のうちでもっとも優れたものであるとする「最善観」。

歴史的な世界に調和をもたらすことを〔ヘーゲルが〕約束するとしても、したがってそれは、それまでの神義論のあらゆる試みとはまったく異なったものとなる。調和はその場合、自然的・道徳的な悪という事実を排除したり、取りのぞいたりするのではなく、むしろそれを強調するのだ。それは、個人の意志がそのものとして、客観的世界のうちでじぶんの満足を見いだしうるとは主張しない。そうした要求は空しい希望であると宣言される。現実は、私たちの個人的な欲求や願望にしたがうものではない。現実とは遥かに過酷な素材から成りたっているものであって、それに固有な仮借ない法則にしたがう。私たちがじぶん自身の目的を現実の世界のなかで追求するとしたならば、その唯一の帰結は深い幻滅のほかにありえない。私たちがかくして導かれるのは、主観的領域と客観的領域とのあいだの完全な疎隔なのである。(＊1) 一方このおなじ疎隔がそれよりも遥かに危険な形態を取って、いまひとつの思考の潮流のうちであらわれている。理想主義的な学派がすべて、プラトンからはじまってカントとフィヒテにいたるまで私たちに勧めてきたものといえば、現実世界を離れてより高く崇高な秩序へと到達することだった。かれらが構築してきた道徳的秩序は、私たちの経験的世界と厳密に対立するものである。「およそなにものも、この世界の内部であれ、あるいは世界の外部であったとしても」、とカントは語った。「無条件に善と呼ばれうるものとしては善意志以外に考えることができない」。しかしそもそもこの「善い」、あるいは「道徳的な」意志とは、いったいなにを意味することになるのだろうか。それはもはや特殊な意志ではなく普遍的な意志である。とはいえ、この普遍性はまったく抽象的なままなのだ。ここで現実的な世界、人間の経験の世界に対置されているのは、形式的な道徳的要求である。私たちは世界をあるがままに見ているのではなく、それがあるべきすがたにおいて目にしている。これは、高遠で崇高な捉えかたであるとも思える。なぜなら、そこではもはや私たちの個人的な利害《インタレスト》にかかずらうところがないからだ。私たちは唯々諾々として、そうした関心《インタレスト》のいっさいを義務の祭壇へと捧げることになるだろう。けれども現実の世界に適用されるとき、この道徳的な利他主義から導かれるのは、私たちの私的欲求から発する利己主義が出会うことになるのとおなじ幻滅なのである。世のなりゆき(＊2)はつねに避けがたく、私たちの道徳的な要求を挫折させる。とはいえ私たちの意識はこの挫折を受けいれようとせず、じぶん自身を責める代わりに現実を糾弾するわけである。さらに現実からのこのような疎外は、ものごとの現実的な秩序を攻撃し破壊するまでにいたるのだ。

（＊1）estrangement. ことばのなりたちからして「疎外」(Entfremdung)と訳すこともできる（段落末尾）。
（＊2）course of the world. ヘーゲル『精神現象学』にいうWeltlaufの訳。

ヘーゲルは、こうした破壊を『精神現象学』中の「心情の法則とうぬぼれの狂気」と題された有名な章で描きとっていた。あきらかに、そこで考えられているのはフランス革命であって、革命は最高の道徳的な理想――自由・平等・博愛――から開始されて、テロルの支配〔ジャコバンの恐怖政治〕をもって終結したのである。フランス革命によって、「心情の法則」が至高の道徳原理であると宣言される。とはいえこの原理に対立し、現実すなわち世界の暴虐な法令が立ちはだかり、人類は心情の法則と矛盾するこの法令のもとで苦しんでいた。この現実を攻撃することが、最初の主要な課題となったのだ。「かくてここでは、以前の形態がはらんでいた軽薄さ、つまりたんに特殊な快楽のいくつかを欲する軽薄さはもはや存在していない。存在するのは、高貴な目的を抱く真摯さであって、それはみずからの快楽を、じぶん自身の真の本性が有する卓越性を顕示して、人類の福祉を実現することのうちに見いだすことになる。〔中略〕個人はそこでじぶんの心情の法則を満たし完遂する。この法則が普遍的な法令となるのである」。しかしながらこの法則を現実の世界に押しつけはじめ、じぶんたちの立場を実行に移そうとすると、私たちはきわめて強く烈しい抵抗と出遭うにいたる。この抵抗を克服しうるとすれば、それはただ事物の歴史的な秩序の全体を廃棄することによってだけである。こうして「心情の法則」は建設的な原理、すなわち真の倫理的秩序を確証し確立する原理となる代わりに、破壊的で、すべてを顚覆する原理となる。フランス革命によって、こうした破壊に栄光が与えられたのである。「無媒介的で規律を欠いた本性を実現することこそが卓越性をまざまざと表現し、人類の福祉を実現することとして通用する」。「それが、意識的な破壊というこの契機に対して表現を与えるとき（中略）心情の法則が示すにいたるのは、みずからがじぶん自身のこうした内的顚倒であり錯乱した意識であるしだいであって、またじぶん自身の本質がただちにその本質ではなく、みずからの現実が直接にその非現実性である消息なのである[1]」。

（1） *Phenomenology of Mind*, English trans., I, 359, 363.

ヘーゲルは、その歴史哲学のなかでこのようにして宥和を企てたが、それは一箇のまったく異なった思考のタイプとなったのだ。かれは、ものごとの与えられた秩序を受けいれ、そのうちに真の倫理的実体をみとめる。ヘーゲルは、歴史的世界が含む邪悪・悲惨・罪悪を取りのぞこうとはしない。そうしたいっさいは当然のことと考えられる。そうしたすべてをみとめながらかれが試みるのは、この過酷で冷酷な現実を正当化することなのだ。思弁的な思考の観点からすれば、それはもはや偶然的な事実とか、あるいは恐るべき必然性としてはあらわれない。それはたんに「理性的」であるばかりか理性の受肉であり、その現実化にほかならない。だが「理性」のもとで私たちはもはやカントの「実践理性」を理解してはならない。理性はたんに抽象的で形式的な原理ではなく、カントの定言命法がそうであったように、道徳的な要求にすぎないものでもない。それは歴史的な世界のうちで生きて、その世界を組織化する理性である。「哲学によって私たちが導かれることになる(中略)洞察は、現実の世界は、それがあるべきすがたのままに存在するということであり――、真に善いもの――すなわち普遍的な神的理性――はたんに抽象的なものではなく、みずからを実現しうる生きた原理である、ということなのだ。(中略)哲学は、神的な理念の有する実体的な内容、その現実的側面を発見し、かくも軽侮された事物の現実性を正当化しようとするものなのである(1)」。

(1) *Philosophy of History*, p. 38.

しかしヘーゲルとしてはいったいどのようにして、じぶん以前の哲学的思想家たちのすべてが、理性の「実体的な力」を低く見つもっていたと語りえたのだろうか。かれらのほとんど、プラトン、アリストテレス、ライプニッツ、そしてカントにしても、いずれも断乎たる理性主義者ではなかっただろうか。そのうえまたヘーゲルはいったいどのようにして、偉大な宗教的思想家たち――聖アウグスティヌス、トマス・アクィナス、そしてパスカル――が、「神の摂理」の実際に意味するところを理解していなかったなどと批難することができたのだろう。こうしたすべてを理解できるとすれば、それは、ヘーゲルの宗教哲学とその歴史哲学が含んでいる特異な傾向を念頭に置く場合だけなのである。

ヘーゲルの哲学の主要な論題となったのはこれらのふたつの要素、すなわち歴史的ならびに宗教的な要素のあいだの総合であり相関であって、また相互浸透であった。さらにヘーゲルとしては、じぶんこそがはじめてこういった相互依存関係をその真の光のうちに捉えたものと確信している。プラトンからカントにいたるまで、形而上学の歴史のすべてをしるしづけるものは、「感性的」世界と「叡智的」世界のあいだの根本的な区別であった。哲学者たちは、このふたつの世界にかかわる人間の知識がどのように関係しているのかをめぐって意見の一致を見ていない。プラトンの確信するところでは、真理と実在は、純粋なイデアまたは形相の世界のうちにのみ見いだされる。現象の世界において真理を見いだすことはできず、私たちがそこで目にするものはたんに儚い影にすぎない。他方カントが採用したのは、まったく反対の見解である。かれは、人間の認識を経験的な世界の限界内に封じこめた。「私の観念論のすべてを支配する基本原理は、以下のとおりである。事物にかんするいっさいの認識は、それがたんなる純粋悟性と理性とにもとづくものであるかぎりただの仮象にすぎず、ひとえに経験のうちにのみ真理が存在する」(1)。とはいえ、一般的に承認され、哲学的観念論のそれまでの形態すべてに共通しているものは、感性界(*mundus sensibilis*)を叡智界(*mundus intelligibilis*)から分かつ一箇の境界が存在するということなのだ。この二元論こそ、形而上学的な思考の基底となってきたものにほかならない。

(1) Kant, *Prolegomena, Kant's Critical Philosophy for English Readers*, trans. John P. Mahaffy and John H. Bernard (3d ed., London, Macmillan, 1915), II, 147.

たしかに、偉大な形而上学的な思想家で、その体系がふつう「一元論的」と呼ばれるような者たちも存在する。スピノザは超越的な原因(*causa transiens*)ではなく、内在的な原因(*causa immanens*)である神について語っていた。神は自然を超え、あるいは自然の外に存在するのではなく、〈神〉と〈自然〉は一箇同一のものである。とはいえそこでも、形而上学的な思考に属する根本的な二元論はなおすこしも克服はされず、ただあらたな形態で登場しているにすぎない。このスピノザ主義の神のうちに見いだされるのは、ヘーゲルによるならたんに生命を欠いた統一であるほかはない。それは厳格な意味で抽象的な〈一者〉であって、そこではいかなる差別も変化あるいは多様も許されない。ここではひとつの裂け目、乗りこえがたい深淵が、ふたつの相異なる秩序のあいだで口を開いている。つまり、時間の秩序と永遠の秩序がそれである。スピノザ体系にあっては、時間は真なる実在性をすこしも具えていない。哲学的思考とは実在を問題とするものであるかぎりで、時間はなんら哲学に固有な主題ではない。時間とは「想像力」の様態にすぎず、哲学的な思考あるいは直観の様態ではないのである。時間の観念は「十全的ではない」観念である。その哲学史のなかでヘーゲルは、スピノザ主義体系を「無神論」の体系と語ることはその体系を誤解するものである、と言っていた。そこに見いだされるのは、まさしくその反対物なのだ。スピノザが否定したのは神の実在《リアリティ》ではなく世界の実在性《リアリティ》なのであって、私たちとしてはかれを無神論者というよりむしろ「無世界論者」と呼ぶべきなのである。自然の実在性が、スピノザの思考のなかでいわば蒸発してしまっている。自然はもはや、自立的な意味を有していない。それは神の抽象的な統一性のうちに――スピノザ主義の実体のなかに――吸収されており、その実体はそれ自身において存在し、それ自体によって捉えられるべきものである。時間とは実体をもたない非実在的なものであって、哲学的な思考にあたいしない。なんとなれば哲学的思考の基本的な性格は、万物を永遠の相のもとに観るところにあるからである。

キリスト教の哲学は、時間をこのように廃棄し無化することと、根底的に対立するものであるように思われる。キリスト教がその基礎を置いているのは、受肉という根本教義である。キリストの受肉は形而上学的な事実ではなく、一箇の歴史的事実である。それは時間におけるできごとであって、鋭角的な切断面を形成する。それがかたどっているのは、人類の生とその運命におけるあらたなはじまりなのである。かくして時間はもはやただ偶有的なものと見なされることができない。時間は本質的なものとなる。偉大なキリスト教思想家たちはみな、この問題に直面しなければならなかった。聖アウグスティヌスは、感覚的なものと超感覚的なもの、現象界と本体界のあいだのプラトン的な区別を受けいれた。一方、プラトンや他の古代のすべての哲学者たちに反してアウグスティヌスは、あらたな特徴をひとつ付けくわえなければならなかった。かれがその『神の国』にあって展開する必要があったのは、一箇の歴史哲学だったのである。アウグスティヌスは、永遠的な秩序と時間的あるいは世俗的な秩序とのあいだの関係を規定した。つまり、地の国(*civitas terrena*)を神の国(*civitas divina*)に対置して、目に見えるこの世の国と目に見えない神の国とを対立させた、ということである。とはいえ聖アウグスティヌスにあってさえ、このふたつの秩序を分けへだてる深遠はなお克服されないままである。時間と永遠とのあいだには、およそいかなる調停もありえない。人間の歴史の価値にかんしていえば、聖アウグスティヌスの時代このかた、キリスト教思想家たちはその中世的二元論にもとづいて、プラトンとまったく同様の判断を下したのである。世俗的な生のすべては、ほかならぬその原理によって腐敗している。その生を救済することは、それを根底から破壊することによってのみもたらされうるのであり、その破壊こそが、偉大な歴史的かつ宗教的な過程の頂点となるものである。神の秩序と時間の秩序とのあいだの疎隔は、キリスト教思想によっても取りのぞくことのできないものであって、それはひとえに避けがたく、また救いがたいものなのである。哲学は、この事実を承認しなければならない。パスカルが強調していたように、キリスト教の神は、いつでもすべての哲学者にとって躓《つまず》きの石でありつづけることだろう。神は哲学的な思考にとって測りがたく、神とは神秘に包まれた隠れたる神なのである。

ヘーゲルは、この神秘をあきらかにしようとする。かれがその歴史哲学にあって提示するのは、一箇の逆説である。逆説とは「キリスト教的合理主義」であり、「キリスト教的楽観主義」なのである。ヘーゲルの確信するところ、こうした態度によってのみキリスト教を理解することができ、それをたんに消極的な意味においてではなく、積極的な意味にあって解釈することができるのだ。「キリスト教では、神は自己自身を啓示している――すなわち、神はじぶんがなんであるかを私たちに理解させたのである。したがって神とはもはや封印された存在、あるいは秘密の存在ではない。かくて、私たちに与えられた、神を認識するこの可能性によって、その認識が義務として課せられる。(中略)やがて時が満ちて、そういった活動的な〈理性〉の有するゆたかな所産が理解されなければならないが、その所産こそ〈世界史〉が私たちに呈示するものなのだ[1]」。

（1） *Philosophy of History*, p. 15ff.

いまや私たちとしても、じぶんが歴史哲学にあって成しとげようとしているものは、

「軽侮された現実」を正当化することである、とするヘーゲルのことばの内実を理解しうるだろう。キリスト教思想家たちは、自然の王国と恩寵の王国と呼ばれるものを截然と区別してきた。カントの政治体系すら、「自然の王国」と「目的の王国」を対立させるところから出発する。こうしたすべてがヘーゲルによって拒否されるのである。かれとしては、この対立を受けいれない。ヘーゲルによれば、歴史をめぐる真の思弁的な見解は、こういった区分が作為に満ちたものであることを、私たちにじゅうぶん確信させてくれる。歴史にあっては、「時間」と「永遠」というふたつの要因はたがいに分離されているのではなく、相互に浸透しあっている。永遠は時間を超越するものではなく、その反対に時間そのもののうちに見いだされるのである。時間はたんに変転の舞台であるに留まらず、そこに含まれているのは真の実体性なのだ。「哲学の主題は、時間的で過ぎ去ってゆくものという仮象のうちに内在する実体と、現在する永遠的なものとを突きとめることである」(1)。プラトンとは異なって、ヘーゲルは「イデア」を、天界を超えたところに探しもとめることをしない。ヘーゲルはそれを、人間の社会的生と政治的闘争という生きた現実のなかに見いだすのである。「こうして私たちが問題とするのはひとえに〈精神の理念〉にかぎられるのであり、そして〈世界史〉にあっては、すべてをひたすらこの精神のあらわれと見なすのであるから、私たちが過去を遍歴するときに――それがどれほど広大な期間に及ぶものであったとしても――かかわらなければならないのは、ただ現在するものだけである。なぜならば、哲学とは〈真理〉の探究に従事するものであるかぎりでは、永遠に現在するものと関係しなければならないからである。過去のなにものも哲学にとっては失われていないのは、〈理念〉はつねに現在するからであり、〈精神〉が不死であるからだ。つまり〈精神〉にとっては過去も未来もなく、本質的ないまが存在するということなのである(2)」。

（1）*Philosophy of Right*, Preface. Dyde trans., p. XXVII.
（2）*Philosophy of History*, p. 82.

そもそものはじまりから、ヘーゲルには汎神論という批難が寄せられてきた。神学上の反対者はこぞって、ヘーゲルをその廉で咎めだててきたのである。この批難にはまったく根拠がないわけではないとはいえ、それはなんらか説明と限定を必要としている。もしも「汎神論」の意味するところが、いっさいのものがおなじ次元へともたらされ、存在もしくはその価値にあって内的な差異を持たないことであるならば、スピノザにしてもヘーゲルにしても汎神論者と呼ばれるわけにはいかない。スピノザの体系のなかでは鋭く截然とした区別が、実体とその様態、永遠的なものと時間的なもの、必然的なものと偶然的なものとのあいだに引かれている。おなじことが、ヘーゲルについても当てはまる。かれはだんじて、現実性を経験的な存在と同一視していない。じぶんが〈現実的なもの〉と〈理性的なもの〉とを同一視することが、このような意味で解釈されたのに対して、ヘーゲルはそのような解釈がじぶんの根本的思想を完全に誤解するものと見なしたのであった。「私たちが前提しておく必要のある知性は（中略）、存在の一部はたんなる現象であって、他の一部が実在《リアリティ》であることを知るのに十分な知性であることになる。日常生活では、気まぐれやあやまり、悪や邪悪な本性を持ったあらゆるもの、そればかりかどれほどみすぼらしく一時的な存在であれ、ことごとく現実《リアリティ》というなまえを手軽に手にしている。とはいえ、私たちの通常の感覚からしても、たまたま存在するにすぎないものには実在的なものという名が禁じられることは十分に感じられるところだろう。「たまたま」ということで意味されている存在は可能的なものという以上の価値を持たないのであり、そうした或るものは存在することも存在しないこともできるからである。現実性《リアリティ》ということばにかんして、［ヘーゲルの用法を批判する］こうした批評家たちは、私がその語を用いる意味をよく考えてみるがよいだろう。より立ちいった論理についていえば、〔『論理学』のなかで〕その他の語とならんで現実性《リアリティ》にかんしても論じており、それを「たまたま」あるものと厳密に区別している。そればかりではない。「たまたま」あるものでも結局のところ存　在《エグジスタンス》を有するのであるから、現実性《リアリティ》をさらに現実存在《エグジスタンス》や、その他のさまざまな存在の様態を示す同系統のカテゴリーからも区別しているのである」。(1)

（1）*Encyclopedia of the Philosophical Sciences*, §6.

ヘーゲルの体系をめぐって語るばあい私たちは実際つねに、こうした論理学的な区別を念頭に置いておく必要がある。かれは「現実性」〔Wirklichkeit〕と呼ばれるものと、faule Existenz（怠惰な、価値のない現実存在）〔腐った現実存在〕と呼ばれるものをはっきりと区別する。(1) これがヘーゲルに独特なタイプの「汎神論」を特徴づけているのである。ヘーゲルはスピノザ主義者ではまったくない。かれは、神と自然とを同一化することをだんじて受けいれない。ヘーゲルの体系のなかで、自然は独立した存在をまったく持たない。自然は「絶対的なもの」ではない。それは「他在における理念」―― Die Idee in ihrer Anderssein ――なのである。「自然が（中略）神化されてはならない。太陽・月・動物・植物のいずれも、人間の所業やできごとよりすぐれて神の御業に属すると見なされるべきではない。自然それ自体はその理念においては神的なものであるが、とはいえその現実存在にあってその概念と一致していない。（中略）自然はしたがって、理念のじぶん自身からの離叛として叙述されてきたのである――つまり、それ自身に適合しない、この外面性の形態において存在する理念として、ということである」(2)。自然は偶然と機会とにしたがうものであり、その特殊な規定のすべてにおいて理性によって貫かれるということがありえない(＊1)。

（1）*Philosophy of History*, p. 38.

（2）*Encyclopedia*, § 248.

（＊1）「自然は偶然性と機会とにしたがうものであり」以下の一文も、底本では引用あつかいされているけれども、全集版が注記するように、ヘーゲルの原文には、対応する文が存在しない。むしろカッシーラーによるパラフレーズと見なして、引用符と注の位置を変更し、原文中の（…）を省略している。

〈理念〉、すなわち神的なものの有する真の生命は、歴史のうちで開始される。ヘーゲルの哲学にあって、スピノザの定式である神即自然（*Deus sive natura*）は神即歴史（*Deus sive historia*）という定式へと転換されたのだ。

しかしながらこの神化が、個々の歴史的なできごとに当てはめられるわけではない。それは、全体として見られた歴史過程に適用されるのである。「このような〈理念〉あるいは〈理性〉が〈真なるもの〉〈永遠なもの〉であり、絶対的に有力な本質であること、その理念はみずからを世界のうちで啓示すること、かくてこの世界のうちで啓示されるのは、この理念とその栄誉また栄光にほかならないということ――これが哲学のなかで証明されてきた提題であって、ここではすでに立証されたものと見なされている(1)」。従来の哲学的思想家や神学的思想家、たとえば聖アウグスティヌスやヴィーコ、あるいはヘルダーであっても、歴史を神の啓示として語ってきた。しかしヘーゲルの体系にあって歴史は神のたんなるあらわれではなく、その現実性となる。神はただ歴史を「有する」ばかりではなく、神が歴史なのである。

（1）*Philosophy of History*, p. 10.

ヘーゲルの国家理論

国家の捉えかたは、歴史のそれから帰結する。ヘーゲルにとって国家は一部分、ひとつの特殊領域ではなく、歴史的な生の本質として、ほかならぬその中核を形成している。それは、アルファにしてオメガである。ヘーゲルは歴史的生を、国家の外部、国家以前に語る可能性を否定するのである。「多くの民族は長期にわたる生活を経て、このようなじぶんたちの目的〔国家の形成〕を達成するにいたったであろうし、しかもその〔国家形成以前の〕期間、いくらかの面では考慮にあたいする文化へと到達してきたことだろう。〔中略〕とはいえあきらかに、それほどまでの範囲に及ぶできごとですら、歴史の範囲の外部に属している。〔中略〕しかしながら国家こそが、歴史という散文のなかに位置を持つばかりでなく、それ自身の存在を展開する過程そのものにあって、そうした歴史の産出をも含む主題をはじめて提出するものなのである[1]」。

(1) *Idem*, p. 62f.

現実性を定義するのが、自然の用語ではなく歴史の用語でなければならず、また国家こそが歴史の前提条件であるとすれば、私たちとしては国家のうちに、至高にしてもっとも完全な現実性をみとめる必要がある。ヘーゲル以前のどのような政治理論にせよ、かつてこのような提案をしたことがない。ヘーゲルにとって国家とは、「世界精神」を代表するものであるばかりでなく、それを受肉したものである。聖アウグスティヌスは地の国(*civitas terrena*)をもって、神の国(*civitas divina*)を屈曲させ毀損するものとみなした一方、ヘーゲルはこの*civitas terrena* のうちに「地上に現存する神の理念」を見てとったことになる。それは、まったくあらたなタイプの絶対主義なのであった。

この論点を貫きとおしてゆくために、しかしながらヘーゲルは、先行する政治理論がつくり出した障害の数々を取りのぞいてゆく必要があった。国家をめぐる〈自然法〉理論に対するヘーゲルの闘争は早くも一八〇二年、その論考「自然法の学的とりあつかいについて」で開始され、その後の著作のすべてにおいて継続されてゆく。十九世紀初頭にいたるまで、国家は契約に由来するとするのが通説であった。そういった契約が一定の条件に制約されており、法的あるいは道徳的な制限のもとにあるということが、はじめから結論とされているかに思われていたのである。こうした障害を回避するためヘーゲルとしては、きわめて大胆な一歩を踏みだす必要があった。かれは、何世紀にもわたり支配的でありつづけてきた、「道徳性」の概念そのものを変更しなければならなかったのだ。ヘーゲルの宣言するところによれば、この観念はたんに「主観的」な概念にすぎないのであって、真の客観的な妥当性を要求することができないのである。

「道徳性」とは、先行する倫理学体系たとえばカントやフィヒテの体系が理解する意味では、普遍的法則であることを主張するものである。「ただひとつの定言命法のみが存在する」とカントは語る。「すなわち、その準則が普遍的法則となることを、その準則をつうじてなんじが同時に意欲しうるような、そうした準則にしたがってのみ行為せよ、というものである」。しかしこの定言命法は抽象的で形式的な法則を私たちに与えるにすぎず、その法則は個人の意志を拘束するものの、事物の現実性に対してはまったく無力なものなのだ。カントの体系にあって、道徳的世界すなわち目的の王国は、自然的世界つまり原因と結果の世界に対立している。私たちはこのふたつの世界の統一を要請することはできるにしても、それを証明することなどだんじてできない――それは結局むなしい願望におわるのだ。たとえ世界は滅ぶとも、正義をして行わしめよ（*Fiat justitia, pereat mundus*）――これが道徳性の準則なのである。義務を果たすさいに、個人は世界を否定し、自己自身を破壊しなければならない。個人の道徳的本性は、その自然的な本性とは両立しえないものだからである——個人の義務は、幸福と永劫の葛藤のうちにある。「道徳的意識は、義務を本質的な実在であると考える。（中略）しかしこの道徳的意識は同時に、自然の自由が想定されているのを目のまえにする。つまり、道徳的意識が経験をつうじて学ぶところは、自然は道徳的意識に対して、その現実性と自然の現実性との統一の感覚を与えることに頓着しないということであり、かくてまた道徳的意識の見いだすのは、自然は道徳的意識を幸福にするかもしれないが、しかしおそらくまた幸福にはしないかもしれない、ということである。（中略）くだんの意識がそれゆえ充分な理由をもって嘆くのは、自己自身と現実存在とが一致していない状態であり、またその嘆き悲しむところは、みずからを拘束する不正であって、そこで意識は純粋な義務の形式においてしかその対象を手にすることができず、その対象やじぶん自身がじっさいに現実化されるのを目にすることができないのである」(1)。ヘーゲルの神義論の主要な目的は、ひとつにはこういった怠惰な悲嘆を一掃することである。かれによれば、そうした悲嘆は深甚な誤解から由来するのであって、そこでは倫理的な現実性《リアリティ》とはなんであり、それがなにを意味するかが理解されていないのだ。私たちは真の倫理的秩序、倫理的な「実体」を、たんに形式的な法則のなかに見いだすことができない。それは遥かに深い意味で、現実的・具体的な実在《リアリティ》のうちで、つまり国家における生のただなかで表現されている。「国家とは」、とその『人倫の体系』のうちでヘーゲルは語りだす。ちなみに当の論考ではじめて道徳性(Moralität)と人倫(Sittlichkeit)との鋭角的な区別が導入されるわけであるが、(2) 一節はこうつづく。「自己を確信した絶対的精神であって、それは善や悪、恥辱や卑屈、詭計や欺瞞をめぐる抽象的な規則をまったく承認しない(＊1)」。

（1） *Phenomenology of Mind*, English trans., II, 611f.

（2） 英語訳では、さまざまな仕方でこの区別を表現することが試みられてきている。通常は Moralität が“morality”によって、Sittlichkeit のがわは“ethicality”に置きかえられる。たとえば以下を参照。J. M. Sterrett, *The Ethics of Hegel*, p. 60. 同書にかんしては、本書、二三八頁の注(1)を見よ。

（＊1） 全集版が注記しているとおり、「国家とは自己を確信した絶対的精神」である(The State is the self-certain absolute mind)という一文は『人倫の体系』のうちには見いだされないようである。全集版編集者が挙げているのは『エンチクロペディ』第五三五節中の一文である。「国家とは自己を意識した人倫的実体である」(Der Staat ist die selbstbewußte sittliche Substanz)。『人倫の体系』では、「人倫」篇中の「国家体制」にあって、国家が「絶対的人倫」であり、「絶対的概念」であって、そこではすべての「徳」の差異が廃棄される、と説かれている。

ここにあるのは、ある意味で完全な価値の転換であり、それまでのすべての基準の顚倒である。このあらたな価値づけにしたがえば、国家にはもはやいかなる道徳的義務も存在しない。道徳性は個人の意志には妥当するが、国家の普遍的な意志には妥当しない。国家にとってなんらかの義務があるとすれば、それは自己保存の義務である。「一般に承認され、よく知られている原理であるけれども」、とヘーゲルはドイツ憲法にかんする論文のなかで語っている。「国家のこの特殊な利害がもっとも重要なことがらである[*1]」。「国家は世界のうちに座を占め、意識をつうじて世界のなかで実現される精神である一方で、自然において精神はひとえにみずからの他者として、眠った精神として自己を現実化するにすぎない。(中略)世界をつうじた神の道程こそが、国家をかたちづくるものにほかならない。(中略)国家を概念的に把握しようとするさいには、特殊な国家、特殊な制度を思いうかべてはならず、かえってひとり〈理念〉を、地上において現実化している神のみを観想しなければならないのである[1]」。

（1） *Philosophy of Right*, §258. Sterrett trans., p. 191; Dyde trans., pp. 244-247.
（＊1） 全集版が注記しているように、ここまでが「ドイツ憲法論」からの引用。原文にはない引用の区切りを示す。なお、英訳中の the particular interest of the State のドイツ語原文は dieses besondere Interesse. ここではドイツ語原文によって訳している。

この点でヘーゲルの学説は、先行する自然法理論のすべてに対して鋭く対立している ばかりではなく、ロマン主義的な国家理論とも対立している。たしかに、ヘーゲルはロマン主義に多くを負っていた。かれは、ロマン主義の基本的観念のいくつかを受けいれている。ヘーゲルの一般的な歴史観や「民族精神」の観念のうちには、ヘルダーと初期ロマン主義の著作家たちからの明確な影響がみとめられる。しかし、その政治論はまったく異なった諸原理にもとづいているのだ。ヘーゲルとロマン主義思想の結びつきには、ひとつの否定的な側面しか見られないのである。つまりヘーゲルが「機械論的」な理論を拒絶したということであって、くだんの理論によれば、国家とは個別的な意志の集合が、社会契約もしくは服従契約の法的紐帯によって統一されたものにすぎないのだ。ロマン主義的な政治論者とおなじように、ヘーゲルが強く主張するところでは、国家は

「有機的」な統一性を有している。そうした有機体については、アリストテレスの定義にしたがうなら全体が部分に「先だつ」ことになる。他方この有機的全体の本性にかんしていえば、ヘーゲルの見解はロマン主義の著作家のほとんどだれとも似ていない。ほかならぬ「有機的統一」という語をヘーゲルが使用する場合には、シェリング、この真のロマン主義哲学者がその語を用いるときとはおなじ意味ではありえない。ヘーゲルのいう統一とは一箇の弁証法的な統一であって、要するに矛盾の統一である。それは、もっとも強い緊張と対立とを許容するばかりか、要求もするのである。この観点からすればヘーゲルは、シェリングあるいはノヴァーリスの美的理想を拒絶しなければならなかった。ノヴァーリスは国家にかんして、それは「美しき個体」であると語った。「キリスト教またはヨーロッパ」をめぐるその論考にあってノヴァーリスが夢想していたのは、いっさいのキリスト教国家が普遍的《ユニヴァーサル》で、真に「包括的《カトリック》」な教会の指導と権威のもとで統一されることである(1)。政治的・宗教的な平安についてのこうした理想は、ヘーゲルが理想とするところではなかった。ヘーゲルにしたがえば、政治的な思考のうちに導入することが必要なのは、かれが「否定的なものの真摯さ、苦悩と忍耐、それに労苦」と呼ぶものなのである(2)。

（1）本書、六九頁の注（1）参照。
（2）*Phenomenology of Mind*, Preface, p. 17.

政治的な生の否定的な役割は、戦争という事実のうちに含まれている。戦争を廃止あるいは終結させることは、政治的生にとって致命傷となるだろう。国家間の紛争をおよそ法的な手段で——国際仲裁裁判所によって——解決しうるものと考えるのは、ユートピア的な理想にすぎない。国家のあいだで事を裁定しうるどのような法務官も存在せず、国際連盟による恒久的な平和といったカントの理念は、すべての国家が承認する権力によって紛争を解決し、軋轢《あつれき》を調停しようとするものであるけれども、それは諸国家が満場一致して合意することを前提としており、その合意がつねに依存するのは特殊で独立した意志であって、したがって高度に偶然的なものとなるだろう。(1)「諸国家は、それぞれの自己維持を求めてたがいに関係しあう場合は特殊的な意志として相互に対立しあい、条約の効力もそれに依存するうえ、国家の特殊的意志の内容はそれぞれの福祉なのであるから、この特殊的な福祉こそが国家がたがいに関係するさいの最高法則となるのである」(2)。

（1）*Philosophy of Right*, §333. Dyde trans., p. 338.
（2）*Idem*, §336. Dyde trans., p. 339.

ごく若いとき以来、ヘーゲルは「人道主義的」理念のいっさいを拒否してきた。かれは、「普遍的な人類愛」など「おもしろくもないでっち上げ」にすぎないと宣言する。そのような愛は現実の具体的な対象を持たないのであり、浅薄で不自然なものなのだ。(1)現実の政治的生に内在する欠陥をすべて受けいれるほうが、そうしたあやふやな一般論に耽るよりも遥かに好ましい。「どのような国家であっても――その国家がなにかの原理にしたがって悪しきものと宣言され、その含む不完全性のあれこれが認定されたにせよ――国家が現代の発展した状態に属するものであるかぎりでは、真に現存する本質的な契機《エレメント》をつねに所有している。にもかかわらず欠点を見つけるほうが、積極的な特徴を理解することよりも容易であるから、陥るにたやすいあやまりは、国家そのものの内在的組織を見のがして、国家の外在的な側面に拘泥してしまうことである。国家は工芸品ではない。それは世界のなか、したがって、選択・偶然・誤謬に満ちた領域のうちに存在する。だから国家の成員の悪しきふるまいが、国家をさまざまな仕方で歪めてしまうことがありうる。しかしもっとも欠陥のある人間、犯罪者、無力で欠損のある者であっても、それでもなお生きた人間なのだ。肯定的なものつまり生命は、どのような欠陥を伴うものであろうと存立しつづけるのであって、ここで問題となっているのはこの肯定的なものにかぎられる」(2)。ノヴァーリスとは異なって、ヘーゲルが関心をもっているのは国家の美ではなく、その「真」である。くわえてヘーゲルにしたがえば、その真理は道徳的なものではなく、かえって「権力のうちにある真理」なのだ。「ひとびとは愚かにも、意識の自由や政治的な自由に熱狂するあまり、権力のうちにある真理を(中略)忘却してしまう」(*1)。一八〇一年、およそ一五〇年まえにしるされたこのことばのうちに含まれているのはもっとも明確で仮借のないファシズムの綱領なのであって、それはいかなる政治的あるいは哲学的な著作家によってもかつて提起されたことのないものなのである。

(1) Hegel, *Theologische Jugendschriften*, pp. 295, 323.（本書、二四六頁の注(1)参照。）
(2) *Philosophy of Right*, § 258. Sterrett trans., pp. 191f. ; Dyde trans., p. 247.
(＊1) 全集版の注記にもあるとおり、「ドイツ憲法論」からの引用。

おなじ原理は国民や国家の行動に対して妥当するばかりではなく、例外的な個人、すなわち政治的な世界のみちゆきを規定し、歴史を真に形成する個人に対しても当てはまる。かれらもまた、いっさいの道徳的要求を免れている。かれらの所業を私たちの因習的な基準で測るとすれば、それは嗤うべきことだろう。ヘーゲルの体系にあって、国家の崇拝が英雄の崇拝と結びつけられている。ひとりの英雄の偉大さは、いわゆるかれの「徳」とはまったく関係がない。偉大さとは力を意味するのであるから、悪徳もまたまさしく徳とおなじように偉大であるのはあきらかである。抽象的な道徳観から生まれるのは歴史をめぐる例の「心理学的」解釈であるけれども、それは偉大な所業のいっさいと英雄たちとを卑小な心理学的動機へと還元してしまうことで、それらを矮小化することに汲々とする。「これは心理学的な召使いの抱く見解であって、そうした召使いにとってだれひとりとして英雄ではないのであるが、それも、英雄など存在しないからではなく、じぶんたち自身こそたんなる召使いにすぎないからなのである」(1)。そういった歴史の解釈にかんして、ヘーゲルはつねにまったく軽蔑した調子で語ってやまない。

(1) *Idem*, § 124. Sterrett trans., p. 113f. ; Dyde trans., p. 120.

たしかに、ヘーゲル自身としては、偉大な政治的行為のほとんどを導いた動機をめぐってなんの幻想も抱いてはいなかった。かれはそうした動機を「理想化」しようなどとは、だんじて企てない。ここでもヘーゲルは、素朴な楽観主義から遠くはなれている。かれとしては、個人的な野心が偉大な政治的行為のすべてに関与しているばかりではなく、多くの場合にはそれこそが真に行為を駆動する力であることを、よく弁えていた。そうしたいっさいは偉大な行為の価値を毀損するものではなく、かえってそれを増大させる。人間の情熱について軽蔑的な調子で口にする者があるとするなら、その者は歴史的過程の真の性格に対してみずからの目を閉ざしているのである。あらゆる歴史的行為を作動させ、それに確乎とした存在を与える力は、人間の欲求・衝動・傾向性であり、また情熱である。個人の存在に絶対的な権利があるとすれば、それはじぶんの活動と仕事のなかでみずから満足を見いだすという権利なのだ。「私たちとしてはそれゆえ、行為者のがわの関心を欠いてはなにごともなされえなかったと言いたいのであり、そして関心が情熱と呼ばれるものであるならば、私たちが断乎として主張したいのは、世界のうちで偉大なことがらは、情熱を欠いてはそのどれひとつとして成就されなかったということである。ふたつの契機《エレメント》が、したがって私たちの探究の対象となってくる。第一のものは理念であり、第二のものは人間的な情熱の複合体なのである。一方は〈世界史〉という巨大な織物の経糸であって、他方はその緯糸なのだ」(＊1)。抽象的な道徳家にとって情熱とは邪悪な側面をもつなにごとか、多かれすくなかれ非道徳的と見なされるものである。しかしここでもまたヘーゲルが受けいれているのは、マキャヴェリの virtù という考えかたなのである。「徳《ヴァーチュー》」は強さを意味し、しかも人間の生にあって偉大な情熱よりも強靭で強力な動機は存在しない。〈理念〉それ自体にしても、人間の情熱のすべてが関与することがなければみずからを現実化することもたえてないことだろう。「情熱の有する特殊な関心は、したがって、普遍的原理の能動的な展開と切りはなしがたいものである。なぜなら特殊で規定されたものとその否定からこそ、〈普遍的なもの〉が帰結するからである。特殊なありかたをしたものはたがいに闘争し、そのいくらかの没落が終局的には含まれている。普遍的な理念が対立と闘争に巻きこまれているのではなく、それが危険にさらされているのでもない。普遍的理念は背後につねに存在しつづけて、浸食されることも毀損されることもない。これを理性の狡智と呼んでおいてもよいだろう――理性が情熱をそれだけで働かせながら、一方そういった衝動をつうじてみずからの存在を展開するもののほうが代償を支払い、損失を受けるのである」(1)。

（1）*Philosophy of History*, p. 34.

（＊1）全集版も注記しているとおり、これも『歴史哲学講義』の有名な一節からの引用。なお「情熱」(passion) の原語は Leidenschaft.

こういった世界史観にもとづいて、ヘーゲルは「利他的」行為と「利己的」行為とのあいだに通常もうけられる区別を廃棄する。ニーチェの「非道徳主義」は、なんらあらたな相貌を呈するものではない。それはすでにヘーゲル体系のなかで先どりされていたのだ。「歴史を一瞥すれば私たちはただちに確信することになるのだが、人間の行為はその欲望・情熱・その性格・才能から発するものである。おなじくまた私たちに刻まれざるをえない信念の示すところ、こうした欲求・情熱・関心のみが、そうした活劇にあってその行為のただひとつの源泉であり――つまりは主役なのである。こういったもののうちには、おそらくは――慈悲のこころであれ高貴な愛国心であれ――自由な、もしくは普遍的なたぐいの目的も見いだされることだろう。しかし、それらの徳なり一般的な視野なりは、世界やそのできごとと比較するならばおよそ無意味なものにすぎない。(中略)情熱、私的な目的、さらに利己的な欲望の満足こそ、一方もっとも強力な行動の源泉なのだ。それらの力は、正義や道徳がじぶんに押しつけるどのような制限も顧慮しないという事実のうちに存している。つまり、そういった自然的な推進力のほうが秩序や節度、法や道徳のための人為的で退屈きわまる訓育よりも人間に対してより直接的な影響力を有している、ということなのである」[1]。ヘーゲルは利己主義を惧れていない。かれは利己主義を避けることのできない悪と見なしただけではなく、それを「理想的」な原理の地位にまで高めた最初の哲学的思想家であった。かれが導入したのは神聖な利己主義(sacro egoismo)[*1]という概念であって、その概念はヘーゲル以後、現代の政治的な生にあってきわめて決定的で危険な役割を演じてきているのである。ヘーゲルの時代以降、強調点はたしかに変化している。かれ自身としては、個人は世界史という巨大な人形劇における操り人形と考えていた。ヘーゲルによれば、歴史という演劇の作者、劇作家は「理念」であり、諸個人は「世界精神の代行者」[2]にすぎない。そののち、ヘーゲルの形而上学が影響力と拘束力を喪失してしまったとき、この捉えかたが逆転させられる。「理念」こそが、現実の「指導者」である個人の代行者となったのである。

(1) *Idem*, p. 21.
(2) *Idem*, p. 32.

（＊1）正確には sacro egoismo della Patria（祖国の神聖な利己主義）。国家的利害にもとづくイタリアの外交政策をさして、一九一四年、イタリア首相のサランドラが使用したといわれる。宮田光雄訳の訳注による。

ヘーゲルの政治理論は、ふたつの大きな思潮の分水嶺である。その理論がしるしづけているのはふたつの時代、ふたつの文化、ふたつのイデオロギーのあいだの転回点なのだ。それは、十八世紀と十九世紀のあいだの境界線上に立っているのである。ヘーゲルの揺るぎない確信によれば、個々のどのような思想家もじぶん自身の時代を超えてゆくことはできない。「哲学とは、思想において把握されたその時代である。したがってどのような哲学であれ、現在する世界を超越しうると夢みることは、個人がその時代を飛びこえ、〔みずからの〕ロードス島を飛びこえることができると考えるのとひとしく、ともに愚かなことである」（＊1）。これは、啓蒙の精神と十九世紀のあらたな精神との差異を、もっともよく特徴づける表現だろう。フランス百科全書派のひとびとにしてもカントにしても、じぶん自身の時代に逆らって思考することを恐れてはいなかった。かれらが戦わなければならなかったのは、旧体制（ancien régime）だったからである。そしてかれらの確信するところでは、この闘争にあっては哲学こそがもっとも強力な武器としてその一翼を担うものなのであった。一方ヘーゲルはもはやこうした役割を哲学に割りあてることができない。かくしてヘーゲルは、歴史の哲学者となったのである。歴史は哲学的な思考によって記述され表現されることができるとはいえ、創造され変容されることはできない。ヘーゲルの「歴史主義」とは、その理性主義に必然的に相関しているものである。両者はたがいをあきらかにし、相互に解釈を与えあっている。この件は最大の長所のひとつであると同時に、ヘーゲルの政治理論にあって本質的な限界のひとつともなっていた。ヘーゲルの理論は純粋に思弁的な思考の帰結であり、またその頂点であるように思われる。しかしその思弁のただなかで私たちはつねに、現実の政治的な生の脈動を感知するのだ。この点がヘーゲルの提起する概念のすべてに、その普遍的なすがたにもかかわらず、特殊な色あいと様相とを与えているのである。従来の概念は、そのほとんどあらゆるものが、当の体系のなかで深甚な意味の変化をこうむってゆく。十八世紀の思想家ならだれもみな、「意識における自由の進歩」(＊2)という世界史をめぐるヘーゲルの定義に同意して、それに署名することができたはずである。実際にはヘーゲルではなくカントこそがまず、こうした定義を与えたのである。(1)とはいえ「自由」という語も

「進歩」ということばも、さらに「意識」という用語でさえ、カントの体系とヘーゲルの体系ではそれぞれおなじ意味を持ってはいない。

（1）カントの以下の論文を参照。*Ideen zu einer allgemeinen Geschichte in weltbürgerlicher Absicht* (1784), "Werke", ed. E. Cassirer, IV, 149ff.

（＊1）ヘーゲル『法哲学』「序文」の一節からの引用。おなじ「序文」には「ここがロードスだ、ここで飛べ！」(*Hic Rhodus, hic saltus!*)という一句が見られる。ロードス島から戻った男が、その島でじぶんが大跳躍したことを自慢したのに対してこう言われた。『イソップ物語』にも見える寓話。

（＊2）全集版も注記しているとおり、『歴史哲学講義』の有名な一節からの引用。

ヘーゲルがカントやフィヒテに対して異を立てるとすれば、それは、かれらの観念論がたんに「主観的」観念論にすぎないという点にある。ヘーゲルにしたがえば、そうした観念論が私たちに与えるのは一箇の反省哲学(Reflexionsphilosophie)であって、現実性の哲学ではない。ヘーゲルの理論は「構成的」な思考の行きつくところとして、称揚され批判されてきた。とはいえそれはもはや、十八世紀の諸体系とおなじ意味で構成的ではなかったのである。その理論はかえって観照的であって、与えられた歴史的な現実を解釈することで満足するものだった。カントの宣言するところでは、〔これに対して〕人間の悟性はたんに自然法則を発見するのではなく、それじしん自然法則の源泉であった。すなわち「悟性は、その(ア・プリオリな)法則を自然から引きだすのではなく、自然に対して当の法則を指定する」[1]。おなじ原理がカントにとって、倫理学的思考の領野でも妥当する。そこでも人間は神の意志や、あるいは他のどのような権威によって押しつけられる法則に対しても、ひたすら服従するということはない。あらゆる理性的存在者の意志は「普遍的に立法的な意志」である。理性的存在者が従属するのは、かれ自身もまた立法的であるような法則に対してだけである[2]。フィヒテにいたって意志のこの自律が、最高の形而上学的原理ともなることだろう。

(1) Kant, *Prolegomena*, §36. 以下をも参照。*Critique of Pure Reason* (1st ed.), p. 127.

(2) 以下を参照。Kant, *Fundamental Principles of the Metaphysics of Morals*, English trans. T. K. Abbott (6th ed., London, Longmans, Green & Co., 1927), pp. 50ff.

ヘーゲルは、カントやフィヒテの観念論をたんに否認したり、廃棄したりしたわけではない。フランス革命の政治的理想の有する価値を軽視したわけでもない。その青年期にヘーゲルは、これらに強く影響されていた。いまだテュービンゲンの神学校の生徒であったとき、フランス革命勃発の最初のニュースがドイツに届いて、ヘーゲル自身も、またその友人シェリングもヘルダーリンも革命を熱狂的に歓迎した。後年、自身が革命の尖鋭な挑戦者となりおおせたときでさえ、かれは革命にかんして一箇の公然たる敵対者として語ることはたえてなかったのである。「こうした普遍的な捉えかた（中略）――〈自然法則〉、ならびになにが正しく善であるかについての実質――が〈理性〉という名を受けとった。そういった諸法則の妥当性を承認することがEclaircissement（Aufkläruug）〔啓蒙〕ということばで指示されるものだったのである。この啓蒙がフランスからドイツへと移入されて、あらたな観念の世界を創りだしたのだ。絶対的な基準は（中略）――それが、宗教的な信仰や、〈正義《ライト》〉をめぐる実定法にもとづく権威のすべてに取ってかわって（中略）――〈精神〉自身が下す判決であり、その判決こそ、ひとが信じ、あるいは服従するものの性格を定めるのである。（中略）しかしながら注意されてよいのは、これとおなじ原理が、ドイツではカント哲学にあって思弁的な仕方で承認されていたということである。（中略）これは一箇の巨大な発見であり、その発見は存在と自由のもっとも深遠な深みにかかわる。〈精神的なもの〉にかんする意識がいまや政治的な組織の本質的な基礎となって、〈哲学〉こそそこでは支配するものとなる。フランス革命は哲学に由来するものと言われてきており、また哲学が“Weltweisheit”（世界知）と呼ばれているのも理由のないことではない。哲学とはものごとの純粋な本質であるかぎりで、それ自体としての、それ自身のための真理である、というばかりではなく、また生きた形態における真理であって、世界のできごとのなかで顕示されるものだからである。（中略）〈権利《ライト》〉の概念、その観念が、突如みずからの権威を主張するにいたったが、旧来の不正な体制のがわはそういった猛攻撃に対してなんの抵抗も示すことができなかったのである。一箇の憲法がかくて権利の概念と調和するかたちで制定され、その基礎のうえに将来の立法のすべては据えられることになったのだ。陽が蒼穹に昇り、星がその周りをめぐるようになって以来このかた、人間の存在がその頭脳、すなわち〈思想〉のうちで中心を占め、思想から霊感をえて現実の世界を築きあげることになるとは、考えられもしないことだった。（中略）これは、かくて精神の輝かしい夜明けだったのである。思考するあらゆる存在者が、ともにこの新世紀を祝賀した。崇高な性格をともなった情動が当代のひとびとの精神を支配し、精神の熱狂が世界を貫きとおしたが、それはあたかも、

〈神的なもの〉と〈現世的なもの〉の宥和がそこではじめて成就したかのように見えたほどのものだったのだ[1]」。

（1） *Philosophy of History*, pp. 460–466.

このように語ることのできた人間が、たんなる政治的な反動であるはずがない。ヘーゲルは、フランス革命の真の性格や、啓蒙の理想のすべてにかんして深い洞察を手にしていたばかりではなく、それらに対して深甚な敬意をも持っていた。それにもかかわらずヘーゲルとしては、そういった観念が、社会的・政治的世界を組織するのに適した手段であるとは考えなかったのである。

ヘーゲルがカントやフィヒテ、またフランス革命に対して異を唱えたのは、自由の理念がかれらによって王位に据えられ、そう宣言されたにもかかわらず、「たんに形式的なもの」に留まっていたからである。ここで「形式性」とはなにを意味するのだろうか？　その意味するところは、思想がみずからを見いだし、かつ主張すると同時に、現実的世界との接触を喪失するにいたったということである。現実的世界とは歴史的世界であって、いっぽうフランス革命がなしえたすべては、ものごとの歴史的秩序を否定し破壊することなのであった。そうした疎外(＊1)を、「現実的なもの」と「理性的なもの」との真の宥和と考えることは断じてできない。事物の理想的な描写、たんに「あるべき」ものを歴史的世界に対して描いてみせることは、哲学の課題ではありえない。そうした観念論は、空虚で不毛なものとなるだろう。ヘーゲルは「客観的」観念論を唱道するけれども、その観念論は、それゆえ観念《アイデア》があたかも人間の脳裡に去来するにすぎないものとは見なさない。ヘーゲルは、そうした理念《アイデア》を現実のうちで、すなわち歴史的なできごとのみちゆきのなかに求めたのである。(1)

(1) 以下を参照。*Idem*, pp. 9f.

(＊1) estrangement. 本書、二五二頁の訳注(＊1)参照。

現実的で実際的な政治の領野にかんしていえば、この原理から導かれた結論は、ときとして異論を招きがちなものとも見える。ヘーゲルは、ほとんどあらゆるものごとと——それがみずからの力によって自身の正しさを証明したと考えられるかぎり——和解することができた。ナポレオンが一八〇六年、プロイセン軍を撃破したイエナ会戦のあとイエナを訪れたとき、ヘーゲルはこの事件について、ひどく熱狂して語っている。

「私は皇帝が、この世界精神が」、とかれは一通の書簡中で書いていた。「馬に跨り、街路をゆくのを見たのです」(＊1)。そののち、ヘーゲルはまったくことなった判断を下すことになる。ナポレオンは敗北し、追放された。プロイセンがドイツにあっては支配的権力となる。「世界精神」は、政治的な全体のべつの部分へ移行していった。爾来ヘーゲルは「プロイセン王国の哲学者」となった。ベルリン大学の教授職に任じられたときヘーゲルは、プロイセン王国は「叡智にもとづく」ものであると宣言したのである(1)。

(1) 一八一八年十月二十日にベルリン大学で開講するにさいしての、聴講者に対するヘーゲルの挨拶を参照。以下に所収。“Sämtliche Werke”, VI, xxxv–xl; *Encyclopädie der philosophischen Wissenschaften*, ed. G. Lasson (2d ed. Leibzig, Felix Meiner, 1905), pp. lxxi–lxxvi.

(＊1) 全集版も注記しているとおり、一八〇六年十月十三日づけの、I・ニートハンマー宛て書簡。ニートハンマーは『精神現象学』を出版した書店主で、その出版は翌年のことになる。

とはいえヘーゲルを、まったくの政治的オポチュニストと断じて批難するとすれば、公正を欠くだろう。かれはたんなる日和見主義者として、より強大な党派の風向きに合わせて、自身の帆を調整する者ではなかった。すでに指摘しておいたように、ヘーゲルはつねに「現実的」なものと「怠惰な現実存在」しか持たないものを明確に区別した。(1) しかし私たちとしてはこういった区別を、じぶんたちの政治的・歴史的な生に対してどのように適用したものだろうか？　いったいどのようにして、人間の世界にあってなにが実体的で、なにが偶有的であり、なにが見せかけの移ろいゆくものであって、なにが現実的で永遠的なものなのかを知ることができるというのだろう。こうした問いかけに対して、ヘーゲルの体系が与えうる答えはただひとつである。世界史とは世界の審判である。(*1) この最高の法廷、その判決が不可謬で抹消不能な当の法廷に訴えることのほかに、いかなる方途も残されていない。「民族精神」でさえこの審判を免れることができない。「民族精神は現実に存在する個体であって、その客観的な現実性と自己意識を特殊性において有している。この特殊性のゆえに、民族精神もまた制限されているのである。諸国家どうしの結合におけるその運命と行動は、そうした精神が有限な本性を持っていることを目にみえるかたちで示す弁証法である。この弁証法から普遍的な精神すなわち世界精神、無限な精神がじぶん自身を産出するのだ。その精神が所有するのはいっさいを超えた最上の権利であり、この精神はじぶんの権利を世界史にあってより低次の精神に対して行使する。世界史とは世界法廷なのである」(2)。

(1) 本書、二六五頁参照。

(2) *Philosophy of Right*, § 340. Dyde trans., p. 341.

(＊1) The history of the world is the judgment of the world.『法哲学』第三四一節には「世界史は一箇の法廷である」(Sie [= Weltgeschichte] ist ein Gericht) とあり、本段落末尾に引用される第三四〇節には「世界法廷としての世界史にあっては」(in der Weltgeschichte, als dem Weltgerichte) という表現がある。ちなみに段落末尾の一節は、カッシーラーの引用によって訳出している。

ヘーゲル哲学が後続する政治思想の発展に対して及ぼすことになった影響を考究してみると、ヘーゲルの基本的な見解のひとつがそこでは完全に逆転してゆくようすがみとめられる。その点からすればヘーゲル主義は、近代の文化的な生のもっとも逆説的な現象のひとつなのである。おそらく、歴史のはらむ弁証法的な性格について、それをもっとも適切かつ印象的なかたちで示す実例があるとするなら、それはヘーゲル主義そのものの運命を措いてほかにないだろう。ヘーゲルが擁護した原理は、突如としてその反対物へと転化したのだ。ヘーゲルの論理学と哲学は、理性的なものの勝利をあらわすものであるかに思われた。哲学のもたらす唯一の思想は単純な〈理性〉の概念、すなわち、世界史が私たちに提示するものは理性的な過程であるという消息である。しかしながら、ヘーゲルの運命の悲劇は、かれが意識することなく解放してしまった諸力こそ、およそ人間の社会的・政治的な生に登場したもっとも非合理的なものだった、ということである。どのような哲学体系であっても、ファシズムと帝国主義を準備するのに、国家をめぐるヘーゲルの学説――この「地上に現存する神的理念」――ほど多くを寄与したものはほかにない。歴史のそれぞれの劃期において世界精神を真に代表するひとつの、しかもただひとつの民族が存在し、その民族が他のすべての民族を支配する権利を有しているとする観念そのものも、ヘーゲルがはじめて表現したものなのであった。「世界精神はそれが前進してゆく過程においてそれぞれの民族に対して課題を与え、おのおのの民族はみずからに固有の特殊な使命を果たしてゆく。こうして、世界史において各民族は交替に、くだんの時節にとって(しかも、それぞれの民族がそういった時節を劃することができるのはただ一度だけである)その支配者となる。この絶対的な権利は、世界精神の当面の発展段階においてその担い手となるというものであって、その権利に対しては他のさまざまな民族の精神は絶対的に権利を有しておらず、かれらは、じぶんの時節がすでに過ぎ去ってしまった民族がそうであるのとおなじように、もはや世界史のうちに数えいれられることがない」(1)。かつてヘーゲルほどのクラスの哲学者で、このような仕方で語った者はひとりとして存在しない。十九世紀初頭の十年において私たちが見いだすものといえば、民族主義的《ナショナリスティック》な理想が勃興し、それがたえず影響力を増大させてゆく過程である。とはいえあらたなできごとが政治思想の歴史にあらわれ、しかもそのできごとが長期にわたって恐るべき帰結をはらむものとなったとするなら、それは、倫理学の体系や法の哲学がそういった仮借ない帝国主義的なナショナリズムを擁護したとき、すなわちヘーゲルが、当面の歴史的時点においてただひとつ「世界精神の代行者」と見なされるべき民族に対しては、他の民族の精神には「絶対的に権利がない」と宣言したまさにその時のことなのである。

(1) *Idem.* §347. Sterrett trans., 209. Dyde trans., pp. 343ff.

とはいっても一点、ヘーゲルの学説と現代の全体主義国家の理論との差異が明白な件がある。たしかにヘーゲルが国家をいっさいの道徳的責務から解放し、道徳性の規則が自称してきた普遍性を喪失するのは、私たちが私的生や個人的なふるまいの問題から国家のふるまいへと移行するその時であると宣言していたにしても、一方そこには、国家がなお解きはなたれることのないべつの束縛がそれでも存在していた。ヘーゲルの体系にあって、国家が属しているのは「客観的精神」の領圏である。しかし、この領圏は〈理念〉がじぶんを実現するさいの一要素《エレメント》、あるいは一契機《モメント》であるにすぎない。弁証法的な過程のなかでその領圏は、べつの領圏によって超克されることになるけれども、その領圏とはヘーゲルの用語でいうなら「絶対的理念」と呼ばれる王国である。この絶対的理念は、みずからを三つの契機へと展開してゆく。すなわち、〈芸術〉、〈宗教〉、ならびに〈哲学〉である。あきらかに国家はこれらの最上の文化財を、じぶん自身の目的に対するたんなる手段として取りあつかうことができない。これらの文化財はそれ自身においける目的なのであり、それらは尊重され助長されなければならない。なるほどそうした文化財は国家の外部に分離した存在を有しているのではない。人間がそうした財を発展させることができるのも、ひとえにみずからの社会的な生を組織することによってであるからだ。それにもかかわらず、こうした文化的生の諸形態には独立した意味と価値がある。それらは、外的な支配権のもとに置かれることがありえないものである。国家はつねに、ヘーゲルがそう語っているとおり「有限性の領域のうえに[1]」ありつづけるものなのだ。ヘーゲルとしても、芸術や宗教や哲学を国家に従属させるわけにはいかなかったのである。

（1） *Encyclopedia*, §483.

かくて、より高次な領圏が存在して、その領圏は精神的で、かくてまた高邁な力と捉えられる国家に体現された、客観的精神を超えて聳えたっている。国家はその他の精神的なエネルギーを抑圧しようと試みてはならず、かえってそれらを承認し解放しなければならない。「国家が達成することのできる最高の目的は、芸術と学問が陶冶され、民族の精神と対応するかぎりでの高みへと到達するということである。これが国家の主要な目的である――とはいえその目的は、外的な所業のかたちで産出されるべきものではなく、おのずと興隆するものでなければならない[1]」。

（1） *Vorlesungen über die Philosophie der Geschichte*, ed. Georg Lasson, "Sämtliche Werke", VIII-IX (Leibzig, F. Meiner, 1919-20), 628.

ヘーゲルが口にしていたのは国家の権力についてばかりでない。ヘーゲルはまたその「真理」にかんしても語っていたのであり、かれは「権力のうちにある真理」の大いなる賞賛者なのであった。そうであるにもかかわらず、ヘーゲルはこの権力をむき出しの物理的な暴力と混同することはしていない。かれがじゅうぶん弁えていたように、たんなる物質的な富や権力の増大を国家の富裕さや健全さの基準と見なすことはできない。その『大論理学』の一節でヘーゲルはこの見かたを強調している。かれが指摘しているとおり、国家の領土の拡張によって国家の形態は多くのばあい弱体化され、あるいは解体されることとすらありうるのであって、領土の拡張は、したがって国家の崩壊のはじまりともなりうるのである。(1)

(1) *Science of Logic*. English trans. by W. H. Johnston and L. G. Struther (London, George Allen & Unwin, 1929), I, 354.

『ドイツ憲法論』でもヘーゲルは、国家の強靭さが住民や戦闘員の数の多さや、国家の大きさには存しないことを強調していた。国家体制《コンスティテューション》を保証するものは、むしろ「憲法《コンスティテューション》」がそれによって創られてきており、また現に造られている、民族に内在する精神とその歴史のうちに」[1]存しているのである。この内在する精神を、ひとつの政治的党派の、もしくはひとりの指導者の意志に従属させることなどヘーゲルにとっては不可能なのであった。この点からいうならばヘーゲルは、現代の「全体主義的」国家観を拒絶し、それを嫌悪したにちがいない。

（1）*Encyclopedia*, §540.

くわえてなおもうひとつ理由があって、ヘーゲルとしてはだんじてこうした国家観に同意することができなかった。全体主義国家にとって、その主要な目的と基礎的な条件のひとつは、「均制化」[*1](Gleichschaltung)の原理である。全体主義国家が存続するためには、じぶん以外のあらゆる社会的・文化的形式を排除し、すべての区別を抹消しなければならない。ヘーゲルにしたがうならば、そうした排除によって導きだされるものが、真の有機的統一となることはたえてありえない。そこから結果するところは「抽象的」な統一であって、それをヘーゲルはたえず批難していたのであった。真の統一はさまざまな差異を消去したり、それらを抹殺したりすることがなく、差異のさまざまを保護し保存しなければならない。ヘーゲルはフランス革命の理想に対して強く反対したけれども、ヘーゲルの確信するところにもかかわらず、国家の権力と統一を強化するためと称して、社会的・政治的全体における区別のすべてを廃棄することは、ほかならぬ自由の終焉を意味するものとなるだろう。「自由を深く、また現実的なものとする唯一の本質的な基準は、国家の一般的な利害に属するすべての営為に、それらが本質的に区別されるものであるなら、それぞれ分離した組織を与えることにある。そうした現実的な区分が存在しなければならないのだ。なぜなら自由が深みをもつのは、ひとえに自由がじゅうぶん分化し、そうした差異が現実存在のうちにあらわれるときにかぎられるからである」(1)。ヘーゲルは国家を称賛し、栄光を与えることができたばかりか、神化することさえ可能であった。とはいえ、あきらかに見まがいようもない差異が、ヘーゲルによる国家権力の理想化と、国家権力にかんする現下の偶像化とのあいだには存在しており、後者こそ現代の全体主義的なシステムを特徴づけるものなのである。(＊2)

(1) *Encyclopedia.* § 541.

(＊1) もともとはナチスによる権力掌握後の、非ナチ組織の接収、その団体財産の収奪、成員の権利剝奪を意味し、のちにドイツ社会全体の強制的な同質化の過程を総称するものとなる。宮田光雄訳の訳注による。

（＊2） when it is differentiated in all its fullness and these differences manifested in existence. この部分のドイツ語原文は、als sie in ihre Unterschiede entwickelt und zu deren Existenz gelangt ist.

XVIII　現代の政治的神話の技術

現代の政治的な神話をその要素へと分解してみれば、まったくあらたな特徴など、なにひとつ含まれていないことを私たちは発見することだろう。すべての要素は、すでにじゅうぶん知られていたものである。カーライルの英雄崇拝の理論、くわえてそれぞれの人種が道徳的ならびに知的に根本的な差異を有しているとするゴビノーの提題は、くりかえし論じられてきたところなのである。とはいえそうした議論はみな、ある意味ではたんに学術的なものにすぎなかった。古い観念を強靭で強力な武器へと転じるためには、なにかそれ以上のものが必要だったのだ。そういった観念がさらに整えられて、それまでとは異なった聴衆の理解に届くようにされなければならなかった。そのためにあらたな道具が要求される――ただたんに思想の用具ばかりでなく、行動の用具が必要となったのである。つまり、あらたな技術が開発されなければならなかったということである。それが最後の、そして決定的な要因だったのだ。科学的な用語に翻訳してみるなら、その技術が触媒効果を持つことになった、と言ってもよいだろう。それはあらゆる反応を加速させ、それらに充分な効果を与えた。〈二十世紀の神話〉を育む土壌はかなり以前から準備されてきたものであったとはいえ、それが実を結ぶことが可能となるためには、あらたな技術的な手段を巧みに使用しなければならなかったのである。

一般的な条件がこの発展に対して寄与し、また最終的な勝利に貢献することになったが、当の状況があらわれたのは第一次世界大戦後のことである。その当時は、大戦に参加したすべての国々がおなじ根本的困難に直面していた。かれらがようやく理解しはじめたのは、戦勝国にとってすら戦争は、どのような分野にあっても現実的解決をもたらすものではなかったということである。あらゆる方面からあらたな問題がもち上がってきた。国際的な抗争、社会的あるいは人間的な葛藤がますます激化する。それはいたるところで感知されたものである。しかしイギリスやフランス、さらに北米についてなら、そうした葛藤を通常の、正規な手段をつうじて解決するなんらかの見とおしがそれでもなお残されていた。ドイツでは、しかしながら事情は異なっている。日を追うごとに問題は緊急の度をくわえて、また複雑に入りくんできた。ワイマール共和国の指導者たちは全力を尽くし、当の問題に対処するのに外交的折衝や立法的な措置に訴えようと試みる。けれども、その努力はすべて空転するかに見えたのである。インフレーションと失業がはびこる時節に、ドイツの社会的・経済的なシステム全体は完全な崩壊に瀕しかけていた。正規な手段は底をついたかに見えた。こうした状況こそが自然な土壌となって、そのうえに政治的神話が生いそだち、そこにゆたかな養分を見いだすことになったものなのである。

未開社会では、神話が人間の社会的な感情や社会的な生の総体に浸透し、それを支配していたけれども、そうした社会にあってすら神話はつねにおなじ仕方で作動するわけではなく、いつでも同等な強度であらわれるわけでもない。神話がその完全な力を獲得するにいたるのは、人間が異常で危険な状況に直面せざるをえなくなったときである。マリノウスキーは何年ものあいだトロブリアンド諸島の原住民のもとで生活して、かれらの神話的概念や呪術的儀礼にかかわる立ちいった分析を伝えてきたが、そのマリノウスキーにしてからがこの点をくりかえし強調している。かれの指摘するところでは、未開社会にあっても呪術の使用は活動の特殊な分野にかぎられている。比較的単純な技術的手段によって処理されうるような場面なら、なんであれひとびとは呪術という手段に訴える必要がない。呪術がすがたをあらわすのは、ひとの直面する課題がかれの自然的な力を遥かに超えているかに思えるときにかぎられるのだ。そうはいってもなお、変わらずに残されている一領域があり、当の領域は呪術や神話によって影響を与えられることがなく、したがって世俗的な領域として記述されてよいものなのである。その領域でひとびとが頼ることになるのはじぶん自身の技量であって、呪術的な儀式や呪文の力ではない。「原住民が用具を製作しなければならない場合」、とマリノウスキーは『信仰と道徳の基礎』のなかで述べている。「呪術に頼ることがない。かれは材料の選択にあっても、また刃を鍛え刻んで、また研ぐ仕方についても、厳密に経験的であって要するに科学的である。原住民が信頼するのはまったくみずからの技量であって、その理性と忍耐なのだ。知識で充分であるようなことがらについてはすべて、原住民はひたすらそれに頼っていると語ってもなんら誇張ではない。(中略)中央オーストラリアの原住民は真正な科学あるいは知識を所有しているのであり、すなわち経験と理性によって完全に統制され、どのような神話的要素にもまったく影響されることのない伝統を手にしているわけである」。

「そこには、世代から世代へと手わたされる一連の規則が存在し、その規則は、ひとびとがそのちいさな小屋に住まい、摩擦によって火をおこし、食料を集めて調理し、たがいに愛しあい争いあう仕方に関係している。（中略）この世俗的な伝統が可塑的で選択的であり、くわえてまた知的なものであって、したがって十分な根拠をもっていることは、原住民たちがあらたな、目的にかなう素材であれば、それをつねに採用しているという事実からも見てとることができる」(1)。なんら特殊で例外的な努力や、特別な勇気や忍耐を必要ともしない仕事については、およそどのような呪術も神話もみとめられない。いっぽう高度に発達した呪術や、それに関連して一箇の神話がかならず立ちあらわれることになるのは、追求されることがらが危険であり、その結果が不確実な場合にほかならない。

（1）B. Malinowski, *The Foundations of Faith and Morals* (London, Oxford University Press, 1936), pp. 32ff.

未開社会において呪術や神話の果たす役割は右のように描かれているけれども、おなじ記述が人間の政治的な生が高度に発達した段階にもほぼひとしく当てはまる。絶望的な状況に置かれた場合、人間はいつでも絶望的な手段に訴えるだろう——そして私たちのこの現在にあって、政治的神話はそのような絶望的な手段であった。理性が私たちを見棄てたとき、残されているのはつねに非常手段（*ultima ratio*）〔最後の理性〕であり、奇蹟的で神秘的なものの力なのである。未開社会を支配しているのは、成文法・法規・体制または憲法・権利章典・政治的憲章といったものではない。にもかかわらず、社会的な生がそのもっとも未開な形態にあってさえ私たちに呈示するのは、きわめて明確かつ非常に厳密な組織である。そういった社会の成員はけっして、無政府状態や混乱状態のなかで暮らしているわけではない。おそらくは私たちの知るもっとも未開な社会はトーテム社会であって、アメリカの原住種族や、北部ならびに中央オーストラリアの原住種族のあいだに見られるものであるけれども、これらについてはスペンサーやジレンの著作のなかで綿密に研究され、記述されてきたところである。トーテム社会では複雑で精巧な神話は見いだされず、それらをおよそギリシアやインド、あるいはまたエジプトの神話といったものと比較することはできない。また人格神の崇拝や、自然の偉大な力の人格化といったものもみとめられない。とはいえそういった社会をひとつに束ねているのは、もうひとつの、より強力ですらある力であって、その力とは神話的な観念に基礎を置いた一定の祭儀——すなわち動物祖先へのかれらの信仰なのである。集団のどの成員も特定のトーテム氏族《クラン》に所属しており、そのことで成員は鞏固な伝統の鎖につながれている。くだんの成員は特定の種類の食料を摂取することを禁じられて、外婚制あるいは内婚制にまつわるきわめて厳格な規則を遵守しなければならない。さらに決まった時期ともなると、規則的な間隔をおき、厳格で不変な順序にしたがい、同一の儀式を挙行しなければならないが、その儀式はトーテムの祖先の生活を演劇のかたちで再現したものなのだ。こうしたすべてのことがらが種族の成員に課されているのは、力によってではなく、かれらの基礎的な神話的観念をつうじてのことであり、そうした観念の有する拘束力はおよそ抵抗しがたいものであって、そこにはだんじて一片の疑念をも差しはさむ余地がない。

やがてあらわれたのは、べつの政治的・社会的な勢力であった。社会の神話的な組織は、合理的な組織によって取ってかわられたように見える。穏やかに平和な時代、相対的に安定した安寧の時節には、そうした合理的組織が維持されやすい。それは、あらゆる攻撃から守られているかに見えた。しかしながら政治にあって、均衡が完全に打ちたてられることはけっしてない。そこに見いだされるのはむしろ不安定な均衡であって、静的な均衡ではない。政治において私たちは、つねに火山帯に居住しているのだ。私たちは、突然の振動や爆発に備えている必要がある。人間の社会的な生が危機的なものとなるあらゆる瞬間、理性的な力が、古来の神話的な観念の勃興に抵抗しようとするにしても、その力はもはやみずから自身を信頼することができない。まさにそのとき、神話の季節がふたたび到来するのである。というのも神話は実は征服され、隷属させられていたわけではないからだ。神話は暗闇のなかにひそんで、その時節と機会とをうかがいながら、つねにそこにある。その時節は、人間の社会的な生を拘束する他の力がなんらかの理由でその効力を喪失して、もはや神話の魔術的な力と抗争することができなくなったそのとき、間髪をいれず到来するのである。

フランスの学者E・ドゥテが、きわめて興味ぶかい著書『北アフリカにおける呪術と宗教』(*Magie et religion dans l'Afrique du Nord*)を書いていた。その本のなかでかれが与えようと試みているのは、神話をめぐる簡潔で明確な定義である。ドゥテによるなら、未開社会に見られる神々や悪霊とは、集団的な願望が人格化されたものにほかならない。神話とは、とドゥテは語る〝le désir collectif personifié〟――つまり「人格化された集団的願望」なのである。この定義が与えられたのは、およそ三十五年もまえのことだ。いうまでもなく、現今の政治的問題などこの著者が知ることがなく、またおよそ思いつくところでもない。ドゥテはひとりの人類学者として語っているのであり、人類学者としてかれは、北アフリカのとある野生の部族《トライブ》に見られる宗教的祭儀や呪術的儀礼の研究に従事していた。一方ドゥテのこの定式を、指導もしくは独裁にかかわる現代の観念にかんして、それをもっとも完結かつ明快に表現するものとして使用することも許されるはずである。ひとびとが指導を求めて叫びを上げるのはただ、集団的願望が圧倒的に強くなり、しかも他方ではこの願望を通常の正規な方法で満たす望みがすべて失われてしまった時である。そうした時節にこそ願望が鋭く感受されるばかりではなく、それがまた人格化されるのだ。願望はいまやひとびとの目のまえに、具体的で可塑的な、しかも個人の形態をとって立ちあがる。集団的な願望の有する強度が、指導者のすがたのうちで体現される。かつての社会的紐帯——法・正義またさまざまな制度——にはなんの価値もないと宣言される。ただひとつ残されているのは指導者の有する神話的な権力と権威であり、かくて指導者の意志が至高の法となるのである。

しかしあきらかに、人格化される集団的願望が優れて文明化された国民によって充足される場合は、野生の種族の場合とおなじわけにはいかない。文明化された人間であっても言うまでもなく、きわめて烈しい情念に身を委ねて、その情念が極点にまで到達した場合はひどく非合理な衝動に屈することになりやすい。しかしそのような場合でも文明化された人間なら、合理性の要求をまったく忘却し、あるいはそれを否認することは不可能である。信じるためにその者は、みずからの信仰に対してなんらかの「理由」を見つけだささなければならない。なにか「理論」をつくり出して、じぶんの信仰箇条を正当化しなければならないのである。そのうえこの理論はすくなくとも未開素朴《プリミティブ》なものでなく、その反対にきわめて洗練されたものとなるだろう。

私たちとしても理解しやすいのは、野生の生活ではあらゆる人間的諸力や自然的な力のさまざまが、一箇の個人としての人間のうちに凝縮され集中されるという発想である。呪術師が正しい《ライト》人間で呪文を心得ており、しかもそれを適切《ライト》な機会に正当《ライト》な順序で用いるすべを弁えているならば、かれこそは万物の支配者である。呪術師はいっさいの邪悪を斥け、すべての敵対者を打ちまかすことができ、自然的勢力のことごとくに対して命令を下す。こうしたことがらのいっさいは現代の心性《マインド》からあまりにかけ離れているので、まったく理解しがたいものとも映る。しかし現代人がもはや自然呪法を信じないとしても、一種の「社会的呪術」への信仰はけっして放棄していないのだ。集団的な願望がその強さと烈しさのかぎりにおいて感受されるときには、ひとびとは容易に説得されて、必要なのはただ正統《ライト》な人間があらわれ、それを充足させることであると信じさせられる。この点では、カーライルの英雄崇拝の理論がその影響力をふるうことになった。当の理論が合理的な正当化を与えることを約束した或る種の考えかたは、その起源や傾向にあってはだんじて合理的なものではなかったのである。カーライルの強調するところでは、英雄崇拝は人間の歴史のなかで欠くべからざる要素である。それは、人類そのものが死滅するにいたるまで止むことがありえない。「世界史のどのような時節にあっても偉人がその時期にとって不可欠な救世主であったことを、私たちは見いだすことだろう。この雷光が欠けていたならば、薪はけっして燃えたつことがなかったはずなのである[1]」。偉人のことばとは、賢明な癒しの語なのであって、だれでもそれを信じることができるのだ。

（1） Carlyle, *On Heroes*, Lect. I, pp. 1ff. Centenary ed., V, 13.

一方カーライルの理解するところでは、その理論は特定の政治的綱領となるものではない。かれの構想は英雄主義《ヒロイズム》というロマン主義的なものであった――それは現代の政治的な「現実主義者」の考えるところとはかけ離れている。現代の政治家たちは、遥かに徹底的な手段を使わざるをえなかった。かれらが解決しなければならなかったのは、さまざま点で円の正方形化〔円積法〕に似た〔困難な〕問題だったのである。人間の文明にかかわる歴史家たちが教えてくれるところでは、人類はその発展にさいしてふたつの異なる局面を通過する必要があった。人間は*homo magus*〔魔術人〕として出発したが、やがては魔術の時代から技術の時代へと進んでゆく。かつて未開文明においては*homo magus*であった者が、*homo faber*〔工作人〕すなわち技術と工芸とをあやつる者となったのだ。こうした歴史的な区別を承認するかぎり、現代の政治的神話は実際きわめて奇妙で逆説的なものとしてあらわれてくる。そこに見いだされるのは、相互に排除しあうかに見えるふたつの活動の混合物だからである。現代の政治家はまったく異なった、両立しがたいものですらあるふたつの機能を、自身のうちで結びあわせる必要があったのである。政治家は、同時に*homo magus*であり*homo faber*である者として行動せざるをえない。かれはあらたな、まったく非合理的で神秘的な宗教の祭司となる。他方この宗教を擁護し、それを宣教しなければならないときには、かれの採る方法はきわめて系統的なものである。なにひとつとして偶然に委ねられることがなく、どのような段階も十分に準備され練りあげられる。この奇妙な結合こそが現在、私たちの目にする政治的な神話の示すもっとも顕著な相貌のひとつなのである。

神話はつねに無意識的な活動の結果であり、想像力の自由な所産であるものとして描かれてきた。だがしかしここで見いだされるのは、計画にしたがって創りだされた神話である。このあらたな政治的神話はおのずと生育してきたものではなく、横溢する想像力が生んだ野生の果実というわけでもない。それは人工物であって、きわめて老練で巧妙な工芸家が造りあげたものなのである。二十世紀、巨大な技術に溢れた私たちの時代になってはじめて、あらたな神話の技術を発展させるという課題が果たされることになったのだ。いらい神話は、現代の他の兵器——機関銃や航空機——のいずれともおなじ意味において、またおなじ方法によって製造されることが可能となっている。これはあらたなことがら——決定的に重要なことがらである。そのことで、私たちの社会的な生の形態全体が一変してしまったからである。一九三三年になってはじめて政治的世界においては、ドイツの再軍備とそれが国際的にもたらしうる余波とをめぐっていくらかの憂慮があらわれるようになる。実際のところこの再軍備は何年もまえから開始されていたのだが、それがほとんど気づかれていなかっただけなのだ。本当の再軍備は、政治的神話の勃興とともにはじまっていた。後年の軍事的な再整備は、この事実につづいて付随するもの〔事後従犯〕であったにすぎない。事実は、その遥か以前に既成事実となっていたのであって、軍事的再整備はたんに、政治的神話が惹きおこした精神的な再軍備から必然的に帰結するところにほかならなかったのである。

最初に取られなければならなかった一歩は、言語の機能を変更することである。人間のことばの発達を研究してみるならば、文明の歴史のうえで語がまったく異なったふたつの機能を果たしてきたことがわかる。簡単にいうならそれぞれの機能を、語の意味論用法、魔術的な用法と名づけておくことができるだろう。いわゆる未開の言語においても語の意味論的な機能はけっして欠けておらず、その機能が欠落しているならば、人間のことばはだんじて存在することができなかったはずである。とはいえ、未開社会にあっては、魔術的な語が支配的で圧倒的な影響力を具えている。そういった語は事物や事物のあいだの関係を記述するものではなく、効果を生みだし、自然の経過を変更しようとするものである。これは、洗練された魔術的な技法がなければ遂行されることができない。魔術師あるいは呪術師だけが、この魔術的な語を支配することができるのだ。けれどもかれの手中に入るや、その語はもっとも強力な武器となる。なにものもその力に抵抗することができないほどなのである。“*Carmina vel caelo possunt deducere lunam*”(＊1)オウィディウスの『変身物語』のなかで、呪術師メディアがこう語っているとおりである――つまり、呪文を歌に乗せれば、月ですら天上から引きおろすことができる。

（＊1）底本の coelo を、全集版によって caelo にあらためる。

まことに奇妙なことであるけれども、こうしたいっさいが現代世界で甦ってきている。現代の政治的神話と、それが使用されている用法を研究してみるなら、驚嘆すべきことにそこにみとめられるのは、私たちの倫理的価値のすべてが顚倒されているばかりでなく、人間のことばもまた変造されていることである。魔術的な語が、意味論的な語に対して優位を占めているのである。このところ、最近十年間に出版されたドイツの書物、しかも政治的なものではなく理論的な書籍、つまり哲学的・歴史的あるいは経済的な問題を論じた著作をたまたま手にとって読むことがあるとしよう――驚くべきことに、私はもはやじぶんがドイツ語を理解しえないのに気づく。あらたな語が鋳造されている。それだけではない。以前から存在する語ですらも、あらたな意味で使用されている。それらは、深刻な意味の変化を受けてきているのである。そういった意味の変化は、それらの語がかつてなら記述的・論理的な、あるいは意味論的な意味で使われていたにもかかわらず、いまや魔術的な語として使用され、一定の効果を生みだし、特定の情動をかき立てることを目的としている、という事実に由来している。私たちが日常的に用いる語はその意味を保存しているとはいえ、これらの新規に捏造された語には感情や激烈な情念が詰めこまれているのである。

すこしまえ、きわめて興味ぶかい小冊子『ナチ・ドイツ語　現代ドイツ慣用語彙辞典《グロッサリー》』が出版されている。著者はハインツ・ペヒター、ベルタ・ヘルマン、ヘドヴィヒ・ペヒター、ならびにカール・O・ペテルである。その小著では、ナチ体制によって創りだされたあらゆる新語が注意ぶかく数えあげられ、しかもその一覧は膨大なものとなっている。ごくわずかな単語だけが、全面的な破壊から生き延びたにすぎないかのようだ。著者たちはそれらの新語を英語に翻訳しようとしているけれども、この点についていえば、私の目からすると成功してはいないように見える。かれらに可能であったことといえば、ドイツ語の単語や語句を回りくどく言いかえることだけであって、それが真の意味で翻訳となっているというわけではない。不幸なことにあるいは恐らくは幸福なことに、それらの単語を適切に英語に置きかえることは不可能だったからである。そうした語を特徴づけているのはその内容や客観的な意味ではなく、むしろそれらを囲繞し、包みこむ情動的な雰囲気なのである。そういった雰囲気は感受されるべきであって、翻訳することはできないし、さらにひとつの言論の風土からまったく異なった風土へと移しかえることもできない。この点を説明するため私としては、際だった例を目に付いたままにひとつ挙げることで満足しておこう。『辞典』を見てわかったことだが、現今のドイツ語の慣用語法では、Siegfriede と Siegerfriede のふたつの語のあいだには尖鋭な差異が存在している。ドイツ人の耳にも、両者の差異を聞きわけることは容易ではないだろう。両語の響きはまったく似かよっており、同一のことがらを指示しているように思われる。Sieg は勝利を意味し、Friede は平和を意味している。いったいどのようにして、このふたつの語の組み合わせからまったく異なった意味が生みだされるというのだろうか。それにもかかわらず現代ドイツの慣用語法では、二語のあいだにおよそありとあらゆる差異が横たわっていると言われる。Siegfriede とはドイツの勝利による平和であり、他方 Siegerfriede が意味するところはその正反対であって、それは連合国がわの征服者によって支配される平和を指示するものとして使用される。それ以外の単語にかんしても同様なのだ。そうしたことばを鋳造したひとびとは、政治的な宣伝技術の巨匠なのであった。かれらはその目的に到達し、烈しい政治的情念をかき立てることに成功したが、それももっとも単純な手段を用いることによってなのである。ひとつの単語あるいは単語中の一音節の変化であっても、多くの場合この目的のために使用するのに十分だったのだ。これらの新奇なことばを耳にするときにそこで感受されるのは、全音域にわたって響きわたる人間の情念ということになる——つまり憎悪・憤怒・瞋恚《しんい》であり、驕慢・侮蔑・傲慢そして軽蔑といったものである。

とはいえ、呪術的なことばを巧妙に使用することだけがすべてではない。ことばが充分な効果を有するべきであるなら、それはあらたな儀式を導入することで補われなければならない。この点についても、政治的指導者たちはきわめて徹底的かつ系統的な方法でことを進め、そして成功をおさめた。いっさいの政治的な行動には、それぞれ特異な儀礼というものがある。全体主義国家にあって、どのような私的領域も政治的生から独立したものとしては存在しないのだから、人間の生の全体が突如あらたな儀礼の高波にみまわれ、水浸しとなってしまう。そういった儀礼が規則的で厳格であり、容赦のないものであることは、未開社会において見られるのと選ぶところがない。いっさいの階級・すべての性別・あらゆる世代におのおの固有な儀式が割りあてられる。だれであれ街路をゆき、じぶんの隣人や友人に挨拶するときに、なんらかの政治的儀礼を演じざるをえない。さらには、未開社会とまったく同様に、規定された儀式のひとつでも無視することは悲惨と死とを意味していた。おさない子どもについても、それはたんなる不作為の罪であるとは見なされない。指導者ならびに全体主義国家の尊厳に対する犯罪となるのである。

こうしたあらたな儀式の有する効果は、目にもあきらかである。私たちの能動的な力や判断力、批判的に識別する力をことごとく眠らせ、じぶんの人格性の感情や個人的な責任感を拭いさってしまうのに、同一の儀式をたえず一斉かつ単調に遂行すること以上に効果のあるものはほかにないだろう。じっさい儀式によって支配され統治されているどのような未開社会でも、個人的な責任というものはいまだ知られていない。見いだされるのは集団的な責任にかぎられる。個人ではなく集団こそが、真の「道徳的主体」なのである。氏族《クラン》・家族さらには部族《トライブ》全体が、そのすべての成員の行動に対して責任をもつ。罪が犯された場合であっても、それが個人に帰責されることはない。一種の瘴気あるいは社会的な伝染によって、犯罪は集団全体に及んでゆく。だれひとり感染を免れないのだ。復讐や刑罰が向けられるのも、つねに全体としての集団に対してである。そういった社会では血讐が最高の義務のひとつであって、そこではけっして殺人者自身に復讐することは必要とされていない。殺人者の家族あるいは種族の一員を殺害すれば、それで十分である。ある種の事例、たとえばニューギニアにおいて、またはアフリカのソマリ人のあいだでは、加害者自身ではなく、むしろその最年長の兄弟こそが殺されることになるのである。

過去二世紀のあいだ、文明人の生活との比較で考えられた、野生の生活の性格にかんする私たちの捉えかたは完全に変化してきている。十八世紀にルソーが、野生の生活と自然状態をめぐって有名な記述を与えている。かれがそこに見たものは、単純で無垢で幸福な、真の楽園なのであった。野生の人間はじぶんの生まれた森のみずみずしさのなかで、ひとりきりで暮らして、本能にしたがい、みずからの単純な欲望を満足させていたのである。享受されていたのは最高善、すなわち絶対的な独立という善なのだ。不幸なことに人類学的探究が十九世紀をつうじて進歩したことで、この哲学的田園詩はまったく破壊されてしまう。ルソーの記述は、まさにその正反対のものに置きかえられてゆく。「野生人は」、とE・シドニー・ハートランドはその著書『未開法』のなかで語っている。「ルソーの想像力から生まれる自由で、桎梏《しっこく》から解きはなたれた存在とは遥かにかけ離れている。その反対に野生人はあらゆる側面について、じぶんの所属する種族の慣習に取りこまれており、記憶のかなたの慣習の鎖に繫がれている。(中略)こうした桎梏は野生人によって当然のことがらとして受容されており、野生人はだんじてそれを断ち切ろうとはしない。(中略)文明人にかんしても、おなじ観察が往々にして当てはまるかもしれない。とはいえ文明人の場合はひどく落ち着きがなく、変化を望み、みずからの環境を問いかえすのに熱心であるあまり、長く黙従の態度を取りつづけることができないのだ」(1)。これらの文言は二十年もまえにしるされたものであるけれども、その間、私たちが学びとったのはあらたな教訓であり、しかもその教訓は、じぶんたちの人間的矜持にかけてきわめて屈辱的なものなのであった。私たちが学びしったことは、現代の人間がその落ち着きのなさにもかかわらず、くわえておそらくは落ち着きのなさのゆえに、野生の生活を支配している条件を本当は克服していないという消息である。おなじ力にさらされるなら、現代人はたやすく完璧な黙従の状態へと投げかえされてしまうのだ。現代人であっても、もはやその環境を疑おうともせず、それを当然のことがらとして受けいれるのである。

（1）E. Sidney Hartland, *Primitive Law* (London, Methuen & Co., 1924), p. 138.

この十二年間にわたるいっさいの痛ましい経験のなかでも、この件がおそらくはもっとも恐るべきものだろう。それは、魔女キルケーの住む島におけるオデュッセウスの経験にも引きくらべられることであろう。しかもなお悪いのだ。キルケーは、オデュッセウスの友人や仲間たちをさまざまな動物のかたちに変えていった。一方いまや教育も知性もあるひとびと、誠実で廉直な人間たちが、突如として人間の最上の特権を放棄している。かれらはもはや、自由で人格的な行為者であることを止めている。定められた同一の儀式を演じながら、かれらは同一の仕方で感じ、考え、語りはじめているのだ。その身ぶりは生き生きとして熱烈なものであるけれども、それはたんに人工的で贋の生活であるにすぎない。事実かれらが動かされているのは、外部の力によってである。かれらは人形劇のマリオネットのように行動する――しかもこの劇の糸、人間の個人的・社会的な生の全体をあやつる糸がそれ以来、政治的な指導者たちの手に握られている、ということに気づいてすらいないのである。

当面の問題を理解するため、これは決定的に重要な点である。強制と抑圧の方法は、政治的な生のなかで終始かわることなく使用されてきた。とはいえ多くの場合そうした方法の目指すところは、実質的な成果だったのである。きわめて恐怖に満ちた専制の体制であっても、ひとびとに或る特定の行動法則を強要することで満足してきたわけである。それはひとびとの感情や判断、思考にまでかかわろうとはしなかった。たしかに巨大な宗教的闘争においては、このうえもなく烈しい努力が払われて、人間の行動の規則ばかりでなく意識をも支配しようと試みられてきた。しかしながら、そういった企図は失敗せざるをえなかったのだ。それはたんに、宗教的な自由の感情を強化するにすぎなかったのである。ちなみに、現代の政治的神話が進める方策はまったく異なったものである。それが手をつけようとするのは、或る特定の行動を要求したり、あるいは禁止したりすることからではない。神話が企てたのは人間を変えることであり、それはかれらのふるまいを規制し統制するのを可能とするためであった。政治的神話が作用する仕方は毒蛇のそれと似ており、まずその獲物を麻痺させておいてから攻撃しようとする。ひとびとは、なんら真剣な抵抗もみせることなく神話の餌食となったのだ。ひとびとは、現になにが起こっているのかを認識するまえに、すでに征服され服従させられていたということなのである。

政治的抑圧の通常の手段では、こうした効果を生みだすのに十分なものではなかっただろう。きわめて過酷な政治的圧力のもとでも、人間たちはみずからの生を紡ぐのを止めはしなかった。そうした場合であってもいつでも人格的な自由の領圏が残されていて、こうした圧力に抵抗したものである。古代の古典的な倫理的理念は、古代世界の混沌とその政治的頽廃のただなかにあってすらその力を維持し、強化したのである。セネカが生きていたのはネロの時代、しかもその宮廷中である。しかしこのことは、セネカがその論考や道徳書簡のなかでストア哲学のもっとも高邁な理念《アイデア》、すなわち意志の自律や賢人の独立といった観念《アイデア》をめぐってその大綱をまとめる障害とはなっていない。現代の政治的神話の場合にはそういった理念や理想のいっさいを、それが働きはじめる以前に破壊しつくしてしまう。当の神話にとって、こうした側面からの反対はすこしも恐れるに足らない。ゴビノーの著作を分析したさいに私たちは、どのような方法がそうした反対を打倒するものとなるのかを学んできたことになる。人種の神話は強力な腐食剤のように作用して、それ以外の価値のすべてを解体し崩壊させることに成功しているのだ。

この過程を理解するには、「自由」という語の分析からはじめておく必要がある。自由とはもっとも曖昧で多義的なことばのひとつであって、それは哲学的言語においてばかりではなく政治的用語についても変わらない。意志の自由をめぐって思弁を開始すると私たちはただちに、形而上学的な問題やら二律背反やらのおよそ解きがたい迷宮のうちに入りこんでいることに気づく。政治的な自由にかんしていえば、私たちがだれもみな知悉しているように、それはもっともよく使用され濫用されたスローガンのひとつなのである。あらゆる政治党派が、じぶんたちはつねに自由の真の代表者であり擁護者であると断言する。しかしかれらはいつでも、自由という語をじぶんたちに固有の意味で定義し、その語をかれらの特殊な利益のために使用している。倫理的自由は本来、遥かに単純なものである。それは、形而上学にあっても政治においても避けがたいものであるかに見える、こういった曖昧さを免れているのだ。人間は自由な行為者として行為するが、それは人間が無差別の選択の自由（*liberum arbitrium indifferentiae*）を所有しているからではない。動機の不在ではなく動機の性格こそが、自由な行為をしるしづけている。倫理的な意味で人間が自由な行為者であるのは、なにが道徳的義務であるのかにかんするかれ自身の判断と、それについてのみずからの確信に、行為の動機がもとづいているときである。カントによるなら、自由は自律と同義である。自由が意味するのは「非決定性」ではなく、かえって特殊な種類の決定なのだ。自由が意味するところは、私たちがみずからの行為にあってしたがう法則が外部から強制されるものではなく、道徳的な主体が当の法則をじぶん自身に与えることなのである。

じぶんの理論に説明を与えるさいにカントはいつでも、基本的な誤解に対して注意を促している。倫理的自由は、とカントは宣言する、事実ではなく一箇の要請である。それは与えられている(gegeben)のではなく、課せられている(aufgegeben)のだ。自由は賜物として人間本性に賦与されたものではなく、むしろひとつの課題であり、しかも人間がみずからに課しうるもっとも困難な課題である。自由とは所与(*datum*)ではなく要求であり、倫理的な命令なのである。この要求を満たすことは、公的生活全体の崩壊が切迫しているかに思われる、重大で深刻な社会的危機の時節ではとりわけ困難なものとなる。そうした時代には、個人はじぶん自身の能力に対して深刻な不信を覚えはじめる。自由は、人間が生まれつき相続しているものではない。自由を所有するために、私たちは自由を創造しなければならない。かりに人間がただたんにみずからの自然的な本能にしたがうだけであるなら、人間は自由のために闘うことはなく、むしろ隷属することをえらぶだろう。あきらかに、他者たちに依存するほうが遥かにたやすいことであり、じぶん自身で思考し判断して、決定することではないからである。このことによって説明される事実とは、個人的生にあっても政治的生においても自由があまりにしばしば、一箇の特権というよりはかえってひとつの重荷と見なされていることである。きわめて困難な状況のもとでは、ひとはこの重荷を振りすてようとする。まさしくそこに、全体主義国家と政治的神話が忍びよるのだ。あらたな政治的党派が約束するのは、すくなくともこうしたディレンマからの脱出である。そうした党派は、自由に対する感覚そのものを抑圧し破壊するが、しかし同時にひとびとを個人的な責任のすべてから解放するのである。(1)

(1)「ひとりのドイツ人食料品商がいて、かれは、アメリカからの訪問者に対して事態を説明するのを厭わなかったのであるが」、とステファン・ラウシェンブッシュは述べている。「私としてはじぶんたちの気もちを話して、自由が放棄されるときに、かけがえのないなにかが失われるのだと言ってみた。かれはこう答えた。「いや、あなたはなにも分かっていないんです。これまでなら私たちは、やれ選挙で、それ政党だ、投票だ、と心を煩わせなければなりませんでした。私たちには責任があったからです。けれどもいまでは、そんなものはなにひとつ持ってはいないということです。いまや私たちは自由なんです」」。以下を参照。Stephan Raushenbush, *The March of Fascism* (New Haven, Yale University Press, 1939), p. 40.

このことによって私たちが導かれるのは、当面の問題が有するもうひとつの側面である。私たちは現代の政治的神話を記述してきたけれども、そこにはなおひとつの特徴が欠けていたのである。すでに指摘したように、全体主義国家にあって政治的指導者たちが引きうけなければならなかった機能のすべては、未開社会においては呪術師たちによって演じられていたものだった。呪術師たちは絶対的な支配者であり、どのような社会的災厄であってもことごとく治癒することを約束する呪医でもあったのである。しかし、それだけでは十分ではなかった。野生の種族のあいだでは、魔術師にはなおひとつ重大な任務がある。*homo magus*〔魔術人〕は同時に*homo divinans*〔予言人〕である。その者は神々の意志を啓示し、未来を予言する。卜占師は、未開の社会的生のなかで確乎たる地位を占めて、不可欠なその役割を演じていた。政治的な文化が高度に発達した段階にあってさえ、卜占師はそれでもなおみずからの古来の権利と特権とを十二分に所有している。ローマではたとえば、いっさいの重要な政治的決定がなされ、あらゆる困難な事業が企てられ、またすべての戦闘が開始される場合に、かならず鳥卜官や腸卜者の助言が必要とされていた。ローマの軍隊が派遣されるさいにはいつでも腸卜者が同行し、軍隊における参謀として不可欠な一員となったのである。

この点についてさえ現代の政治的生が突然たちかえったのは、まったく忘却のかなたにあったかに見える形態である。たしかに私たちはもはや一種の原始的な籤占《くじ》い、すなわち神籤による予言に頼ることはなく、また鳥たちの飛翔に目を凝らすことも屠《ほふ》られた動物の内臓を調べることもない。私たちは、遥かに洗練された、精緻な予言の方法を発達させてきた――つまり科学的・哲学的なものであることを自称する方法というわけである。とはいえ私たちの用いる方法が変化したとしても、ことがらそのものはだんじて消滅したわけではない。現代の政治家たちなら、大衆はたんなる物理的な力よりも想像力の力によるほうが、かえって遥かにたやすく動員されうることを知りつくしている。そしてかれらは、この知識を十二分に利用してきたのだ。政治家が一種の公的な予言者となる。予言こそはあらたな統治技術にあって、その本質的な要素である。まったくありそうもない、あるいは不可能なものですらある約束がなされ、千年王国(＊1)がいくたびも繰りかえし予告されるのである。

(＊1) キリストが再臨して、千年のあいだ地上を治めたのちに、世界は終末をむかえて、神の国が開始される、という初期キリスト教にみられた終末論の一形態。もともと「ヨハネ黙示録」にみとめられた思想。

きわめて奇妙なことであるけれども、このあらたな予言の技法が最初にあらわれたのはドイツの政治ではなく、ドイツの哲学においてのことである。一九一八年にオスヴァルト・シュペングラーの『西洋の没落』が登場する。おそらくは、哲学的な書物がこのようなセンセーショナルな成功を収めたことはかつて一度たりともなかっただろう。一書はほとんどあらゆる言語に翻訳され、種々様々な読者によって読まれたのだ——哲学者も科学者も歴史家も政治家も、学生も教師も商人も、街頭をゆくひとびともそれを手にとったということである。こうした前例を見ない成功の理由はなんであり、いったいどのような魔力をこの一書は読者たちに及ぼすことになったのか。逆説的なことがらに見えるかもしれないけれども、私が思うにシュペングラーの成功の原因は、この本の内容よりはかえって標題のうちに求められなければならない。『西洋の没落』(*Der Untergang des Abendlandes*)という題名が電光の一閃となって、シュペングラーの読者たちの想像力に火を点けたのだ。この書物が出版されたのは一九一八年の七月、つまり第一次世界大戦のおわりである。そのころ私たちのほとんどとは言わないまでも、多くが身に染みて感じていたことは、なにか腐敗したものが、かつて高く評価された西欧文明の現状には存在しているということである。シュペングラーの一書が、鋭利かつ痛烈な仕方で表現していたのはこうした一般的な不安なのである。それは科学的な書籍というわけではまったくなかった。シュペングラーは科学の方法のすべてを軽蔑し、それに公然と挑戦している。「自然は」、とかれは宣言する。「科学的に取りあつかわれ、歴史は詩的に論じられなければならない」。しかしながらこの件すら、シュペングラーの著作が真に意味するところではない。詩人ならばその想像力の世界のなかで生息しており、ダンテやミルトンのように偉大な宗教詩人であっても預言者のヴィジョンの世界に住まっている。とはいえ詩人はそういったヴィジョンを現実と取りちがえることがなく、そこから歴史哲学を創りだすこともない。これこそが、しかしながらまさにシュペングラーについて起こったことなのだ。かれはあらたな方法を見いだしたものと自負し、その方法によれば歴史的・文化的な事象も、天文学者が日蝕や月蝕を予見するのとおなじように、しかも同一の精確さをもって予言しうると豪語する。「本書ではじめて試みられるのは、歴史をあらかじめ規定しようとする企てである。それは、ひとつの文化の運命をいまだ解きあかされていない行程のただなかで辿ろうとする。その文化とはとりわけいまこの惑星のうえで完成の局面を現に迎えようとしているただひとつの文化――つまり欧米の文化なのである」。

このことばが、シュペングラーの著書とそれが及ぼした巨大な影響とを理解する手がかりを与えてくれる。かりに人間の文明をめぐる物語を紡ぐばかりでなく、その未来のすじみちをあらかじめ規定することが可能であるならば、偉大な進歩がひとつ実際になされたことになるだろう。あきらかに、このように語りだす人間はただの科学者でもなければ、また歴史家や哲学者でもない。シュペングラーにしたがえば、文明の勃興や衰退また没落はいうところの自然法則によるものではない。それらを規定しているのはより高次の力、すなわち運命の力なのである。因果性ではなく運命こそが人間の歴史の原動力である。ひとつの文化的世界の誕生は、とシュペングラーは語る。つねに神秘的な行為であり、運命という神慮〔の結果〕なのだ。そういった行為はまったくのところ、私たちの貧弱な、抽象的で科学的もしくは哲学的な概念によっては見とおされないものである。「ひとつの文化が誕生するのは、偉大なたましいが永遠に幼い人間性に属する前精神性から覚醒し、そこから離脱して、無形態なものから形態あるものとなり、際限をもたずに持続するものから、際限をもった死すべきものとなる、その瞬間にあってのことである。(中略)その文化が死滅するとすれば、それは、このたましいが持てるかぎりの可能性の全総計を現実化しつくして、それらを民族・言語・教条・芸術・国家・科学のかたちで実現し、ふたたび前精神的なものへと回帰するときなのである」(1)。

(1) Oswald Spengler, *Der Untergang des Abendlandes* (München, Beck, 1918). English trans. by Charles F. Atkinson, *The Decline of the West* (London, G. Allen & Unwin, 1926), p. 106. 第Ⅳ章の全体 "The Destiny-Idea and the Causality-Principle" を参照のこと。

ここでもまた私たちが見いだすのは、神話的な動機のうちもっとも古いもののひとつが再生していることである。世界のほとんどあらゆる神話のなかで私たちが出遭うことになるものが、避けがたく容赦なく、変更しえない運命という観念なのだ。運命論こそ、神話的な思考から分かちがたいものであるように見える。ホメロスの詩篇のなかでは、神々さえも運命に従属しなければならない。すなわち運命の女神(Moira)は、ゼウスから独立に行為するのである。プラトンの『国家』第十巻に有名なくだりがあり、そこでかれは、あらゆる天体の運行がそれを中心にめぐる「必然性の糸取り棒」にかんして語っている。紡錘《ぼうすい》が〈必然〉の膝のうえで回転しているかたわらで、〈運命〉すなわち〈必然〉

の娘たち、ラケシス、クロト、アトロポスが玉座にすわって、ラケシスが過去を、クロトは現在を、アトロポスが未来をうたう。(1) これはプラトンの紡いだ神話のひとつであり、プラトンはいつでも、神話的思考と哲学的思考のあいだに鋭利な区別を設けていた。たほう現代の哲学者のうち或る者たちのもとでは、この区別がまったく抹消されてしまっているかに見える。かれらは私たちに一箇の歴史の形而上学を与え、その形而上学が示すのは、神話の有する特徴的なおもだちのすべてなのだ。最初にシュペングラーの『西洋の没落』を読んだとき、私はたまたまイタリア・ルネサンスの哲学の研究に専心していた。そのときもっとも強く印象に残ったのは、シュペングラーの著書と、じぶんがごく最近読んだばかりの占星術の論考のいくつかとのあいだに密接な類比がみとめられることである。いうまでもなくシュペングラーは、星々の廻りのなかに文明の未来を読みとろうなどとはしていない。とはいえ、かれの予言は占星術の予言とまったく同型的なものである。ルネサンスの占星術師たちにしても、個々の人間の運命を探索することで満足していたというわけではない。かれらはその方法を、巨大な歴史的・文化的な現象に対しても適用していたのである。当時の占星術師のひとりは教会に告発され、火刑に処せられたが、それはかれがキリストの運勢図《ホロスコープ》を作成し、キリスト生誕時の星位からしてキリスト教の没落が迫っていることを予言したからであった。シュペングラーの一書はじっさい歴史の占星術だった――それは、昏《くら》い黙示録的なヴィジョンを繰りひろげる預言者の著作だったのである。

（1）Plato, *Republic*, 616f.

そうはいってもシュペングラーの著作を、のちの政治的な予言と結びつけることが本当にできるのだろうか。私たちは、このふたつの現象をおなじ次元に並べることが可能なのか。一見したところでは、そうした並行関係はきわめて疑わしいものであるかに見える。シュペングラーは災厄の予言者であった一方、あらたな政治的指導者がその信奉者たちのうちに掻きたてようと切望したものは、いとも法外な希望である。シュペングラーは西洋の没落について語り、他方はゲルマン人種による世界征服を口にしている。あきらかにこの両者はおなじものではない。それにくわえてシュペングラーは個人的には、ナチ運動の信奉者ではなかったのである。かれは一箇の保守主義者であって、旧きプロイセンの理想を賛美し称賛する者であったし、しかも新参者たちの綱領は、かれに対してなにひとつ訴えるところがなかったのだ。それにもかかわらずシュペングラーの著作は、ナチズムの先駆的な書物のひとつとなった。それというのも、シュペングラーがみずからの一般的な提題から引きだした結論はなんであったのか、これを考えてみればよい。かれは、その哲学がペシミズムの哲学と呼ばれることに対して烈しく抗議する。シュペングラーの宣言するところによれば、かれはいかなるペシミストでもない。西欧文明は、たしかに最終的に没落すべき運命にある。しかし、この明白で不可避な事実を悲嘆するのは無用というものだ。私たちの文化が失われるとしても、現在の世代にはなおほかにも多くの、おそらくは遥かに良いものが残されているだろう。「偉大な絵画や偉大な音楽にかんしていえば、西欧のひとびとにはもはやなんの余地もありえない。（中略）ただ外面的可能性だけが、かれらには残されている。だがしかし際限のない希望に満たされた健全で旺盛な世代にとって、それらの希望のいくらかが無に帰するほかないのを直ちにみとめることが、なにか不利なことがらとなるとは私には思われない。（中略）たしかにこの件は、ある種のひとびとにとっては悲劇的なことがらだろうが、それはかれらがその決定的な歳月に、建築・演劇・絵画の領域においては、じぶんたちの克服すべきなにものも残されていないと確信して、打ちひしがれているからである。かれらが没落するにせよ、それがいったいなんだというのだろう！（中略）いまやようやく何世紀にもわたる業績を積みかさねたあげく、西洋のひとびとにとって可能となったのは、じぶんたち自身の生の潜在的な可能性を、一般的な文化-図式と関係づけながら見わたして、みずからに固有の能力と目的とを吟味することである。私に希望しうることといえば、それはただ、新世代に属する者たちが本書によって突きうごかされ、抒情詩に代えて技術に、絵画に代えて海事に、認識論に代えて政治に専心するということだけである。それ以上のものを、かれらとしてはなしえないはずなのである[(1)]」。

（1）Spengler, *op. cit.*, pp. 40f.

抒情詩に代えて技術を、認識論に代えて政治をという、人間文化にかんするひとりの哲学者が与えたこの勧告は、いともたやすく理解されたことだろう。新参者たちが確信したところでは、かれらこそシュペングラーの予言を成就したことになる。新参者たちは、じぶん自身の意味に合わせてシュペングラーを解釈したのである。もし私たちの文化が――科学・哲学・詩文また芸術が――死に瀕しているというならば、あらたな出発を切ろうではないか。じぶんたちの莫大な可能性をかけて、あらたな世界を創造して、その世界の支配者たろうではないか。

おなじ思考の潮流は、現代ドイツの哲学者のひとりが著した著作のうちにもあらわれているけれども、その哲学者は一見したところシュペングラーとほとんどなにも共有するところがないように見え、またじぶんの理論をシュペングラーとはまったく独立に展開している。一九二七年、マルティン・ハイデガーはその著『存在と時間』(*Sein und Zeit*)の第一巻を公刊する。ハイデガーはフッサールの弟子で、ドイツ現象学派の傑出した代表者のひとりとも見なされていた。かれの著作が発表されたのは、フッサールの編集する『哲学および現象学的研究のための年報』(*Jahrbüchern für Philosophie und phänomenologische Forschung*)においてである(1)。しかしその一書が示す態度は、フッサール哲学の精神とは対極的なものだった。フッサールは、論理的な思考の原理を分析するところから出発している。かれの哲学の全体は、この分析のうえに立っているのである。フッサールにとって最上の目的は、哲学を一箇の「厳密な学」と化し、揺るがしえない事実と疑いえない原理のうえにそれを基礎づけることである。そういった傾向は、ハイデガーにとってまったく異質なものだ。かれは「永遠」の真理といったもの、プラトンの「イデアの領圏」、あるいは哲学的思考に属する厳密に論理的な方法といったものが存在することをみとめない。そうしたものはいっさい理解しがたい、と宣言されるのだ。論理的な哲学を樹立しようとすることは無駄であり、私たちに可能なことといえば、ただ「実存哲学」(Existenzialphilosophie)を提示してみせることだけである。そうした実存哲学は、客観的で普遍妥当的な真理を私たちに与えることを要求しない。どのような思想家であれ、みずから自身の実存の真理を超えるものを示すことができず、しかもこの実存は歴史的性格を有している。それは、個人がそのもとで生きている特殊な諸条件と緊密に結びあわされている。そういった条件のさまざまを変更することは不可能なのである。自身の思考を表現するため、ハイデガーはあらたな術語を鋳造しなければならなかった。かれは、人間の被投性(Geworfenheit)について語る(つまり〔人間が世界に〕投げこまれているということである)。時間の流れのうちに投げこまれていることが、私たち人間の状況にあって基礎的で変更のきかない特徴である。私たちはこの流れから逃れることはできないし、そのみちすじを変更することもかなわない。私たちが受けいれなければならないのは、みずからの実存の歴史的な条件なのだ。私たちはそれを理解し解釈しようとすることができるとはいえ、その条件を変更することはできない。

(1) Vol. VIII (2d ed. Halle, Niemeyer, 1929).

私としても、こういった哲学的な学説がドイツにおける政治思想の展開に直接的にかかわっている、と言おうとしているわけではない。これらの思想の多くは、まったく異質な源泉に由来するものである。それらにはまったく「現実主義的」な目的があるのであって、「思弁的」な内容があるわけではない。しかしながらあらたな哲学がまさに弱体化させ、それをゆっくりと掘りくずしていった力こそ、現代の政治神話に対して抵抗しうるものであったかもしれないのである。一方の歴史哲学には私たちの文明の没落と不可避な崩壊という昏い予言に満ちており、他方の理論が被投性(Geworfenheit)のうちに見とどけようとするものは人間の主要な性格のひとつであって、その両者により放棄されるにいたったのは、人間の文化的生を構築し再建する営為に積極的に参加しようとする希望のいっさいなのだ。そうした哲学は、それ自身の根本的な理論的・倫理的理想を断念している。かくして当の哲学は政治指導者たちの手に落ちて、そこで唯々諾々として便利な道具に使われることになったのである。

現代の世界が運命論へと回帰していったことから、私たちはいまひとつの一般的問題へと導かれる。私たちはじぶんの手にしている自然科学を誇りに思っているけれども、忘れてはならないのは、その自然科学とは人間精神がごく最近になってから到達した成果にすぎないことである。十七世紀は、ガリレオとケプラー、デカルトとニュートンがあらわれた偉大な世紀であるが、その世紀にあってなお、自然科学が確乎として確立されていたと言うことはまったくできない。科学はいまだ、日の当たる場所を求めて闘わなければならなかった。ルネサンス期をつうじていわゆるオカルト学、つまり魔術や錬金術、占星術がなおも支配的であって、それらの学はあらたな繁栄期すら迎えていたのである。ケプラーは最初の偉大な経験的天文学者であり、惑星の運行を厳密な数学的用語で記述することに成功している。しかしこの決定的な一歩を踏みだすことは、きわめて困難だったのだ。ケプラーが闘わなければならなかったのはその時代に対してばかりではなく、かれはまたじぶん自身と争わなければならなかったからである。天文学と占星術とは、いまだ分離可能なものとはなっていない。ケプラー自身プラハの宮廷で占星術師に任命され、晩年にいたってヴァレンシュタインのもとで占星術師となっている。かれが最終的にじぶん自身を解放するにいたったみちすじは、近代科学の歴史のなかでももっとも重要で魅力ある章のひとつである。ケプラーはだんじて、占星術の発想から完全に解きはなたれることがなかったのである。かれの宣言するところでは、天文学は占星術の娘であって、その娘が母親を無視し、あるいは軽蔑するようになることはないだろう、ともケプラーは語っている。近代の十七世紀と十八世紀に先だつ時代では、経験的な思考と神話的な思考のあいだに分割線を引くことは不可能である。科学としての化学はその語の現代的な意味では、ロバート・ボイルとラヴォアジェの時代にいたるまではおよそ存在していなかったのである。

こうした事情を、いったいどのようにして変容させることができたのだろうか。どうやって自然科学は、数えきれないほどの失敗を重ねた果てに、ついには呪文を破ることになったのか。この巨大な知的革命を導いた原理をもっともよく描きとっているのはベーコン、この近代の経験論的思想を開拓した者のひとりが語ったことばである。すなわち“*Natura non vinvitur nisi parendo*”――自然は服従することによってのみ征服されうる、ということだ。ベーコンの目的は、人間を自然の支配者とすることなのであった。しかしベーコンのいう人間による支配は、正しく理解されなければならない。人間は自然を従属させ、あるいは隷属させることができない。自然を支配するために、人間は自然を尊敬しなければばならない。すなわち、人間が自然の基礎的な規則にしたがわなければならないのである。人間はまず、みずからを解放するところからはじめる必要がある。つまりじぶんの錯誤や迷妄、人間に固有の性癖や空想を取りのぞかなければならないわけである。その『新オルガン』(*Novum organon*)第一巻中でベーコンは、これらの迷妄に対して体系的な概観を与えようとした。さまざまな種類の偶像、(＊1)すなわち種族の偶像(*idola tribus*)、洞窟の偶像(*idola specus*)、広場の偶像(*idola fori*)、さらには劇場の偶像(*idola theatri*)を描きとり、くわえてそれらを克服する方法を示すことで、真の経験科学へとつうじる道をあきらかにしようとしたのである。

(＊1) 以下、それぞれ、人間という種族、おのおのの個人、言語と現実との取りちがえ、権威への服従によって生じるとされる偏見。

政治にあっては、このような道はいまだ見いだされてはいない。人間のあらゆる偶像のうちでも政治的な偶像、すなわち *idola fori* こそがもっとも危険で、しかも永続するものなのだ。プラトンの時代いらい偉大な思想家はすべて、多大な力を費やして、政治にかんする合理的な理論を発見することに努めてきている。十九世紀にいたって、ついにその正しい小径が見いだされたものと確信された。一八三〇年に、オーギュスト・コントが『実証哲学講義』(*Cours de philosophie positive*)の第一巻を公刊する。かれは自然科学の構造を分析するところから開始し、天文学から物理学へ、物理学から化学へ、化学から生物学へと歩みをすすめる。とはいえコントにしたがえば、自然科学とは最初の一歩にすぎない。かれが真に目的とし、また大志とするところは、あらたな社会科学の樹立者となって、その学のなかに物理学や化学のうちで見いだされるのと同等の精確な推論の方法、すなわちおなじく帰納的あるいは演繹的な方法を導入することなのである。

政治的神話が二十世紀に突如として台頭してきたことから示されるのは、コントやその弟子、またその信奉者たちのこういった希望が時期尚早であったということだ。政治学は実証科学からはほど遠く、まして厳密科学からは遥かにかけ離れている。後代の者たちが現在の政治システムの多くを振りかえるとき、現代の天文学者が占星術の書物を読み、あるいは現代の化学者が錬金術の論攷を学ぶときに懐くのとおなじ感慨に囚われるであろうことを、私としては疑わない。政治学には、確乎として信頼に足る基礎がいまだ見いだされてはいないのである。そこでは、明確に樹立された宇宙的な秩序がなんら存在しないかのように見え、私たちはいつでも突然、元々の混沌へとふたたび落ちこむ脅威にさらされている。私たちは高く壮麗な建造物を建てていながら、その基礎を固めることを忘れているのだ。ひとが魔術的な呪文や儀礼を巧みに用いれば、自然の経過を変化させることもできるとする信念は、数百年、数千年にわたって人間の歴史を支配してきた。避けがたい挫折や失望のいっさいにかかわらず、人類はなおも執拗かつ頑固に、そして絶望的な仕方でこの信念に縋りついてきた。だから、私たちの政治的行動や政治的な思考のうちで、魔術がいまだその地歩を占めているのは驚くにあたいしない。しかしながら、なんらかの小集団がじぶんの願望や空想的な理念を、多くの国民や国家の全体に強制しようとするなら、かれらは一時的には成功をおさめ、巨大な勝利を獲得することすらあるかもしれないが、とはいえそれはつねに儚いものとならざるをえない。なぜなら結局のところ、社会的世界の論理といったものが存在しており、それは自然的世界の論理が存在しているのと同様だからだ。つまりそこにも一定の法則が存在して、それを蹂躙すればかならず罰せられる、ということである。この領圏にあっても、私たちがしたがう必要があるのはベーコンの勧告である。すなわち、社会的世界を支配しようと企てるに先だって私たちはその法則に従属するすべを学ばなければならない、ということだ。

哲学はなにを分担することで、政治的神話に対するこの闘争のなか、私たちに手をさしのべられるだろうか。現代の哲学者たちについていえば、政治的・社会的なできごとの進行に対して影響を与えるいっさいの希望を、遥か以前に手ばなしているように見える。ヘーゲルの見解は、哲学の価値と尊厳とをきわめて高く評価するものだった。にもかかわらずヘーゲルそのひとの宣言するところによれば、哲学が生まれてくるのはいつでも、世界を改革するには遅すぎるのである。だからなんらかの哲学が、みずからにとっての現在を超越できると夢想するのは、ちょうど個人がじぶん自身の時代を飛びこえることができると想像するのとおなじように嗤うべきことなのだ。「哲学がひとつの生のすがたを、灰色に灰色をかさねて描きあげようとするとき、それはすでに年老いており、灰色に描くことではそのすがたは若返ることができず、それはたんに認識されるだけである。ミネルヴァの梟《ふくろう》が飛翔しはじめるのはただ、夕闇が迫るときなのである」(1)。このヘーゲルの格言(*dictum*)が正しいとすれば、哲学は運命に呪われて、絶対的静寂主義に釘づけされることになるだろうが、それは、人間の歴史的生に対してまったく受動的な態度を採ることとひとしい。哲学はひたすら与えられた歴史的状況を受けいれ説明して、それに膝を屈しなければならないことになる。その場合には、哲学は一種の思弁的な怠惰以外のなにものでもないことになるだろう。私が思うに、とはいえこれは哲学の一般的な性格とその歴史の双方に対して、ふたつながら矛盾している。プラトンの古典的事例を挙げるだけで、こうした見解を反駁するに十分だろう。過去の偉大な思想家たちは、「思想においてじぶん自身の時代を把握した」(＊1)だけではない。きわめて頻繁にかれらはみずからの時代を超えて、時代に反して思考しなければならなかった。こういった知的・道徳的な勇気を欠いている場合には哲学は、人間の文化的・社会的な生にあって果たすべきその課題を充たすことができなかったことだろう。

(1) Hegel, *Philosophy of Right*, Dyde trans., Preface, p. xxx.
(＊1) their own times apprehended in thought. これも、ヘーゲル『法哲学』「序文」の表現で、原文は ihre Zeit in Gedanken gefaßt.

政治的神話を破壊することは、哲学の力の及ぶところではない。神話はある意味で不死身なのだ。それは理性的論証を受けつけず、推論によって反論されることもできない。しかし哲学は、私たちにとってもうひとつの重大な面で役にたつ。哲学は、私たちに敵を理解させることができる。敵と戦うためには敵を知っていなければならない。これが、正しい戦略にとって第一原理のひとつである。敵を知るとは、その欠点や弱点を知ることばかりではなく、その強靭さをも知ることを意味している。私たちはだれもみな、これまでその強靭さを低く見つもりがちだったのである。政治的神話にかんしてはじめて耳にしたとき、私たちにはそれがひどく不合理で、一貫性を欠き、空想的でバカげていると思われて、その神話を真摯に受けとめるべきであると説かれてもほとんど納得することができなかった。今日では私たちのだれにとってもあきらかになったのは、これが大きなあやまりであったということである。私たちには、おなじあやまりをもういちど繰りかえすことは許されていない。私たちは政治的神話について、その起源・構造・方法ならびに技術を慎重に研究しなければならない。敵と戦うすべを知るためには、それを正視する必要があるのである。

結　論

私たちが、現代の政治的生という過酷な学校で学ぶにいたった事実は、人間の文化が、かつてそう考えられていたほどには鞏固に確立されたものではまったくないということである。偉大な思想家であれ科学者であれ、詩人・芸術家であれ、私たちの西欧文明の基礎を据えたひとびとはしばしば、じぶんたちが永遠につづくものを打ちたてたと確信していた。ツキュディデスがみずからのあらたな歴史の方法を論じて、それを従来の神話的な歴史の取りあつかいに対置したさいに、かれはじぶんの仕事は *κτῆμα ἐς ἀεί*——すなわち「永遠の財宝」であると語った。ホラティウスはその詩を"*monumentum aere perennius*"——すなわち青銅より恒久的な記念碑と呼んで、かぎりない歳月や時代の光陰によってすら破壊されることのないものと見なしている。しかしながら私たちとしては、人間文化の偉大な傑作を見わたすのに遥かに謙虚な視線をもってしなければならないように思われる。それらは永遠のものではなく、また堅忍不抜なものでもない。私たちの科学や詩や芸術、さらに宗教は、ただの上澄みにすぎないのであって、その下には遥かに古い地層がひろがり、深く地底へと達している。私たちはつねに激しい衝撃に備えておく必要があるのであり、それも、そうした衝撃がじぶんたちの文化的世界や社会的秩序をまさにその根底から揺りうごかすことがありうるからである。

神話と他の偉大な文化的な勢力との関係を説明するのに、おそらくひとつの比喩を神話そのものから採って用いてもよいだろう。バビロニアの神話のうちに、世界の創造を描きだそうとする伝説がある。伝えられているところでは、最高神マルドゥクは、その偉業を開始するのに先だって恐るべき闘争を経なければならなかった。(＊1) かれはティアマトという大蛇や、その他の闇にすむ龍たちに打ち克って、それを服従させなければならなかったのである。マルドゥクはティアマトを剣で刺しつらぬき、龍たちを縛りつけた。怪物ティアマトの四肢からかれは世界をかたちづくり、それに形態と秩序を与える。さらに天と地と星座と遊星とをつくり上げ、その運行を定めた。マルドゥクの最後の仕事が、人間の創造である。このように宇宙の秩序が始原の混沌から生まれでて、その秩序は未来永劫にわたって保たれることになる。「マルドゥクのことばは」、とバビロニアの天地創造の叙事詩は語っている。「永遠であって、その命令は不変である。いかなる神も、その口から出たものを変えることができない(1)」。

(1) 以下を参照。P. Jensen, *Die Kosmologie der Babylonier* (Strassburg, Trübner, 1890), pp. 279ff.

(＊1) マルドゥクはもともとはバビロンの都市神であったが、バビロニア統一以後、神話上の主神となってゆく。神話中では、混沌の神ティアマトを打ちやぶることで、「神々の王」として君臨することになる。

人間文化の世界を、このバビロニアの伝説のことばで描きとることもできるだろう。その世界がはじめてすがたをあらわすことができたのは、神話の暗闇との戦いに勝利が収められ、暗闇が征服されることによってである。だが、神話の怪物たちが完全に破壊しつくされたわけではない。かれらはあらたな宇宙の創造のために用いられ、そしてこの宇宙のうちでなお生きながらえているのだ。神話の威力は、より優越したさまざまな力によって阻止され服従させられた。そうした力、つまり知的・倫理的ならびに芸術的なそれが十分な勢力を保っているかぎりで神話は飼いならされ、服従させられる。けれどもいったんそれらの力が威力を失いはじめると、混沌がふたたび到来する。神話的な思考がそのときいまいちど立ちあらわれ、人間の文化的・社会的な生の全体に浸透しはじめるのである。

解説

『シンボル形式の哲学』への途と、『シンボル形式の哲学』からの道
――カッシーラー哲学の展開と『国家と神話』の位置――

本書はエルンスト・カッシーラー（Ernst Cassirer, 1874–1945）『国家と神話』（*The Myth of the State*, 1946）の全訳である。

カッシーラーにかんしてこの国では同時代的にもひろく知られていて、まず田邊元、さらには九鬼周造や三木清、また中井正一などの仕事にはやくから影響を与えている。廣松渉がくりかえしその名を挙げていたことも、よく知られているところだろう。とはいえカッシーラーには、S・K・ランガー等をのぞけば直接の弟子はすくなく、この国でも研究者の数が多くはない。カッシーラー最後の著書が岩波文庫にあらためて収録されることになるこの機会に、訳者解説に代えて、カッシーラー哲学の展開をめぐ

ってその全体像をやや立ちいって描きとっておくことにしたい。

一

エルンスト・カッシーラーは一八七四年七月二十八日、当時のドイツ帝国領内、西プロイセンの大都市ブレスラウに生まれた。ブレスラウは現在ではポーランドに属して、ヴロツワフと呼ばれる。ブレスラウが位置するのは、ドイツ語でシュレージエン地方と呼ばれ、ポーランド語でシロンスクとも称される地域である。同地はとりわけ近代以降、オーストリアとプロイセンとのあいだで紛争が絶えなかった地域であって、一七五七年には両軍がブレスラウの地で会戦している。

カッシーラーの生家は、ユダヤ系のきわめて富裕な商家(当時は材木を商っていた)であり、エルンストはその第四子である。母方の祖父は博学多識な読書人で、父の書斎にも文学書や歴史書が並べられていて、エルンストは九歳にしてシェイクスピア全集を読破したと伝えられている。当地のギムナジウムを卒業したのち、まずはベルリン大学に籍を置いた。

エルンストは、実家の意向もあって法学を専攻する予定であったけれども、やがて哲学と文学に関心が移り、歴史や芸術にかかわる講義も多く聴講していた。修学の場もベルリンからライプツィヒ、ライプツィヒからハイデルベルク、さらにはミュンヘンとマールブルクに移っている。とりわけベルリン大学では一八九四年に、当時は新進の講師であったジンメルの講義を聴講してカントへの関心を深め、マールブルク大学ではヘルマン・コーエンに師事した。一八九六年になってからのことである。

コーエンは、新カント派中のマールブルク学派の始祖である。マールブルク学派は、ヴィンデルバントからリッケルトへ継受されてゆく西南カント学派と並立し、また対抗していた。ちなみに後年ハイデガーがマールブルクに招聘されたとき、カッシーラーの教師のひとり、すでに大家となっていたパウル・ナトルプが、マールブルク派を代表するその騎将、なお若手教授であったニコライ・ハルトマンも学派の末裔である。

コーエン、ナトルプの指導のもとでカッシーラーは、プラトンをはじめとするギリシア哲学、デカルト、ライプニッツに代表される近世の哲学、またカント哲学について理解を深めた。カッシーラーをむかえて間もなく、コーエンそのひとがあらたな学生の能力に驚嘆して、この弟子にはじぶんの教えるべきなにごともないと語っていたと言われる。カッシーラーはその当時から、卓越した記憶力と独創的な思考力に恵まれていた。とくに前者の能力は将来の哲学者にすぐれた思想史的な業績の数々を可能にしたものであるが、学生時代のカッシーラーは、そのころニーチェやゲオルゲの作品も諳んじており、オペラの歌詞も数か国語にわたって暗誦できたと伝えられている。

一八九九年、マールブルク大学の哲学部を修了するにあたって提出されたカッシーラーの学位論文は「数学的・自然科学的認識にかんするデカルトの批判」(Descartes' Kritik der mathematischen und naturwissenschaftlichen Erkenntnis)というもので、のちに最初の著書『ライプニッツの体系』にその「緒論」として再録される。この論文はすでにいくつかの意味で注目にあたいする。ひとつには、デカルトの数学的‐物理学的業績に対する興味が(哲学と科学が交わる領野に向けられた、後年の)この哲学者にして、すぐれた哲学史家・思想史家の視線のありかをじゅうぶん予示しているという事情である。数学ならびに自然科学の基礎への関心は、(主として文化科学・歴史科学の基礎づけに関心を抱いた西南学派との対照にあって)師コーエンをはじめとするマールブルク学派を特徴づけるものであったとともに、若きカッシーラーの歴史的研究の背後にあったのは、数学および物理学そのものにかんする深く内的な理解なのであった。じっさいデカルト解釈にあってもカッシーラーは、中世スコラ哲学の束縛からの断絶という哲学史的な意義以上に、解析幾何学の発明というデカルトの業績に注目しており、その解析幾何学は、やがて微分法の確立にその精華を見るにいたる、近代科学に特有な「思考方法」を基礎づけるものであったと見なしている（LS, S. 1f. /G. W. Bd. 1, S. 3）。ただし、デカルト形而上学にあってきわめて大きな意義を有していた「無限」の概念が、自然認識の局面でデカルトにとって「純粋に否定的な意味」しか持っていない消息についても、将来の思想史家の慧眼は見おとしていない（*op. cit.*, S. 77/S. 70）。

デカルトはカッシーラーにとって、近代科学ならびに近代哲学の草創期に両者を領導した思想家であって、この哲学者・数学者・自然学者への関心は、終生にわたってカッシーラーとともにありつづけることになる。哲学史家・思想史家としての名声を不動のものとした『認識問題』第一巻がデカルトに応分の紙幅をさき、その自然学と形而上学に等分の関心を寄せていることは言うまでもない（EP I, S. 439–505/G. W. Bd. 2, S. 365–421）。最晩年にも哲学者は、デカルトをめぐる論文集をまとめている。『デカルト　学説・人格・影響』（*Descartes. Lehre-Persönlichkeit-Wirkung*, 1939）と題された一書である。収録された第一論文は、デカルトが与えたのは近代科学の論理的な基礎をめぐる権利問題への解答であったと主張し、とりわけ「私にとって自然におけるすべては数学的に生起する」(*Apud me omnia fiunt Mathematice in Natura*)とする、『精神指導の規則』中の一句に注目している(G. W. Bd. 20, S. 10)。

右で言及したライプニッツ研究書は、正式な題名を『その学的な基礎におけるライプニッツの体系』といい、一九〇二年に出版された。カッシーラーにとって最初の大著であり、その歴史研究の嚆矢となる一書である。カッシーラーはその第一作にあっても、数学と自然学、自然学と哲学が交差する地点から、このバロックの哲学者の業績を周到にたどり跡づけようとする。

よく知られているように、ライプニッツ形而上学の中心概念は「モナド」と称されるものであるが、小篇『モナドロジー』で展開されたモナドをめぐる考察の原型は、出版されることなく遺された小論『形而上学叙説』における「個体的実体」論のうちにみとめられる。カッシーラーの見るところでは、この個体的実体論の展開と、ライプニッツによる解析学の基本原理の発見は、緊密に結びあう思考の両面なのであった。

個体的実体のうちには無限の述語系列が含まれ、しかも個体的実体それ自身はその系列のうちでみずからを顕しながら、自己の同一性を保っている。主語概念としての個体的実体の統一性と、その実体に内属する諸述語の多様性との関係は、法則とそれが限定する項との関係によって説明される。運動変化の系列は一定の法則にしたがう微分の運動によって構成され、系列上の各点における変数の値は、それらを支配する一定の法則によって与えられる。逆にまた特定の一点における微分関係から、その系列全体が積分によって導出されることが可能である。これが「函数の連続性」であり、「法則の質的統一性とは微分の概念が構成するものであって、積分は法則という基礎から連続的に展開されるかぎりでの量をしるしづけている」(LS. S. 169 f. /G. W. Bd. 1, S. 153f.)。カッシーラーによると、個体的実体とそのさまざまな状態、後者をあらわす諸述語の関係は、解析学が表現するこの法則と系列との関係にひとしい。

まず自然学的な側面から考えると、ライプニッツにおける「現象の概念」は「純粋な諸関係の総体によって汲みつくされる」ものであり、「現象の真の存在」を保証するものは「代数学や幾何学、力学にあって個々に形成される、イデア的な関係」である(*op. cit.*, S. 535f. /S. 482)。おなじことを形而上学的な場面で言いなおすならば、「ライプニッツの実体概念の意味」は「さまざまな項の法則的連関の総体を表示する」ところにあることになるだろう(*ibid.*, S. 538/S. 485)。

ここで見てとることができるのは「「実体的」世界像」の解体であり、「旧来の存在概念を函数概念によって置換すること」であった(S. 538f. /S. 486)。カッシーラーによるライプニッツ研究はこうして、その最初の体系的哲学書『実体概念と函数概念』の視角の一部をすでに先どりするものとなったと言ってよいが、以下ではしばらく、カッシーラーによる歴史的研究の展開をなおすこし跡づけておくことにする。

二

一九〇六年、カッシーラーは『近代の哲学と科学における認識問題』第一巻を公刊した。カッシーラーに対する学問的に高い評価を確定することになった、エルンストなお若き日々の研鑽の結晶である。現在の目からみると、遺稿も含め全四巻に及ぶ企てを方向づけていたものは、マールブルク学派的な認識観にほかならない。

じっさいカッシーラーは「初版への序文」を、「ここにその第一巻を刊行する本書は、近代哲学の根本問題が歴史的にどのように生成したかを精査し、展望しようと試みるものである」と書きはじめたのちに、こう書きついでゆく。どのような時代であっても、そこには「究極的な普遍的概念や前提」があり、それらはひとつのシステムをなしている。経験や観察が提供する素材そのものが認識となるわけではなく、それらの素材はこうした「概念や前提」のもとで秩序づけられることによってはじめて、一箇の認識となるのである。「感官の主観的な感覚」は対象自体を与えるものではなく、対象にかんする認識をかたちづくるものでもない。たほう除去されなければならないもうひとつの幻想がある。それは「物質」や「原子」といった、現象をとらえるための概念を、現実そのものと取りちがえるところに発するものなのだ(EP I. S. Vf. /G. W. Bd. 2. S. IXf.)。

カッシーラー自身がそのことばを使っているように、後者は概念の「独断論」となる。そうであるならば、前者はあらためて、たんなる経験論と呼ばれてもよいことだろう。課題は、かくて独断論と経験論の両者を乗りこえることにある。問題はつまり、カント理論哲学にとっての課題とべつのものではない。ただし課題に応えようとする方法は、『認識問題』にあってさしあたり歴史的なものであり、それはしかも近代の哲学と科学の双方の発展を等分に見わたすことを要求するものだった。その第一巻から第二巻までの展開を含めて語るとすれば、クザーヌスにはじまり、カントにおわる考究の流れのなかでとり上げられるのはデカルトやロック、ライプニッツだけではない。ケプラーが、ガリレイが、ニュートンが論じられ、近代の認識問題の発展のなかで位置づけられる。この点こそがとりわけて、カッシーラー『認識問題』を劃期的な業績とするものだった。一書はたんに「体系的関心と歴史的関心を統合する」(*op. cit.*, S. VII/S. X)ものとなったばかりではない。それはまた哲学史と科学史を統合し、人間の認識をめぐる近代思想史の完全な見取り図を描きだそうとするものとなったのである。

認識問題をめぐる近代の歴史をクザーヌスから説きおこそうとするところに、まずカッシーラーの創見があった。カッシーラーとしては、クザーヌスを「近代哲学の創始者にして先駆者」と見なすことには同意しない。クザーヌスの哲学的な思考を駆動していた動機は、中世神学のそれであったからである。神と世界との関係を解きあかすことこそが、クザーヌスの哲学的な課題であったのだ。それだけではない。その哲学の主題はなお受肉論に、また三位一体論にあったのである(*ibid.*, S. 21/S. 17)。クザーヌスのうちに見とどけられなければならないのは、最後の中世哲学者なのである。

クザーヌスを近代の先駆者と考えることができるとするなら、カッシーラーにとってそれは、この最後のスコラ哲学者をむしろケプラーやガリレイとのつながりで考える場合である。そこにみとめられるのは、しかも「プラトン主義への歴史的転回」(S. 32/S.

27)のはじまりなのだ。クザーヌスは数学を認識の理想とすることで、ケプラーやガリレイ、さらにデカルトへと連なる潮流のはじまりに位置し、かくてまたかれらとともにプラトニズムに参入する。それはかりではない。この中世哲学者は「運動とは秩序づけられた静止である」(*motus est ordinata quies*)と語ることで、デカルトとライプニッツの数学的思想を、その言語さえも先どりした。そこにあらわれているのは座標系の思考であるとともに、積分法のアイデアですらあったのである(S. 43/S. 35)。

瞬間が時間の実体であり、静止が運動の実体であるとするクザーヌスの発想(*ibid.*)のうちに解析学の萌芽を見てとる姿勢には、すこし過剰な読みこみがみとめられるところかもしれない。カッシーラーのクザーヌス理解にかかわって登録しておく必要のある最大の論点は、プラトン主義の射程の見つもりのうちにある。

じっさい『認識問題』第一巻はこのあとルネサンス期のいわゆる人文主義を主題として、たとえばゲミストス・プレトンやフィチヌスによるプラトン復興の意味を考察してゆく。人文主義そのものの特徴をプラトン主義とアリストテレス主義の格闘のうちに見さだめてゆく構えは、べつだんカッシーラーに特異な視座ではない。注目すべきは、通常はイタリア・ルネサンス期の代表的思想家、とりわけ感覚論と経験論の始原に位置すると見なされる哲学者たちに対するカッシーラーの認定にある。

たとえばテレジオである。テレジオは、思考を感覚の上位に置くことは手段を目的の上位に位置づけることにひとしい、と説いたことで「感覚主義の先駆者」と呼ばれている。カッシーラーによれば、しかしテレジオがそうした主張をなしえたのは、かれが感覚それ自体と「それがあらわれる秩序」とを区別しえなかったからにすぎない。テレジオはその結果、たとえば幾何学的公理すらも経験的言明と見なすことで、数学的知への無理解を示した。テレジオが、じぶんの物体概念が不可避的に「純粋空間」の存在を前提せざるをえないことをみとめたとしても、純粋空間はテレジオ的な感覚に対して所与となることはありえず、かくてテレジオは「近代自然科学の成果にもっとも接近している場所においてすら、近代自然科学が根ざしている思考様式からはついに切断されつづけている」(EP I, S. 237f. /G. W. Bd. 2, S. 197f.)。カッシーラーの見るところでは、プラトン主義に対抗し、アリストテレス的(とされた)感覚論に固執して、数学の意味を理解しない思想家には、最終的に近代科学への途は閉ざされていた。

あるいはカンパネラを考えてみる。カンパネラが、ガリレイとともに好んで語ったのは、哲学は「私たちすべての目のまえに開かれている自然という書物」のなかに書きこまれているということばであった。ただし、その書物を解読する手がかりとなるものは、ガリレイにとっては「線と三角形と円」であったが、カンパネラにあっては「個々の感覚の主観的な性質や知覚」であるにすぎない。カンパネラにとって帰納とは「個々の観察のたんなる寄せあつめと積みかさね」に留まる(*op. cit.*, S. 246f. /S. 205f.)。かれはじぶんが数学の「厳密に感覚主義的な基礎づけ」に成功したものと自負しているが、カンパネラには数学の意義を正しく理解することができなかった。たとえば、幾何学的な概念は経験的世界ではけっして現実化されることがない。そうであるにしても、そうした概念には「なんらかの種類の存在」が対応していなければならない。そのためには「純粋空間」とイデア的なものの次元が必要なのだ。要するに、プラトン主義への基本的なコミットメントが要求されるのである(*ibid.*, S. 255f. /S. 212f.)。

これに対して、ケプラーの思考のうちにはつねにフィチヌスによるプラトン理解とその基礎づけが木霊しつづけている。ケプラーは数からではなく空間から、量からではなく「幾何学的形態」からその思考を開始する。幾何学的な形態が物理的な対象のなかで見いだされるのは、私たちがみずからの思考のうちにその原型あるいは範型を有しているからである。私たちは幾何学的な形態を眼によって知覚するのではない。精神がむしろ「眼の構造」を要求し、精神によってのみ幾何学的形象は思考において把握され理解される。ここにみとめられるのは、プラトン的なイデア‐分有《メテクシス》論であるとともにその想起《アナムネーシス》論ですらあると言ってよいだろう(S. 337f. /S. 281f.)。——そしてだれよりもガリレイそのひとである。カッシーラーは、たとえばガリレイと古代原子論との関係を問題とする場面ですら、ガリレイにおけるプラトン主義の影を見てとってゆく。

ガリレイとデモクリトスとのあいだに、思考の傾向のうえで共通性が指摘されてきたのは理由のないことではない。ただしその共通性をもっともよく示すのは、いわゆる「原子論」でない。ガリレイとデモクリトスとを結びあわせるものは、原子論という自然学上のひとつの立場ではなく、むしろその自然学の「論理的基礎」のうちにある。デモクリトスが直面していたのは、「一」と「多」、思考と感覚という尖鋭化されたエレア派的な対立である。エレアを超え、しかし同時にその学派が提起した問題を継承するためには、「純粋な概念の要求」と「厳密に不変的な同一性の要請」とが同時に満たされなければならない。カッシーラーの見るところでは、「ガリレイの思考が出発点としていたものもおなじ課題」なのだ。そのかぎりでは、ガリレイにとっても「概念把握の一般的なプラトン的理想」(das allgemeine Platonische Ideal des Begreifens)が確乎として存在している。「学は永続する統一性のうちに維持されるものにかんしてのみ可能」だからである（*ibid*., S. 388f. /S. 324f.）。――ガリレイは『天文対話』中で、「感覚に逆らい、感覚に暴力をくわえても理性にしたがう」ことを讃えていた。後年のカッシーラーの認定にしたがえば、それはたしかに一箇の形而上学的な態度決定である。「ガリレイの科学論は疑いもなく、ある形而上学的な基礎にもとづいている」のである（PEW. S. 49/G. W. Bd. 22, S. 292）。

三

後代の科学史研究にあって一般的となったことばを使うなら、ガリレイはしばしばいわゆる十七世紀〈科学革命〉の第一の担い手とみなされている。ガリレイの業績はかくてまた、実験科学の先駆と捉えられてきた。望遠鏡を介して、惑星に目を凝らすガリレオといったイメージである。プラトニスト・ガリレイというガリレイ像を描きとることは、そうした伝統的ガリレイ観に対するアンチテーゼであったとともに、避けがたくまた近代科学そのものの捉えなおしを要求するものとなったといってよい。

後年たとえば最晩年のフッサールが『ヨーロッパ諸学の危機と超越論的現象学』のなかで、ガリレイを指して「発見する天才」であると同時に「隠蔽する天才」と呼んで、生世界を覆いかくす「理念の衣」(Ideenkleid)について語ったとき、理念《イデア》ということばの背後にはコイレのガリレイ研究、ガリレイの数学観のうえに落ちたプラトン主義の影を強調した業績がある。コイレ自身がおそらくはカッシーラー『認識問題』第一巻の影響を受けているだろうが、本書中ではコイレのガリレイ研究が、とくに言及されていた(下・一七頁の注(2))。カッシーラーの公平さを示す一例でもあることだろう。

『認識問題』第一巻は、クザーヌスからベールまでを論じている。その公刊の翌年、時を置かずに、ベーコンにはじまりカントへと説きおよぶ『認識問題』第二巻、原書で八〇〇頁を超える大著が公刊された。当面の問題の脈絡とかかわって、ここでは初期カッシーラーのカント観の特徴について一点だけふれておきたい。

カッシーラーはいわゆる前批判期、つまり思想形成期のカントを論じるにあたって、とりわけて、若き哲学者が「同時代の自然科学が提供する素材」を熱心に研究していたことを指摘し、青年カントの思想とニュートン自然哲学とのかかわりを強調している(EP II, S. 586f. /G. W. Bd. 3, S. 490f.)。それだけではない。『認識問題』第二巻がその末尾で「現象」と「物自体」というカントの区別を論じるとき、カッシーラーがなによりもまず注意しているのは、カントの現象概念の源泉が伝統的な形而上学ではなく、当時の自然学においてすでに確立されていた用語法にあることである。その背後にあるのはニュートン物理学の全体であって、そこで現象とは「私たちに直接に知られ、与えられるかぎりでの対象」を意味していた。カントは、たとえば『プロレゴメナ』のなかで現象をさして、「自然学者にとっての物自体」といった一見したところ奇妙な表現を使用するけれども、その背景にあるのはこうした事情なのである。現象とは経験の対象であり、自然学にとっての対象そのものは経験の条件のもとでのみ私たちに対して与えられる。カッシーラーのカント観によれば、「批判哲学」もまたすくなくとも理論的な領野にかぎっていうなら、「認識の法則的な連関」(der gesetzliche Zusammenhang der Erkenntnis)をあきらかにするという以上の課題を担うことがない(*op. cit.*, S. 734ff. /S. 614ff.)。現象にかぎっていうならば、自然とは法則が与える関係と函数の総体以外のものではない。やがて登場する認識論上の大著が展開する視点を、カッシーラーは当面カントにそくして歴史的にも確認していたわけである。

カッシーラーのカント理解をめぐっては、のちにも言及することにしよう。ここではいったんカッシーラーの個人的な経歴に立ちもどっておく。

一八九九年、デカルト研究でマールブルクの学位を取得したことは、すでにふれた。そのころには実家はベルリンに移っており、カッシーラーもまたベルリンの両親のもとに帰還する。一九〇一年、従妹のトニーと結婚、ミュンヘンに居を移して、長男ハインツ(のちに哲学を専攻し、グラスゴー大学の教授となる)が生まれたのはその翌年のことである。一九〇三年にはカッシーラーはあたらしい家族とともにふたたびベルリンに帰ったが、その前後、恩師のコーエンは大学に戻るよう、カッシーラーにくりかえし慫慂《しょうよう》していた。『認識問題』第一巻、第二巻が立てつづけに世に出ることになり、弟子の名声が世界的なものとなるにつれて、この卓越した弟子に対するコーエンの期待はますます大きなものとなっていったことだろう。

カッシーラーは一九〇六年、ベルリン大学の「私講師」(Privatdozent)となる。ベルリン大学は当時ドイツでもっとも名声があって、しかも――マールブルク学派に対して批判的であったといわれる――シュトゥンプフとリールが哲学系の人事権のいっさいを握っていた。カッシーラーは主要業績を提出し、さらに試験講義ではカントにおける物自体概念をとり上げる。カッシーラーのカント解釈は、師コーエンのそれに準じて観念論的色彩が強いもの、リールのそれは実在論的傾向を帯びていた。すでに引退していた老ディルタイが討論に立ちあい、後世じぶんがカッシーラーを拒絶したと言われたくないと発言した結果、大勢が決したと伝えられている。

紆余曲折を経てようやくベルリン大学の教壇に立ったその翌年、カッシーラーは「カントと現代数学」(Kant und die moderne Mathematik)と題する論考を『カント研究』誌上に発表した。最初の体系的な著書となる『実体概念と函数概念』へと向かう時節にあって、カッシーラーの基本的立場をうかがう意味で重要な論文である。論考には「数学の原理をめぐるB・ラッセルとL・クーチュラーの著書との関連で」という副題が付されており、その主題のひとつがふたりの数学者それぞれの数学理論の検討にあったことがわかる。おおまかに言って両者は当時、数学の論理学化の動向を代表していたと言ってよく、そのような立場から、カントの数学観は双方からひとしく根底的な批判にさらされていた。カントの数学論は『純粋理性批判』に徴して語るかぎり、空間と時間のア・プリオリ性を前提に、数学的命題をア・プリオリな総合判断と見なすものであったからである。

カッシーラーとしても、現代数学によって空間と時間をめぐるカントの主張が失効させられるにいたった経緯をみとめる。「数学の現代的な発展」が示した「事実」は「純粋感性をめぐるカントの理説」を、すなわち超越論的感性論を克服してしまった。感性も知性化され、論理学化される必要がある。それはまた微分概念により感性概念を解体する立場つまり『純粋認識の論理学』以来のコーエンの立場であり、コーエンにあってもカッシーラー自身にとっても、カント哲学の内在的展開の結果であったのである(G. W. Bd. 9. S. 65)。ここでカッシーラーは、さしあたりマールブルク学派の一員としていわば党派的にふるまっていると言ってもよいだろう。

たしかに、たとえば幾何学的な「点」はもはや直観的な空間において定義可能な語ではなく、その意味は「特定の関係」をしるしづける術語によって、かくてまた論理学的にのみ規定される対象である(*op. cit.*, S. 61)。幾何学的命題の確実性をア・プリオリな空間の内部で基礎づけることに意味はない。とはいえこの件からは、数学的命題のすべてが分析的なものであることは帰結しない。定義はすべて概念的なものでなければならず、したがって論理学的なものであるとする現代数学論の定位は、なるほどカントの立場を超えでている。しかし直観が判断の総合的性格をもたらし、概念から導きだされるかぎりでの命題はすべて分析的であるという主張が、カントの真意をあらわすものではない。むしろ——とカッシーラーとしては、カントの延長上に位置する主張のつもりで語っている——「直観と概念のあいだの区別」がいまや表示しているものは、「「総合」のふたつの種類」なのである(*ibid.*, S. 66)。——ことは概念の再定義、論理学と数学の関係を問いなおすことへと連なる。『実体概念と函数概念』が、論理学と数学、さらに自然科学全般へと視界をひろげながら問題を捉えかえすことになるだろう。

一九一〇年に公刊された『実体概念と函数概念』には「認識批判の基本的な諸問題の研究」という副題が付されていた。「認識批判」(Erkenntniskritik)ということばに、新カント学派の一員としての著者の立場が込められている。同書は、マールブルク学派に所属する新進の哲学者にとってはじめての体系的な主著となった。

著者の「序言」によれば、本書の研究は元来「数学の哲学」に向けた探究にはじまるものである。論理学から開始して数学にいたろうとする場合、なによりもまず「概念機能それ自身」が問われなければならない。カッシーラーの探究は、しかしたんに数学的認識に留まらず、「個別科学の原理的構造の総体」に及び、その構造全体を支配し統合している「統一的な基本機能」を問うところへと達した。『実体概念と函数概念』のうちに含まれているのはそのような研究の成果であり、そこで見とどけられている動向こそ、諸学における「実体概念」から「函数概念」への推移にほかならない（SF. S. Vf. / G. W. Bd. 6, S. VIIf.）。

一書は「概念形成の理論」を問題とするところから開始される。カッシーラーが腑分けしている歴史的細部には立ちいらず、問題となる論点の核心のみとり上げておく。

概念には一般に「外延」(Umfang) と「内包」(Inhalt) とが区別される。たとえば、「犬」という概念には無数の個別的な犬が外延として所属し、おなじ概念の内包を、犬にかんするなんらかの定義が規定している。そのさい概念の内包がその範囲《ウムファング》を定め、逆に外延に属する諸個体の共有する徴表が当の概念の内容《インハルト》を制限しているしだいとなるだろう。とすれば、「よりひろい外延にはかくて内包の制限が対応して、そのけっか最終的には、私たちが到達しうるもっとも普遍的な概念にはもはやなんらきわだった固有性も規定性も帰属しない」(*op. cit.*, S. 7/S. 4) ことになるだろう。つまり最上位の概念が最高に空虚な概念となり、もっとも抽象的な概念はもっとも貧弱な概念となる。ここにはアリストテレス以来の論理学、つまり個物と概念の関係を、本質的な徴表の抽象と非本質的徴表の捨象という操作によって捉えようとする概念理解の陥穽《かんせい》が存在している。そうした論理学によっては、数学的・自然科学的な抽象概念の豊かさが取りのがされ、自然法則の有する存在性格とその豊穣さもまた見のがされてしまう。

　概念をめぐる〈抽象理論〉がそもそも或る見あやまりを犯していたのだ。特定の概念が形成されるさい、そこで生起しているのは抽象（とその裏面である捨象）ではなく、むしろ（ヘルマン・ロッツェの用語を使えば）「補完」（Ersatz）である。或る概念がかたちづくられるとき、個体の有する特定の徴表P_1、P_2、P_3等々はたんに捨象されるのではない。それは一般的な徴表Pによって置きかえられる。たとえば個々の犬の色、黒や白、茶色が色彩一般に置換される。概念が可能とする機能は、外延を項の「系列」として生成させる働き、この「函数的な能作」（funktionale Leistung）であって、そこでは事物的な存在にかえて函数的な法則があらわれている（*ibid.*, S. 28f. /S. 21f.）。概念とは項を産出する函数のことであり、概念が当の概念であること、すなわち概念の同一性とは、項を導出し系列を形成してゆく「産出する関係の同一性」のことなのである（S. 20/S. 14）。

四

『実体概念と函数概念』第一章の末尾で、カッシーラーはしるしていた。「個々の項を結合する法則が有する意義は、その法則が適用される個々の事例をいくら数えあげても汲みつくされることがない。そうした枚挙では、ほかならぬ産出する原理が欠落してしまうが、その原理こそ個々の項を函数的な総体へと統合可能とするものだからである」(SF. S. 33/G. W. Bd. 6. S. 25)。カッシーラー最初の体系的な認識批判にかかわる著書はこれ以後の各章をつうじ、この原理を数学について、また個別自然科学にかんして検証してゆくものとなるだろう。

カッシーラーの議論のありかたを示す一例として、まず「数」をめぐる問題をとり上げてみよう。旧来の論理学の基礎となっていたのが右に見た〈抽象理論〉であるとすれば、その理論を数論にあって代表しているのはJ・S・ミルの所論である。

伝統的な論理学の概念形成論にかんしては、前項で確認しておいた。その考えかたにしたがえば、数の概念もまたその外延をかたちづくる諸対象の有するなんらかの性質を表示するものであると見なされなければならない。対象は大きさやかたちや、あるいは味や香りを具えているように、それに対して「数的性格」が適用されるべきなんらかの性質を帯びている。ミルによれば、たとえば2＋1＝3という命題もまた、知覚が提供してきた特定の「経験的事実」を述べているのだ(*op. cit.*, S. 36/S. 28)。

たしかに2＋1＝3という命題の基礎に、事物（小石でも果実でもよい）をめぐるなんらかの経験、○○○といった布置にかんする感覚的経験を想定することができるかもしれない。算術的な真理にも、それがただの同義反復ではなく、反復的に確認される帰納的な真理とみなす余地がある。たとえば3が2と、また4と区別されていることの基底に、○○○という布置と○○、また○○○○という布置との差異の経験を挙げることが可能だろう。――とはいえ、753684という数は753683という数、あるいは753685という数と、感覚的なイメージによって隔てられているだろうか。ひとは青い平面を見たとき特有の印象を持ち、べつの青い平面を眼にしたさい当の印象を再認する。だが、三角形と数字3、三つ並んだ小石のすべてに共通する印象などありうるだろうか。

自然言語のなかでは、（個数を示す）基数は数形容詞としても使用されるから、基数は一見したところ、対象の性質を、たとえば「色」を示すのと同様な概念であるかに見える。つまり「白い箱」と言われ、「ひとつの箱」とも語られる。とはいえ、一枚いちまいの葉について「それは緑である」とは語られうるけれども「それは千枚である」と言うことはできない。フレーゲが強調していたように、逆に一枚の葉について、それが緑色であり、かつ茶色であると主張することは許されない一方、『イリアス』という作品は「一篇の詩とも二十四巻の書物とも無数の詩行とも」数えることができる。

ここではデデキントの数論を考えてみる。そこではとくに数学的な「函数的概念」(Funktionalbegriff)の形成が典型的にみとめられるからだ(*ibid.*, S. 47/S. 37)。

デデキントにあって数概念を導出する前提となるのは、一般的な「関係の論理学」である。いまふたつの項aとbとのあいだに関係aRbがあり、そのような関係にあってaRbが成立するときにはbRaは成立せず、他方aRbがなりたち、かつbRcがなりたつときにはaRcもなりたつものとする。すなわち、Rであらわされる関係は反対称的かつ推移的であるとすれば、そのような関係によって規定される集合の項にかんしてはつねに一定の「順序」を問題とすることができる。――ここで、最初の項を有して、すべての項に対して直接にそれに後続する項があり、その項の系列全体をつうじて同一の反対称的かつ推移的な関係と、項のすべてを一義的に結合する法則が決定されている系列を考える。そのような系列が自然数列を与えることは自明であるが、それは事物でなく「集合の要素のあいだを支配する順序関係(ordinale Beziehung)」を規定するものとして、四則計算、正数・負数・整数・分数のいっさいがそこから展開されうるものとなる。そこで規定されているのは事物ではなく関係であり、先行しているものは項ではなく系列であって、つまりは実体ではなく函数なのである(S. 48f. /S. 37f.)。

この間の経緯は、デデキントが「切断」(Schnitt)によって無理数を説明するときより判明なかたちであらわれる。『実体概念と函数概念』の一節を引く。そこでは「個別の数の概念的な「存在」(Sein)は、より純粋また判明に、その固有の概念的な機能(*Funktion*)に解消されてゆく。(中略)要素を関係の連関(Relationszusammenhang)から引きはなすことはできない。なぜなら要素はそれ自身においてこの連関を意味するものにほかならず、この連関にいわば凝縮したかたちで表現を与えるものだからである」(S. 79f. / S. 63f.)。カッシーラーの考察はこののち、カントールの集合論の再検討にまで及んでゆくことになるけれども、ここではその詳細は略する。

数の概念を問題としたあと、『実体概念と函数概念』第三章は「空間概念と幾何学」にかかわる論点に立ちいってゆく。そこでカッシーラーがまず注目するのは、やはりデカルトの解析幾何学が有する決定的意味である。デカルトは『精神指導の規則』のなかですでに、「順序」(*ordo*)と「計量的関係」(*mensura*)のみに関係する学を「普遍数学」と呼んでいたが、そののちに展開された解析幾何学のアイデアは、ギリシアいらい端的に別箇の対象とされてきた図形と数とを統一的に取りあつかうものだった。デカルトによれば、数にのみ特有とされた「厳密な概念性」と「論理的性格」が空間のうちに刻みこまれなければならない。図形の概念がかくして「系列の概念」へと変換される。解析幾何学という「科学上の発見」の根底には、かくしてまた「真に哲学的な「思考様式の革命」」が存在するのである(S. 93/S. 75)。生起しているのは「空間概念の系列概念(*Reihenbegriff*)への解体」にほかならない。ここでも規定されるべきは事物ではなく関係であり、空間そのものが実体的なものとしてではなく、むしろ函数として理解されなければならないのである(S. 96/S. 77)。近代幾何学を駆動したこうしたモチーフは、射影幾何学の形成にいたるまで継続してゆく。そこで到達された概念にあっては、幾何学が群論と結合して、その対象は個々の要素や形象ではなく「操作の体系」(System von Operationen)となってゆくからである(S. 116/S. 94)。

『実体概念と函数概念』は空間概念と幾何学の関係を論じる章を閉じるにあたって、ユークリッド幾何学と非ユークリッド幾何学とのかかわりを問題としていた。そのさいカッシーラーは、ユークリッド幾何学は人間の空間経験に制約されたものであり、そこにこの幾何学の限界があったとする一般的な理解を斥け、数理科学における実験と観察の意味に説きおよんでいる。カッシーラーとしては、とはいえ問題はここで「純粋数学の境界」をすでに踏みこえているのであって、考察は物理学的概念形成への問いと連接するものであることを指摘してゆく。

カッシーラーの見るところでは、なんらかの数学的仮説を検証し、あるいは反証する「決定実験」(*experimentum crucis*)といったベーコン的な経験論の原理は、だんじて支持されうるものではない。特定の「理論的仮説」の真偽を決定するために試行される実験、どのような「概念的前提」も混入していない「「純粋な」経験なるもの」はありえない。「一方に抽象的な理論があり、他方には観測の素材が、あたかもいかなる概念的な解釈も随伴せずに独立しているかのように、理論に対峙しているなどといったことは、およそありえない」。観察の素材は、つねに・すでに「概念的な形式化の相貌」を帯びている。経験論者が想定する「裸の「事実」」(nakte "Fakta")なるものは存在しないのである(S. 141/S. 114f.)。

カッシーラーの所論は、後年の科学哲学でいわれる〈観察の理論負荷性〉を、あるいはいうところのデュエム／クワイン・テーゼ、つまり〈知のネットワーク〉説を先どりするものであったとも言ってよいだろう。以下、自然科学的な概念形成をめぐる所説をごく簡単に確認しておくことにしたい。

そもそもカッシーラーによれば、近代自然科学の創始者たちの実像は、観察と理論の完全な分離を前提としながら、「事実」のたんなる集積としての「帰納的」学を志向するような、ベーコン的な意味での経験論者のすがたとはかけ離れたものだった。この件にかんしては、ガリレイが「自然を一般的な法則と原理のもとで理解する」という口実のもとに「それぞれ区別され、規定された個別的な事例」を無視しているかぎりで(EP I. S. 381/G. W. Bd. 2. S. 318)、その自然学が主題とするところは「自然の対象」ではなく「純粋な虚構」(rein fiktive Gebilde)であるにすぎない(*op. cit.*, S. 408/S. 342)とする、ガリレイに対してくりかえされた同時代人たちの批難が端的に逆証するところである。『認識問題』にあって展開された歴史的な視角からしても、ガリレイ自然学のいわゆる非現実性のうちにこそ、「実体から函数への一般的な前進」が、あるいは「事物概念に対する函数概念の優位」(*ibid.*, S. 402/S. 336, S. 409/S. 343)がみとめられなければならない。『実体概念と函数概念』のカッシーラーに言わせれば、「事物の現実性からこのように見かけじょう乖離してゆくただなかで、科学はかえってあらたな通路から現実へと向かおうとする」(SF. S. 304/G. W. Bd. 6. S. 249)のである。

すべての「経験的認識」が志向する目標は認識における「不変項」の確定であり、認識における不変項とは「いっさいの経験判断にあって必然的で構成的な要因」のことにほかならない。ことばをかえれば、認識における客観的なものとは、「ここで・いま」与えられる直接的な所与を超え、認識に属するさまざまな契機の変換を越えて不変なもののことであって、これに対してそうした変換に従属するもの、「個別的で一回的な、ここ・いま」を表現するにすぎないものが、経験にあって「主観性の圏域」に所属する（*op. cit.*, S. 362/S. 294）。科学がその不変項を表示するのは、「事物概念」もしくは実体概念としてではなく、むしろ「純粋な法則概念」においてのことである（*ibid.*, S. 271/S. 223）。「真に定常的《コンスタント》なもの」があるとすれば、それは事物でも「事物的な尺度」でも、その単位でもなく「ほかでもない法則そのもの」であり、つまりは可変的諸項のあいだで確定された不変的な函数的関係以外のものではありえない（S. 193/S. 158）。

科学研究とは、経験的な知覚から函数的な連関への移行そのもののことである。卑近なところで、たとえば寒さ・暑さの感覚を、一定の温度として数量的に測定することを考えてみる。そうした単純な観測にしても、それはすでに「主観的な知覚から客観的な函数的連関」への「移行」にほかならない。というのもくだんの定量的な測定＝実験は、寒暖計という（単純きわまるものとはいえ）一箇の実験装置とそれを取りかこむ（大気などの）物理的環境とが、どのように相関しているかにかかわる函数的な法則、その総体をめぐる多様な知識を前提とし、つまりは「理論的な諸前提のネットワーク」のもとでのみ可能となるものであるからだ。そうした前提を欠いているなら、ガラス管中を上下する赤い液体の長さが寒暖にかんする主観的な感覚を代理することに対して、いったいどうして同意することなどできるだろうか（S. 188f. /S. 154）。

そのかぎりでは、カッシーラーが好んで引用するゲーテのことばを援用するならば、「いっさいの事実はすでに理論」（alles Faktische schon Theorie ist）（S. 322/S. 262）であり、観察であれ実験であれ、すべて理論的な前提から独立のものではありえない。むしろ「数量化され測定された現象」はことごとく「一定の概念的操作から帰結するところ」であって、「たんなる測定の試みにしても、私たちの感官の印象という領圏の内部ではだんじて充足されることのない要請を含んでいる」（S. 187/S. 153）。言いかえればこうなるだろう。「できごとは、それが物理学的な知の総体に矛盾なく編入されてはじめて認識される」のであり、したがって、かつて歴史的にはガリレイ自然学の抽象性・非現実性をめぐって問われてもいた、あの「現実概念の本来の中核を形成するもの」もまた、そうした知の「分節化された体系への編入」可能性のうちにこそ求められるはこびとなるだろう(S. 186/S. 152, S. 371/S. 302)。

五

『実体概念と函数概念』には一箇所だけ、ヒルベルトの数学観への言及がある。カッシーラーはそこで、ヒルベルトが点や直線を直観の直接的な所与と考えることなく、形式主義的な一群の公理からユークリッド幾何学を再構成しようとして、いわば「純粋関係説」を主張するしだいを肯定的に紹介していた(SF. S. 122f./G. W. Bd. 6, S. 99f.)。論理主義・形式主義・直観主義という主要な立場が出そろい、数学の基礎をめぐる論争が熾烈に展開されるにいたるのは一九二〇年代のことだから、一九一〇年に出版された著書で、ヒルベルト以外の定位への関心が希薄であるのは怪しむに足りない。

カッシーラーは一九二九年に出版された『シンボル形式の哲学』第三巻で、二〇年代の数学基礎論論争に言及して、ブラウアーとワイルの直観主義数学を評価し、とりわけ後者の立場に注意を払っている。ワイルの定位からすると、数学が数の「根源的直観」に還元されるとしても、その直観はもはや「事物」についての直観ではなく、「操作」

にかんする直観となる。カッシーラーの見るところでは、ワイルが自然数論の基礎に置く「反復」(Iteration)という方法があらためて示すものこそが、「事物概念に対する函数概念の優位」なのである。まず特定の操作がある。その操作から、特定の数という個体が導出されるのだ。数学とはなによりも「行為」であり、行為としての数学においては操作の堆積が全体を形成するのではなく、その原理すなわち「操作を産出する法則」、根本操作と全体が部分に対して先行している(PSF III. S. 452f. /G. W. Bd. 13. S. 426f.)。

一九二九年の著作は、初期の論理主義者、たとえばラッセルが集合概念から数概念を導出しようとしたとき、それは「論点先取の虚偽」を犯すものであったとする直観主義者の批判をも受けいれる(*op. cit.*. S. 441/S. 435)。数学の基礎をめぐる論争を検討するにあたってシンボル形式の哲学者がえらんだのはむしろ、ヒルベルトに代表される形式主義とワイルを典型とする直観主義とを調停する途であった。

形式主義者は、数学が使用する記号に対してどのような「意味」もみとめない。たしかに、たとえば $m+n=n+m$ という式は、記号mとnにいかなる意味を与えることもなく理解可能である。けれども、mとnを数と考えて、それを数の系列中に組みいれるときには事態が一変する。「反復」という根本的操作がそこでは問題となるのである。

ワイルたちはこうして、ヒルベルト等は数学をたんなる記号のゲームと考えていると批判する。カッシーラーによれば、しかしこのふたつの立場はかならずしもたがいに矛盾するものではない。数学におけるシンボル、数学的記号は、他のすべてのシンボルがそうであるように「客観化」と「形態化」の原理を含んでいる。「数学的記号に固有な意味」は「理念的な形成作用の特種的な方向」のうちにある(*ibid.*, S. 447/S. 441)。数学において意味をもつのは、世界を客観化する形式的な操作そのものなのである。そのかぎりで「事実、認識批判的に考えると「形式主義」と「直観主義」は相互に排除しあうものでは断じてなく、離叛しあうことになるものでもない」(S. 450/S. 444)。

物理学プロパーの領域では、『実体概念と函数概念』当時の立場がなお強くいわゆる力学的世界像の影響のもとにあったことを、後年の著者自身が『シンボル形式の哲学』第三巻の末尾でみとめていた。「かつての研究のなかで私が示そうと試みたのは」、と『実体概念と函数概念』の考察へと想起を求めつつ、カッシーラーは書いている。「事物概念から関係概念への進歩、恒常的な事物的統一の定立から純粋な法則的定項の定立へのこの進歩が、ガリレイとケプラー以来の近代の自然科学的世界像の総体にあって特徴的なことがらであり、この一般的・論理的傾向がすでに「古典力学」の体系のうちであきらかに作用しているということであった」。それゆえ、「アインシュタインの特殊相対性理論によって導きいれられることになった物理学の最近の局面は、この探究ではまだ視野に入ってきていない」(S. 554/S. 549)。——「運動物体の電子力学のために」をアインシュタインが発表したのが一九〇五年、『実体概念と函数概念』がなおエーテル説に依拠しており、エネルギー一元論の決定的な影響下にあることをもって、その自然科学観全体の致命的な古さを示すものと見なすことはできないだろう。

カッシーラーは一九二一年、『アインシュタインの相対性理論によせて』(*Zur Einsteinschen Relativitätstheorie*)を公刊する。「認識論的な考察」という副題が付されたその著作は、「計量概念と事物概念」と題された一章から開始されていた。

特殊相対性理論に限定してみても、それがたとえばローレンツの電子論に対してもつ意味は、理論が「より豊富な経験的な事実」に支持されるという点ではなく、「論理形式」の更新にある(MP. S. 7/G. W. Bd. 10, S. 5)。カッシーラーは相対性理論が時空概念の変革をもたらしたことに注意したうえで、おおよそつぎのように論じている。

物理学的な概念は事物や感覚の「複製」を与えるものではなく、それは、なんらかの「測定可能なもの」を物理学にとっての対象へ変換する装置にほかならない。物理学者にとって諸対象は理論のネットワークによって多層的に媒介されており、その対象は一定の「量的関係と計量関係、諸現象の函数的な対応と依存性」によって表現される。空間と時間もまた、事物概念ではなく「計量概念」にほかならない。相対性理論が時空から「物理学的な客観性」を奪い去ったことの意味は、このような定位に照らすことではじめて「十分に論理的な尖鋭さ」を獲得するのである(*op. cit.*, S. 10/S. 8)。――物理学における観測は、たんなる感覚的な観察ではない。それは「観測をはじめるまえに、つねにじぶん自身でまず測定の規範を定めていなければならない」。観測には、かくて「純粋に観念的な契機」が含まれている。測定装置とはたんにこの観念的契機を物質化したものであるにすぎず、その意味では「時計や物体的な尺度ではなく原理と公準こそが、本来の究極的な観測装置なのである」(*ibid.*, S. 18f. /S. 17)。

特殊相対性理論がすでに、時間・空間の測定値が異なった座標系に対して相対的となることを承認していた。そのさいアインシュタインは、時間の測定方法とそこで光速が演じる役割まで立ちかえって「同時性」を再定義する。そのことで空間と時間とをはかる測度が変化した一方、この変化によって基礎づけられたのは「理論におけるあらたな不変量」なのであり、したがって導入されたあらたな相対性は「自然の恒常性と統一性」と矛盾しないばかりか、かえってその不可欠な条件をかたちづくっている。私たちが「本来の不変量」として承認しなければならないのは、事物的で定常的な存在者ではなく「自然法則そのものの普遍的な形式」(die allgemeine *Form* der Naturgesetze selbst)であるからだ。特殊相対性理論においては、そのような「形式」を充たすのは基準系に対して等速直進運動する観測系であったが、一般相対性理論にいたって観測系に対するこの制約も解除されて、自然記述をめぐってあらゆる基準系の等価性が確保されることになるのである(S. 28f. /S. 28f.)。

おなじく相対性理論の検討を主題として、ベルクソンの『持続と同時性』(一九二二年)は、純粋持続と(空間化された)物理学的な時間との区別というみずからの所論にもとづいて、相対性理論の時間概念をも批判するものだった。これに対して、相対性理論をめぐるカッシーラーの認識批判的考察には、『実体概念と函数概念』を出発点とする自身の科学観の内部で、特殊相対性理論から一般相対性理論へといたるアインシュタインの物理学理論を位置づけたものという色あいが強かったと言ってよいだろう。

三六年にカッシーラーは、『現代物理学における決定論と非決定論』(*Determinismus und Indeterminismus in der modernen Physik*)を発表する。量子力学が登場し、古典力学における決定論的な世界像が揺らぎはじめたかに見える状況を、これも自身の認識論的‐認識批判的立場から論じようとした労作である。

その副題に「因果問題にかんする歴史的ならびに体系的研究」とあるとおり、一書はいわゆる「ラプラスの魔」、所与の瞬間における世界の状態のいっさいを知り、極限的な解析的能力を手にしている仮想的な存在をめぐる考察から開始される。著者は、だが、一方でラプラスの魔の示す世界像がいわゆる古典力学の世界図式を適切に描きとるものであるという理解に留保をもうけ、他方では量子力学の登場がそうした世界像を最終的に解体し、因果性を決定的に解消するにいたったとする解釈に与することも拒絶している。――そもそもラプラスの魔は、世界の状態、より精確にいえば「個々のいっさいの質点が有する最初の位置と速度とをめぐる完全な知識」をどのようにして得たのだろう？　議論の前提からして、神的な知的直観によって、と答えざるをえないだろう。とすればその知は（あえてカント的にいうなら）「直観的」(intuitiv)なものであらざるをえない。これに対して、一時点において与えられた全質点の位置と速度から未来の世界の状態を計算しつくす能力は、それ自体としては「論弁的」(diskursiv)な悟性に属するものだろう。とするならば、ラプラスの魔という寓話が与える世界像はそもそも相反するふたつの要素からなりたっているのであって、それは科学的世界観の「理想」(Ideal)ではなく、むしろ「幻像」(Idol)なのである(MP, S. 142/G. W. Bd. 19, S. 17)。それでは、ある種の論者たちが主張する量子力学における「因果性の危機」(Krise der Kausalität)にかんしては、どう考えられるべきだろうか。

量子力学における因果性の危機の背景として、直感的にいえば、古典力学的な法則性にかえて統計的な法則性が登場したことや不確定性原理が導入されたこと、あるいは観測による波束の収束等の問題があらわれた経緯を挙げることができるだろう。カッシーラーとしても、そういった「危機」が量子力学によって導きいれられたという事実、それが「真正な《エルンスト》」問題である事情はみとめている。カッシーラーの見るところでは、とはいえこれもカントふうにいうならば、危機は因果性という「概念」のそれではなく、かえって直観の「危機」なのである。つまり因果概念は、古典力学においてはそうであったように——今度はカントに反して語るならば——、もはや時間に関連づけて「図式化」(Schematisierung)することができず、因果性はいまや古典的物理学にあって可能であったように「空間的 - 時間的記述」に結合したり、ましてそれへと解消したりすることはできないということである(*op. cit.*, S. 315f. /S. 196)。

たとえば初期の原子モデルにあって、当のモデルはミクロの世界に属するものでありながら、マクロの世界の惑星系と同等の可視性をもってイメージされていた。そこでは「直観性の要請」(Forderung der Anschaulichkeit)がなお充たされていたわけである。とはいえボーアが強調しているように、そうした直観化の要求を断念することによってこそ原子物理学の形成が可能となったのである。だからといって、物理学者の多くは、量子力学のなかでは因果性そのものが危機に瀕しているとは考えていない。波動力学にあってもなんらかの「数学的な図式」は維持しつづけられ、量子の世界でもシュレーディンガー方程式が厳密に支配している。けれども、カッシーラーそのひとがハイゼンベルクを引いて注意しているように、この件は、量子力学と「時間的‐空間的直観との密接な接合」をふたたび可能とするものであるとはかぎらない。遺稿『認識問題』第四巻で述べられているとおりである(EP IV, S. 122f. /G. W. Bd. 5, S. 134f.)。

カッシーラーの科学論は、科学理論の概念構成を、みずからの認識批判的な視座から考察しようとする姿勢において一貫している。ややネガティブな言いかたをするなら、そこには科学的な知それ自体の社会的な意味や、あるいはその技術的な側面をめぐる考察は見うけられない。ほとんど唯一の例外は、『シンボル形式の哲学』第三巻の公刊の翌年、三〇年に発表された論文「形式と技術」(Form und Technik)であるが、そこでも技術的な形成作用(Formgebung)と理論的な把握作用とを並行的にとらえ、「思考と行為とはそのかぎりで根源的に一なるものである」消息がむしろ強調されている(STS. S. 52/G. W. Bd. 17. S. 150)。もう一点、注目されてよいのは、言語と呪術、呪術と技術を対比させる視角であるけれども、本書の視点とも関連するこの論点については、カッシーラーの主著との関連でべつの文脈からふれてゆく必要があるだろう。

六

ここでカッシーラーの個人的な時間を遡り、また時代背景を見わたしてみる。

カッシーラーが、ベルリン大学私講師として大学におけるキャリアを開始したことについてはすでにふれておいた。そのベルリン時代に訪れた哲学者にとっての転機のひとつが、第一次世界大戦の勃発であった。一九一四年のことである。

第一次大戦はヨーロッパ全体にとっては、成熟しつつあった国民国家のそれぞれに到来した国民《ネイシヨン》=民族意識の高揚の季節だった。おのおのの国籍にわかれていたユダヤ人たちすら例外ではない。フランスでベルクソンもナショナリズムに囚われた。ドイツではジンメルやシェーラーがドイツ民族《フォルク》の声を代表しはじめる。

戦争の勃発とともに、ベルリン大学の一講師は文官として徴集される。語学に堪能なカッシーラーに与えられた任務は、外国新聞の閲読であった。この特殊な軍務が、大戦に対する哲学者の捉えかたをやや異質なものとした可能性がある。とはいえ、公平で世界市民的な資質を具えたこの思想史家は、開戦まもないころからすでにドイツの敗戦を予測していたとも言われている。

大戦後の一九一九年に、カッシーラーは新設のハンブルク大学の正教授として招聘された。やがて開始されるいわゆる大戦間期、敗戦国のドイツにとってはワイマール体制とその崩壊期が、哲学者にとっても重要な一箇の劃期となる。またハンブルクという土地も、思想史家に対してあらたな決定的刺激を与えることになったけれども、その間の消息をめぐってはべつに語ることとしよう。ここではまず第一次世界大戦の前後からはじまった、カッシーラーにとって〈『認識問題』第一巻・第二巻に代表される時期を〈第一期〉とすれば〉思想史研究のいわば〈第二期〉に展開された歴史的探究の一端を見ておくことにしたい。

大戦に先だつ一九一二年から、カッシーラーは全十巻の『カント全集』の編集を引きうけていた。十年の時をかけて完成した全集は、哲学叢書中のフォルレンダー編集版の著作集と並んで、現在でも研究者が便利に利用する著作選集ともなっている。

第一次大戦がようやく終結した一九一八年、編者のカッシーラーは『全集』全体への解説をかねて『カントの生涯と学説』を刊行する。著者永年にわたるカント研究の成果であるとともに、カッシーラーのカント観の変容を示す大著であるといってよい。『認識問題』第二巻のカント論もその末尾に、批判哲学の「思考過程がほんらい完結するのは、しかしたんなる理論的な考察の限界の外部にあってのことである」としるして、カントによる倫理学の基礎づけへとわずかに説きおよんでいた(EP II. S. 759/G. W. Bd. 3. S. 635)。とはいえ、『判断力批判』を俟って完了する、自然と倫理とのカント的な調停の作業をめぐって、カッシーラーのカント像にはなおも空所が残されていた。あらたに構想されたカント書は、哲学者の思想形成過程を辿ったのち『純粋理性批判』の問題構成をていねいに跡づけ、またカントによる「批判的倫理学」の構想に立ちいった検討をくわえている。カッシーラーのカント倫理学理解にあってとりわけ注目されてよいのは、一方では就職論文以来の「「叡智界」(*mundus intelligibilis*)の思想」が、カントの思考のなかで一貫して効力を失っていない事情が強調されていることであり、他方では哲学者が「感性界の自然を叡智的自然の範型として使用すること」を承認する消息に注意していることである(KLL, S. 275ff. /G. W. Bd. 8, S. 249f.)。『実践理性批判』をめぐるこうした理解が、『判断力批判』の読解を水路づけてゆくことになるだろう。

カッシーラーが着目するのはまず、最後の批判書が有するにいたった歴史的な影響力である。ゲーテが、シラーが、『判断力批判』の繙読《はんどく》を介して、カントの思考を受容したばかりではない。カント以後のドイツ思想の展開はことごとく、第三批判において展開された思考を前提とするものだった。これは一箇の「歴史的逆説」(*op. cit.*, S. 291/S. 263)であり、その謎はなおも解かれていないとカッシーラーは見る。

パラドクスを解くためにカッシーラーは、ギリシア哲学とりわけ新プラトン主義の思潮に遡行し、プロティノスが主張した「直観的知性」まで論点を遡る。『判断力批判』を理解するためには、問題構成の「一般的な歴史的背景」を把握することが不可欠なのだ。そうした背景を前提としてみるならば、カントが最後の批判書で試みたのは、その理論哲学において拒絶した「原型的悟性」(urbildlicher Verstand)つまりは神的な知性の思考可能性を問うことであった事情が浮かびあがることだろう(*ibid.*, S. 302/S. 272f.)。

しばしば指摘されるように、これは当時としてはきわめて独創的なカント理解へとつながる視点であったと言わなければならない。

　カッシーラーは、カント批判哲学を念頭において筆にされた、ゲーテのことばから、そのカント書の「序論」を開始していた。生に対する意味をもつために、哲学は愛され、生きられ《ゲリープト・ウント・ゲレープト》なければならないというものである(KLL, S. 1/G. W. Bd. 8, S. 1)。二年まえの著作『自由と形式』がライプニッツとドイツ啓蒙を論じたうえでカントの自律思想を考察し、ゲーテの形態学の構想のうちに「「理性」の組織化と精神の総合的な統一」という批判哲学の反響を読みとっていた経緯を、ここで想起しておく必要があるだろう(FF. S. 252/G. W. Bd. 7, S. 267)。

　第一次大戦中の一九一六年に出版された著書『自由と形式』には「ドイツ精神史研究」という副題が付せられている。その「序文」はある意味で〈時局〉的な色彩を帯びていた。「本書の最初の計画と予備的な研究は、すでに数年まえから着手されていたものである」と著者は書きしるしはじめる。その研究をいまこの時節に公刊するのは、なぜなのか。それは、「最近の二年間の経験や体験」によって、じぶんの主題が時代の「直接的で生き生きとした関心」と密接に結びあっているのを自覚したからだ、とカッシーラーは書きついでゆく。私たちはいま、「ドイツ国民の政治的‐物質的な生存を賭けた、もっとも困難な闘争のただなかに」生きているのだ(*op. cit.*, S. XI/S. 388)。

一書の本論が論じてゆく主題自体は、とはいえ、いささか煽情的な「序文」のことばを裏切ってゆくものである。ルネサンス論をみじかい前置きに、近代のドイツ精神史を主題としながらカッシーラーが具体的に考察してゆくのは、第一にルターにおける「自由と人格性の概念」を介した「世界の多様性」の恢復であり(*ibid.*, S. 13/S. 14f.)、ライプニッツの「最善観」とともに語りだされる「世界と有限な現存在へのあらたな愛」であって(S. 60/S. 64)、さらには、現実的なものを置きかえる(ライプニッツ的な意味で)「可能的なもの」(das Mögliche)に向けられたレッシングの情熱である(S. 100/S. 106)。それはまた、余人が『群盗』の余白に書きくわえた「暴君を屠れ」(*in tyrannos*)という叫びが奇しくも適切に言いあらわした、シラーにおける自由への渇望へと確実に受けつがれてゆく(S. 270/S. 286)。ゲーテがエッケルマンに対して語ったように、まさしく「自由の理念」(die Idee der Freiheit)こそ「シラーの全作品を貫いている」ものなのだ(S. 303/S. 319)。それは、カントそのひとの自然法理論のうちで交響しているフランス革命の理念とべつのものではありえないことだろう(S. 326/S. 343)。

シラーやフンボルトは、ライプニッツのように、またレッシングのようにコスモポリタンであった。そのかれらさえ、「ドイツ人は世界精神によって選ばれている」(der Deutsche vom Weltgeist erwählt sei)と主張してやまない。そのことはしかし第一次大戦のさなかにあっても、カッシーラーにとってはすでに、ドイツ精神史の示した思考が歴史の試練にさらされつづけることを予感させるものにほかならなかった(S. 367/S. 386)。『自由と形式』はいわゆる〈第二期〉における思想史的研究を代表する労作であり、カッシーラーの歴史研究の典型のひとつとなった。哲学者によるそれ以後の思想史研究のうち、ここではふたつの方向に注目しておく。

ひとつは『自由と形式』に見られるドイツ啓蒙への高い評価を、啓蒙の世紀一般へとひろげてゆく方向である。この志向を示している業績が『啓蒙主義の哲学』で、やや時をおいて一九三二年、すでにナチズムの脅威が身辺に迫りつつあった時節に、叢書の一冊として書きおろされた著作であった。

この著書のなかでカッシーラーはまず啓蒙期の自然科学の特質を問題として、その基底をかたちづくるものがニュートン物理学の成功であったことを論定している。いわゆる科学革命を担ったケプラーにせよガリレイにせよ、惑星運動や自由落下といった「個、別的な自然現象」について自然法則を具体的に適用していたにしても、ニュートンにいたってはじめて「宇宙そのものが数学的認識の厳密な概念」をつうじて把握可能であることが証明される。つまり、万有引力の法則こそが「宇宙の根本法則」(das kosmische Grundgesetz)となったのだ(PA. S. 57/G. W. Bd. 15, S. 43)。――カッシーラーの認定は、ここまではみずからの『認識問題』の考察の地平を超えたところも見られなければ、当時の通説的な理解を越えているふしもみとめられない。『啓蒙主義の哲学』の歴史的探究が、思想史的‐科学史的観点からみて興味ぶかい点はその先にある。

カッシーラーとしては、フランス啓蒙思想期のいくつかの著作、たとえば、ドルバックの『自然の体系』やラメトリの『人間機械論』のうちに見られる、決然たる唯物論の原理は時代の「典型」を示すものでなく、「孤立した現象」であったと考える。おなじく百科全書派に属する者のうちで、時代の科学的な精神を代表していたのは、むしろダランベールであり、ダランベールの立場はそして見まがいようもなく、ドルバック／ラメトリ流の独断論への断固たる拒絶をあらわしていた(*op. cit.*, S. 73/S. 56)。なんらかの原理への自然の還元は、自然の秩序と統一性(斉一性)を前提している。課題は古典的な合理主義者(デカルト、スピノザ、ライプニッツ)の場合ならば、神の不変性と永遠性へと寄託されることになるだろう。これに対してヒュームの懐疑論は、論点を「信念」(belief)の問題へと連れもどす。それはある意味で、反復されてきた神学的‐形而上学的議論へのひとつの解答であり、その「皮肉な解決」(eine ironische Auflösung)〔アイロニーによる解消〕だったのである(*ibid.*, S. 83/S. 63)。

本書の理解にかかわる場面についていうなら、『啓蒙主義の哲学』をめぐってもう一点、社会契約論にかんする言及に注目しておく必要があるだろう。カッシーラーは、ホッブズの社会契約が結局は隷属契約に帰着することを確定したうえで、もうひとつの社会構想としてルソーのそれをとり上げる。著者によればルソーの問題は「社会一般の形態から人間を解放すること」ではなく、「個々人が万人と結合しながら、にもかかわらずその結合のただなかで、じぶん自身にのみ服従することが可能であるような社会形態」を見いだすことにある(S. 349f. /S. 273)。じぶん自身にのみ服従すること(nur sich selbst gehorchen)というルソーの思考のモチーフのうちに、カント的な自律思想への先駆を認定しようとする趣向にはやや視界の偏りがみとめられるところかもしれない。じっさい啓蒙主義の法学・政治思想を論じた一章を著者は、カントの「思想世界」によって啓蒙が「克服」され、同時に「もっともふかく正当化される」と結んでいた(S. 367/

S. 287)。これは、ドイツ・ナショナリズムのべつのあらわれにすら見えることだろう。とはいえ啓蒙の後継者・カントを強調することが、第一次大戦期以来カッシーラーにあって変わることのない、時代への抵抗線をかたちづくっていたのである。

ここで確認しておきたいのはもう一点、近代の始原をめぐる関心がこの思想史家にあらためて芽生えたことである。これが〈第二期〉にかんして認定しておきたい第二の方向にほかならない。ふれておく必要があるのは、『啓蒙主義の哲学』の五年まえ、一九二七年に公刊された著書『ルネサンスの哲学における個と宇宙』である。

クザーヌスのテクストをも付録として収録したこの一書のなかで、カッシーラーはまずあらためてクザーヌスの哲学をめぐって主題的な研究を展開していた。『認識問題』での考察とくらべて際だっている特徴は、本書ではおなじ思想史家が、一方ではクザーヌスにおける地球中心主義からの脱却を論じながら、他方では神の「直観」(*visio*)を説くその神観にとくに着目して、「ドイツ神秘主義の精神」と「その思弁的な深み」からの影響を強調していることである(IKPR. S. 34f. /G. W. Bd. 14, S. 38f.)。おなじように、ケプラー――『認識問題』第一巻が主題化した問題の脈絡では、自然を記述しようとするさい「感覚的な形象と比喩」に訴える、パラケルスス主義者や錬金術師と、「数学的な証明根拠」に依拠するじぶんとの差異を主張してやまなかったケプラー(EP I. S. 349/G. W. Bd. 2. S. 291f.)――が、『個と宇宙』の主題化する文脈のなかでは占星術とのあいだで微妙な関係に立っている。もとよりルネサンスに目覚めたいくつもの精神は、本来「運命はたましいの娘である」(*sors animae filia*)にもかかわらず、なおひとが「幸運」(*Fortuna*)を女神に仕立てあげて、天界に釘付けにしていることに苛立っていた。ケプラーはピコの不羈《ふき》の精神を継承しながらも、天文学者であるとともに占星術師である。ケプラーとしては、それでもなお「愚かな娘」である占星術は、天文学という「きわめて聡明だが、貧しい母親」を養育しなければならない、と語る以外になかったのである(IKPR. S. 126f. /G. W. Bd. 14. S. 139)。

この論点は本書のなかでも、おもしろいことにハイデガー批判のコンテクストで引用を変更して再録されている(下・三四三頁以下)。それればかりではない。カッシーラー自身が本書で証言しているところでは、「最初にシュペングラーの『西洋の没落』を読んだとき」、カッシーラーの「印象に残ったのは、シュペングラーの著書と、じぶんがごく最近読んだばかりの占星術の論考のいくつかとのあいだに密接な類比がみとめられることである」(同・三三六頁)。シュペングラーの予言書めいた一書が一世を風靡していたその時代、カッシーラーは、『ルネサンスの哲学における個と宇宙』に結実する研究をすすめていたことになる。

カッシーラーのあらたなルネサンス研究は、困難な時代がはじまろうとしていた世界に向けて出版された。著書の巻頭に献辞があり、「一九二六年六月十三日、アビ・ヴァールブルク六十歳の誕生日に寄せて」としるされている。ハンブルクでヴァールブルク文庫と出会ったことが、この卓越した教養を身につけた思想史家に、シンボル形式の哲学への転換をもたらした事件なのであった。ここで、もういちど時間を遡っておく必要がある。

七

美術史家のアビ・ヴァールブルクはかねて個人的に、神話・宗教・民族、文学・哲学・芸術などの各分野にわたる膨大な文献・資料を蒐集していた。ヴァールブルクそのひとがやがて強度の精神疾患に悩まされるにいたったために、アーカイブは個人文庫から公的な研究所へと移行することになり、カッシーラーは第一世界大戦後この研究所の運営と活動にふかく関与するようになる。

ヴァールブルク文庫との出会いによって生まれた作品はまず「神話的思考における概念形式」(Die Begriffsform im mytischen Denken, 1922)であり、「言語と神話」(Sprache und Mythos, 1925)であった。後者の内容の一端についてはやがてふれる機会もあるだろう。おなじ時期に属する著作『ルネサンスの哲学における個と宇宙』にかんしては前節で言及しておいたところである。とはいえハンブルク大学時代に生みだされた業績として最上のもの、同時にまた哲学者とヴァールブルク文庫との出会いを象徴する最良の仕事は、やはりカッシーラーの著書中でも最大の哲学書『シンボル形式の哲学』ということになるはずである。

第一巻「言語」が一九二三年、第二巻「神話」が一九二五年、そしてカッシーラーにとってのハンブルク時代が終わろうとする一九二九年に、その第三巻「認識の現象学」が出版されたこの大著は、本書『国家と神話』を理解するうえでも欠くことのできない前提的な考察を含んでいる。その意味では『シンボル形式の哲学』ばかりではなく本書も、ヴァールブルク文庫とカッシーラーとの出会いという、二十世紀前半の思想史を彩り、ワイマール文化の豊穣さをも際だたせるエピソードの周辺から誕生したものであったと言ってよいかもしれない。

『シンボル形式の哲学』の問題構成に立ちいるまえに確認しておくべきことがらがある。それは、カッシーラーがヴァールブルク文庫に収められた資料に触発されるに先だって、哲学者のがわでもその準備が整っている必要がある、ということである。そのためには、とりわけ『実体概念と函数概念』以来の認識論的‐認識批判的な問題設定の変容が条件となることだろう。簡単にふれておきたい。

最初の体系的主著のなかでカッシーラーが、ゲーテのことばを引用して「いっさいの事実はすでに理論」であることを見さだめながら、自然科学的な知がかたちづくるシステムに注目し、「現実概念」の中核が知の「分節化された体系への編入」可能性のうちにあると主張していたことにかんしては、すでに見ておいたところである。カッシーラーによれば、そのような知のシステムあるいはネットワークの「客観的妥当」(objektive *Geltung*)を主張することは「客観のあらたなクラスの主張」をすこしも含んでおらず、むしろそこでシステムの「存在《ザイン》」はその「機能《フンクティオーン》」に尽くされている(SF. S. 169f. /G. W. Bd. 6, S. 138f.)。その機能の形成は、新カント派の一員であるカッシーラーにとっては当然、「知性の能作」と「精神の行為」(geistige Handlung)を遡って示すものだ(*op. cit.*, S. 136/S. 111)。精神の「自発性」とはここで「「客観性」の対立項ではなく、その必然的な相関項を形成するもの」なのである(*ibid.*, S. 421/S. 343)。自然の認識を可能とするネットワークは認識の「普遍妥当的な機能形式」の総体にほかならず、しかも「そのようなシステムとの関係においてのみ、対象ならびに自我、客観ならびに主観にかんするいっさいの言明が、了解可能な意味を有する」にいたるのだ(S. 411/S. 334)。――『実体概念と函数概念』段階のカッシーラーにとっては、自然の認識は函数《フンクティオーン》的な知のシステムによってのみ可能となる。そのようなシステム総体をさらに遡って可能とするものは、自然認識にとってそれじたい構成的な意味の枠組みを形成する機能《フンクティオーン》、精神の「統一的な根本機能」(die einheitliche Grundfunktion)(S. VI/S. VII)にほかならない。カッシーラーにとって最初の体系的な主著を導いていたのは、このような函数《フンクティオーン》＝機能概念なのであった。それは、カント学派出自のこの哲学者にとって世界了解の図式そのものと結びあっている。

とはいえ、ひるがえって考えてみるならば、『実体概念と函数概念』が主として問題としていた〈科学的世界像〉は、私たちが世界を把握するさいの特殊形式のひとつであるほかはない。近代科学がその圧倒的な被覆範囲を誇り、すぐれて高度な問題解決能力を具えていたとしても、それはあくまで歴史的に生成したひとつの知の形態であるにすぎない。この件は『認識問題』第一巻以来、近代哲学と近代科学とをその歴史的な展開過程の細部にあって跡づけてきたこの傑出した思想史家にとって、むしろ自明なことがらであったにちがいない。ハンブルク時代にあらためて展開された思想史研究は、そうした基本了解をさらに深化させるものでもあったと思われる。

『シンボル形式の哲学』第一巻を世に問うにさいして、著者自身がその劈頭に付した「まえがき」がその間の消息を簡単に確認している。引用しておこう。「ここに第一巻を公刊するこの著作はその最初の構想を、私の著書『実体概念と函数概念』(ベルリン、一九一〇年)にまとめられた研究まで遡るものである。それらの研究は本質的にいえば数学的・自然科学的な思考の構造に関連するものであったが、その成果を精神科学の諸問題にとっても有益なものとするために努力を重ねているうちに、私にとっていよいよ明瞭になったことがある。それは、一般的認識論がこれまでのような見解と限界のうちに止まっているかぎりでは、精神諸科学の方法的な基礎づけのためには不十分であるということである。そういった基礎づけが獲得されなければならないとするならば、この一般的認識論の構想が原理的に拡張される必要があるように思われた。すなわち、たんに世界の科学的な認識の一般的な前提を探究するだけではなく、世界を「了解」するさまざまな基本的形式をたがいに対して劃然と区画して、そのおのおのを固有の傾向と固有な精神的形式において、できるかぎり明確にとらえるところまで進まなければならないということなのである」(PSF I, S. V/G. W. Bd. II, S. VII)。

世界を「了解」するさまざまな基本的形式(Grundformen des "Verstehens" der Welt)とは世界の把握に対して構成的なシンボル形式にほかならず、シンボル形式を形成するシンボル機能がかくていっさいの世界了解に共通する──『実体概念と函数概念』で予示された概念を使用するなら──精神の統一的な根本機能となるだろう。

世界を理解することのうちにはつねに「精神の自由な活動性」が含まれ、世界了解はいつでも「精神的形成(Formung)」にもとづいている(PSF III, S. 16f. /G. W. Bd. 13, S. 14f.)。およそ精神の基本的機能は「現象のたんなる定在」に「一定の意味、固有の理念的な内容を賦与する」シンボル的な機能に存する。「こうしたことは認識ばかりでなく、芸術にも当てはまる。また神話にも宗教にも妥当するのだ。これらはすべて固有の像=世界(Bild-welten)のうちで生きているのであって、その世界では、経験的に与えられているものがたんに反映されているのではなく、像=世界はむしろ自立的な原理にしたがってそれらを産出している」(PSF I, S. 9/S. 7)。人間は世界に対してさまざまな仕方で関係を取りむすび、その世界に対する関係のその多面性・多層性に相応して、そうした像＝世界、あるいはそれを産出するシンボル形式それ自体も多様となるのであって、そこではつまり「精神的世界の「多次元性」」(„Mehrdimensionalität" der geistigen Welt)(PSF III, S. 17/S. 15)が見こまれてゆくことになるだろう。そうした多次元性が、とりあえずカッシーラーの主著の構成にしたがえば、言語・神話・認識の三様相に分節化されてゆくわけである。シンボル諸様相の共通の根源とその分化、すなわち同根性と分立性との論理を解明すること、『実体概念と函数概念』の主題であった「認識」とりわけ科学的認識の領野を超えて、人間の「文化」の総体を主題化することこそがいまや哲学の課題となる。「理性の批判はかくして文化の批判となるのである」(Die Kritik der Vernunft wird damit zur Kritik der Kultur)(PSF I, S. 11/S. 9)。

こうして問われなければならないのは、ここで・いま与えられる感性的な所与に一定の〈意味〉を、つまり精神的な形式を附与し、あるいはそれを〈懐胎〉させる機能、否かえって当の精神的形式によってはじめて与件なるものを成立させるシンボル機能である。所与と事実は、つねにかわらずシンボルをはらんでいる。知覚の「シンボル懐胎」

(symbolische Prägnanz)(PSF III, S. 222ff. /S. 218 ff.)が像＝世界のすべてにわたって、すなわちいっさいのシンボル様相にかんして問われなければならない。ここでは、さしあたり捉えやすいところで、「言語」というシンボル様相について、他のシンボル機能とのかかわりも含めて簡単に見ておくことにしよう。

『シンボル形式の哲学』の第三巻「認識の現象学」は、「言語」と「神話」をめぐって展開された第一巻、第二巻をうけて「認識」に対して与えられる世界を問題とするものであるとともに、先行するシンボル様相を統一的な視点から捉えかえして、前二巻で与えられた考察をあらためて総括するものとなっている。その第三巻の主題構成にしたがうなら、精神は「表情機能」(Ausdrucksfunktion)「表示機能」(Darstellungsfunktion)「表意機能」(Bedeutungsfunktion)というおのおのの段階を辿って世界を把握し、世界の客観化をすすめてゆく。そのさい言語に対してはさしあたり表示機能の圏域が割りあてられ、カッシーラーの見るところでは言語による表示機能とともにいわゆる「直観的世界」が成立し、そこでは同時に――ハイデガーも使用する、アヴェナリウス由来の概念を使用するなら――「自然的世界概念」もまた成りたってゆくことになる。これに対して表情機能はとりあえず神話的世界に関係づけられ、純粋な表意機能は当面は科学的認識の世界に対応させられてゆくことになるだろう。そのかぎりで言語は、神話と科学との媒介領域をもかたちづくることになるはずである。

まず科学的認識との関係から見ておくならば、「言語形成のプロセス」は「直観的印象のカオス」に「あらたな精神的な分節化」をもたらすものとして、科学的な概念形成の「萌芽」をうちに含んでいる(PSF I, S. 20/S. 18)。科学的な認識はたしかに、「純粋な「表意記号」(Bedeutungszeichen)」を導入することで、世界認識に対して「あらたな論理的次元」を切りひらく(PSF III, S. 334/S. 328)。とはいえ、そうした言語からの避けがたい離叛の作用すらも言語それ自体によって条件づけられ、媒介されたものであって、「純粋な科学的な概念が有する最高度のエネルギーであっても、依然として言語との秘められた紐帯で結ばれている」(*op. cit.*, S. 385/S. 378)。科学的な概念もまた、その出自を自然言語のうちに有するものであるほかはない。自然言語そのものは、これに対して、それ自体としてはたしかに〈前科学的〉であるにしても、だんじて前概念的－没論理的なものではなく、それじしん分節化と構造化の論理を具えている。しかも「言語の内的論理」には「ある固有の論理的な整合性と必然性」とが付帯しているがゆえに(PSF I, S. 278/S. 278)、言語的シンボルに帰属する表示機能は、科学的世界像と相対的に独立な世界像、いわゆる自然的世界概念を成立させるものなのであった。

そうであるならば、私たちとしては言語のシンボル機能つまり表示機能を、世界構成のもっとも基底的な次元と見なすことができるだろうか。たしかに、遺稿として残された芸術論のひとつで説かれているように、「私たちは、言語がある意味で人間のあらゆる知的活動の根源であることをみとめなければならないだろう」(SMC, p. 183)。——言語を主題とした『シンボル形式の哲学』第一巻もまた、言語と身ぶりや表情との連続性を問題としていた(PSF I, S. 124ff. /S. 122ff.)。けれども、それだけではない。言語の基底にカッシーラーは、一種の神話的な様相を見てとっていたのである。

八

ことばが世界にかかわるその最初の手がかりは、世界に存在する事物、生起するできごとになまえを与えることにある。カッシーラーそのひとが、「命名」(Benennung)をめぐるこの間の消息についてしばしば言及していた(PSF I, S. 20/S. 18, PSF III, S. 18/S. 16, WWS, S. 99/G. W. Bd. 16, S. 253f.)。

名を与えることは、世界の認識のはじまりである。命名による個体の分節化が言語の表示機能の端緒であって、その個体化の発端と同時に有意味化のメカニズムもまた作動しはじめる。その過程をカッシーラーは、神話における「瞬間神」(Augenblicksgott)の生成に引きくらべていた。論攷「言語と神話」によれば、瞬間神とは、神話的世界にあって或る特異な体験、驚愕なり畏怖なりといった際だった相貌を伴った体験が、ひとつの「存在」にまで昂められたものである。そのように「直観が一箇の特異点まで凝集され、いわばそこに還元されてゆくとき、そこから神話的な形象あるいは言語的な形象が結果して、言語の単語もしくは神話的な瞬間神が生じてくる。そして生成のこの形式が同時にまた、言語と神話との両者に固有な内容を規定している」(WWS, S. 123/G. W. Bd. 16. S. 277)。こうしてひとは体験の特異点、一箇の存在をそれとして名ざしながら同定し、とはいえその「現在」(Präsenz)を超えて「再現」(Repräsenz)を手にすることになる。言語に固有なシンボル機能の成立である。くわえて「言語はしだいに、こういった純粋に「質化された区別」を把握するところから、「普遍化する」把握へとすすんでゆき、後者の把握のなかで言語は、感性的に具体的なものから類的に普遍的なものへと進展してゆく」のである(PSF I. S. 262/S. 262)。

神話的な思考は、ゆたかに表情を伴う純粋に質的な次元で、固有の意味と構造を有する像＝世界をかたちづくる。言語は、これに対して、表示機能を担ってゆくことで現前《プレゼンツ》を超えた再現前《レプレゼンツ》を可能とし、言語をつうじてひとは、ここで・いま体験されるものを離れた普遍的な表現を獲得してゆく。そうであるにせよ、言語それ自体もまた「模倣的」(mimisch)表現、「類比的」(analogisch)表現という階梯を辿って「シンボル的」(symbolisch)表現へと到達するものなのだ(*op. cit.*, S. 134ff./S. 133ff.)。内的な存在と外的な存在、言語における「心的な内容」と「感性的な表現」はもともとべつべつのものであったわけではない。言語をその始原的な次元で可能としている模倣的な運動のうちには「「内的」なものと「外的」なもの、「精神的」なものと「身体的」なものとの直接的な統一」がある(*ibid.*, S. 125f./S. 123f.)。そうした言語的な表現《アウスドゥルック》の水準は、神話的な世界における表情《アウスドゥルック》の次元のうちに深く投錨している。後年の遺稿を引いておく。「ここで神話的な思考の領野からべつの領域へ、すなわち言語の領野へと移ってゆくならば、私たちはあらたな世界のなかに置かれていることに気づくだろう」。であるにしても「神話と言語はたがいに鞏固に結びあっていて、最初は両者を分離するのは不可能であるかに見えるほどである。言語的な思考はいわば神話的な思考を懐胎して、それによって浸透されている」。ことはいわゆる野生の言語にかぎられたものではない。「私たちの高度に発展した言語にあってさえ、神話的思考はその力を失っていないのである」(SMC, p. 176f.)。

神話的思考に対して開かれている世界、神話的世界とは、あらゆるものがそのうちで表情をもって出会われる世界である。それだけではない。表情という現象を可能とするシンボル機能、すなわち「表情機能」は「真正の原現象」(ein echtes Urphänomen)である(PSF III, S. 102/S. 98)。表情機能は世界にかんするひとの体験の基層にあって、人間の世界経験を一般に可能とするものなのだ。

『シンボル形式の哲学』第三巻「認識の現象学」はその最終章で「現代物理学の体系における「シンボル」と「図式」」を論じて閉じることになるけれども、くだんの章もそのほぼ冒頭でこの間の消息にかんして確認している。「感受し、感情を有する主体がひとつの環境世界を「所有する」最初の形式は、その主体が当の世界を「表情体験」の示す多様なすがたで占有することである。環境世界が主体にとって、客観的な徴表を伴い、確乎とした質や属性を具えた「事物」の複合体として与えられる遥か以前から、環境世界はこのような仕方ですでに分節化されていたのである。私たちがなにを「現実存在」と呼び、また「現実性」と名ざすにしても、そう称されるものは、私たちにはさしあたりたんに表情的に規定されたものとしてしか与えられない」(*op. cit.*, S. 526/S. 520)。その意味で、「「表情の理解」は、本質的にいって「事物の知」に先行しているのだ」(Das "Verstehen von Ausdruck" ist wesentlich früher als das "Wissen von Dingen") (*ibid.*, S. 74/S. 69)。神話的な世界が、この表情的な世界を背景として花ひらく。

山岳は厳しく聳えたって、森の木々がもの静かな佇まいを見せる。樹木の一本一本があるいはけなげに、あるいは雄々しく立ちつくしている。鳥たちは楽しげにさえずり、風が爽やかに吹きすぎてゆく。さきほどまではのどかに晴れわたっていた空がにわかに不安げな雲に蓋われて、苛立ったように夕立が降りはじめる。通り雨が上がると、風景はむせかえるような湿気に気だるくよどんで、やがて風が晴れやかに吹きわたり、陽がのんびりと傾いてゆく。「木の葉のざわめき、そよいだり、吹きすさんだりする風、無数のとりとめない音や響き、ひかりの戯れと煌めき」、そういったもののいっさいが、「神話的意識」にその素材を提供して、そこから神々が、精霊が、妖精が生まれてくる(PSF II, S. 240/G. W. Bd. 12, S. 236f.)。こうした始原的な経験にあってすべては相貌的(physiognomisch)に立ちあらわれ、あらゆるものは表情的な意味に満ちている。そこでは「現象」と「本体」とがなお分離せず、いっさいはまだべつのなにかの「代　現《レプレゼンタティオン》」ではなく、その現前《プレゼンツ》のまま相貌的性格をあらわにしている(PSF III. S. 79ff. /S. 75ff.)。それは、ひとが他者たちの表情、つまり「笑いのなかに喜びを、涙のうちに悲しみを」(シェーラー)ただちに直接的な仕方で知覚するのとおなじことなのである。

じっさいカッシーラーは、シェーラーをも引きながら、表情知覚のうちに他者の原初的なあらわれをみとめている。他者の経験が問題となるとき、論点は、身体という外的で物的なものをとおして、どのようにしてひとが他者の感情や思考といった内的で心的なものに到達するのか、にあるわけではない。つまり「「なんじ」の知覚を事物知覚一般の形式へと還元すること」が問題なのではない(*op. cit.*, S. 93/S. 89)。要求されているのは、経験の成立の構造に投錨し、その可能性の条件をあかるみに出す、カッシーラーが特別な意味をこめて使用しはじめた現象学的分析である。しかも「現象学的分析はここで、考察の順序と方向を逆転しなければならない。論理的推論あるいは感性的な投射のどのようなプロセスによって物的なものが心的なものとなるのか、と問うのではなく、むしろ知覚が事物知覚ではない純粋な表情知覚であり、それゆえまた一なるものにおいて同時に内的なものと外的なものである地点まで、現象学的分析は知覚を遡行していかなければならないのである」(*ibid.*, S. 99/S. 95)。——神話的世界に「構造や内在的な分節化が欠けている」わけではない。とはいえ神話的意識は「それでもなお「事物」と「属性」による現実の分節化を知らないひとつの世界を、私たちにことに示している」(S. 71/S. 67)。その世界のうちではさらに、「内的なものが外的なもののかたわらに、また外的なものが内的なもののかたわらに、おのおの固有の分離された圏域として併存しているのではなく、両者はたがいに反照しあって、その相互的な反映においてはじめて、固有の内実を開花させているのである」(PSF II, S. 123/S. 117)。神話的な世界は一種独特な「無差別」(Indifferenz)の世界であって、ここでは夢とうつつが、仮象と現実が、夢見と覚醒とが混じりあう(PSF III, S. 80/S. 76)。そこでは「「私」と「なんじ」のあいだの境界がまったく流動的」であるだけではなく、「人格的なものと非人格的なもののあいだ、「なんじ」という形式と「それ《エス》」という形式とのあいだに驚くべき無差別」が存在している。そこで支配しているのは「メタモルフォーゼ」と「汎通的な共感」の原理なのである(*op. cit.*, S. 83f. /S. 79f.)。

ひとの顔、他者の〈おもて〉がそうであるように、世界の表面、その〈おもて〉も表情を示し、相貌的な意味に覆われている。それはたんに神話的世界がそこから生いそだつ始原的な体験というばかりではない。その経験は現在もなお、世界に対する人間の関係の基層に存在するものである。青空の晴れやかさは、私の感受の状態であるまえに秋空そのものの性質である。それはかならずしもただ主観的なものではなく、むしろ間主観的な経験の次元に参入している。秋空の晴朗さは、雨の日の重く垂れこめた空の憂鬱とおなじように各人に空気として吸いこまれ、気分としてひとびとに共有されてゆく。神話的な経験と日常的な体験はつねに紙一重でつながっている。

『シンボル形式の哲学』がそれまでのカッシーラーの哲学的探究と性質を異にしているのは、さきに見たように、それがたんなる認識批判、「理性批判」であるばかりではなく、むしろ「文化批判」として展開されていることである。そこでは人間の文化を可能とする一般的条件のすべてがシンボル機能として問われ、言語・神話・認識の三つのシンボル様相が各巻で主題化されてゆくわけである。『シンボル形式の哲学』全巻をつうじて見わたしてみるとき、ここではしかしまた神話的世界と神話的な経験、その世界と経験を構造化している表情的シンボル機能の問題が、いたるところで影響を与えていることが分かる。神話的な経験の次元との出会いこそがおそらくはカッシーラーに

「像＝世界」の哲学を構想させ、理性批判を文化批判へと転回させたものなのだ。

かりにそうであるとするならば、カッシーラーの哲学的な企図は、時代の動向と奇妙な仕方で触れあい、縺れあい、しかしまたすれ違っていたことになる。本書『国家と神話』でカッシーラーがあらためて論じているとおり、『シンボル形式の哲学』がようやく完結したとき、時節は哲学者の思わくとはべつのところで胎動をはじめて、神話をべつのかたちで復活させてゆくことになったからである。

哲学がおそらく季節を先どりし、いちはやく時代の空気を吸いこんで、転回しはじめていた。カッシーラーもその一員であった新カント学派には黄昏が訪れて、一九二七年にハイデガーの『存在と時間』が公刊され、ほとんどただちに圧倒的な影響力を発揮して、ドイツ哲学界の地形をまたたくまに変容させる。よく知られているように、注のひとつでカッシーラーの『シンボル形式の哲学』第二巻が言及され、カッシーラーの試みには「あらたな根源的着手点」が必要となるのではないか、という疑問が書きとめられていた。注のなかで言いおよばれているとおり、一九二三年にもカッシーラーとハイデガーのふたりは会話を交わす機会をもっているが、一九二九年にはダヴォスで両者がそれぞれに講演し、そののち討論に臨んでいる。カッシーラーは一貫して紳士的にふるまい、その態度はかわらず友好的なものであったと言われているけれども、妻トニーの回想録にはべつのニュアンスも書きとめられていた。

一九三〇年にカッシーラーは、ハンブルク大学の総長に選出される。『シンボル形式の哲学』第三巻が公刊された翌年、時節にはすでにファシズムの勝利を危惧させる予兆があった。一九三三年、授権法が成立し、ヒトラーがドイツの全権力を実質的に掌握したのを機にカッシーラーは総長職を辞し、オックスフォード大学の招きに応じて海峡を渡る。おなじ一九三三年にハイデガーは、フライブルク大学総長に就任した。その責を負ったのは比較的みじかい期間ではあったが、総長就任演説におけるナチズム礼賛が、もうひとりの哲学者にとって永く拭いさることのできない汚点となる。

九

カッシーラーのイギリス生活は一九三五年までつづく。その最後の年に、思想史家は当地のゲーテ協会で「シラーとシャフツベリ」(Schiller und Shaftesbury)と題する講演をおこなっている。シラーが早くからこのイングランド人哲学者の著作に親しんで、

「哲学ならびに一般形而上学の領域におけるその最初の試み」も、シャフツベリの強い影響下にあったことを論じる、カッシーラーらしく目の行きとどき、公平な視野を示す試論であった(G. W. Bd. 18, S. 339)。

ついでカッシーラーが招聘されたのは、スウェーデンのイェーテボリ大学である。同大学で教鞭を執っているあいだに、哲学者はさきに言及した『現代物理学における決定論と非決定論』を上梓したほか、これもすでにふれたデカルト関係の論文集をまとめている。後者には、クリスティーナ女王とデカルトとのかかわりを精神史の一こまとして詮索した一文が収められ、イェーテボリの地でこの思想史家がスウェーデン語に習熟し、同地の歴史にも親しんだことを窺わせる(G. W. Bd. 20, S. 128ff.)。じっさいカッシーラーはスウェーデンで市民権を獲得しており、のちのアメリカ滞在は一時的なものと考えていたようである。ナチスがこの巨大な精神をドイツから切りはなし、第二次世界大戦の勃発が不世出の哲学者・思想史家のヨーロッパへの帰還を不可能にした。

一九四二年、カッシーラーは『文化科学の論理のために』を出版する。主として自然科学の基礎づけに関心をもったマールブルク学派出身の哲学者の一書としては、はじめて人文・社会科学の方法的な基礎を問題とした著作である。「五つの研究」と副題のある一書の最終章は「文化の悲劇」(die "Tragödie der Kultur") を問題として、その劈頭でカッシーラーは、本書でも言及されるショーペンハウアーのヘーゲル批判(下・二四九頁以下)にふれ、なかば賛意を表していた(LK, S. 103/G. W. Bd. 24, S. 462)。

カント主義者として出発したカッシーラーに、元来ヘーゲルへの同情が強くあったとも思われない。とはいえ、ときに指摘されるように、先にふれた『カントの生涯と学説』の『判断力批判』解釈はむしろドイツ観念論の展開のがわから見られたものであった可能性がある。おなじ思想史家は『認識問題』第三巻でドイツ観念論の流れを跡づけ、そのなかでヘーゲルの『精神現象学』を論じて、「『現象学』の本質的成果は、一書が自然的で個別的な意識と私たちが名づける部分から出発して、精神的な現実の全体へと到達しうる手つづきを教えた点にある」と評価していた(EP III, S. 328/G. W. Bd. 4, S. 316)。それればかりではない。『シンボル形式の哲学』の著者は、『精神現象学』の方法への関心をその後いくどか示してゆくことになったのである(PSF I, S. 15f. /S. 13f., PSF II, S. IXf. / S. XII, PSF III, S. VI/S. VIII)。ヘーゲルに対する評価がふたたび逆転して、本書に見られる批判へと転じたのは、カッシーラーのナチズム理解とやはり無縁ではないことだろう。

『文化科学の論理のために』が出版された前年に、カッシーラーはイエール大学の客員研究員となって渡米する。最後の四四年から翌年にかけてコロンビア大学でも講義を担当しているが、イエール大学の位置するアメリカ合衆国コネチカット州ニューヘブンが、この哲学者にとっては最後の亡命先となり、また同僚・学生に恵まれて、安住と永眠の地となった。

一九四四年に出版されたカッシーラー自身による英文著書『人間論』は、本書の編者ヘンデルも、上巻に収録した「序言」でふれているように、『シンボル形式の哲学』を要約しようとして執筆されたものであるけれども、いくつかの点で注目すべき論点を含んでいないわけでもない。ひとつは、著者がこの新天地で行動主義的な人間科学の展開にふれ、また記号論的な視点を摂取して、おそらくは一定の影響を受けていることである。サインとシンボルの区別によって動物的次元と人間的準位とを差異化しようとする、同書の主張としてよく知られた論点はそうした刺戟をあかすもののひとつである(EM. p. 31f. /G. W. Bd. 23. S. 36f.)。もう一点は、同書が公刊された文献としてはただ一冊、カッシーラーの芸術論を主題的なかたちで展開したものでもあることだろう。このシンボル形式の哲学者にとって、芸術も「他のすべてのシンボル形式とおなじように」、世界の（たんなる「再生」でも「模倣」でもなく）発見であり、現実の構成なのである（*op. cit.*, p. 143/S. 155）。

アメリカ合衆国に渡ったカッシーラーにとって、英文による二冊目の著書が本書であった。その間の消息ならびに本書執筆の背景についてはヘンデルの「序言」にあるとおりであり、またその内容の概略は本書では「序章」として本論のまえに置いた論文「国家の神話」が示すところでもあるので、ここで付けくわえるべきことがらはすくない。この卓越した思想史家の著作としてとりわけ注目にあたいすることがらを、以下ひとつ、ふたつの点にかぎって指摘しておく。

ひとつは、『シンボル形式の哲学』とくらべてみたときに、本書・上、第I部の神話理論が示している特徴である。本書の神話論は、いうまでもなく『シンボル形式の哲学』第二巻に代表される神話の哲学を前提とするものであるとともに、それを越えでた内容も含んでいる。一点のみ挙げておくなら、たとえばフロイトに対する関心である。『シンボル形式の哲学』第二巻でフロイトは、それほど重要ではない注で一回だけ言及されて（PSF II. S. 188 Anm. /S. 184 Anm.）、またその「失認」（Agnosie）概念が第三巻の文脈でとり上げられているにすぎない（PSF III. S. 246/S. 242）。

これに対して本書では、フロイト理論が『トーテムとタブー』を中心に主題的に検討されている。フロイト理論の思想史的背景などにも立ちいられ、本格的な考察となっているといってよい。

思想史的な叙述として目につくところはひとつには、カッシーラーが本書では中世哲学に対して立ちいった分析を残していることである。新カント学派の哲学史家が一般に中世に対して冷淡であったほどには、元来この哲学者に中世思潮への同情が欠けていたとは思われないけれども、本書の第Ⅶ章から第Ⅸ章に及ぶ部分は、この思想史家がはじめて中世思想の概観を試みたものともなっている。同時代の研究とくにジルソンの研究書なども繙読した形跡があきらかな、カッシーラーの歴史的整理には、たとえばトマス・アクィナスにおける抵抗権の肯定といった論点への目くばりも見える(本書、上・三二六頁)。カッシーラーが引用する紙幅を惜しんで、書きうつすことがなかった、『神学大全』(II-IIae. q. 42, a. 2, arg. 1)から引証しておく。「暴政をつねとする政府は、正義ではない。というのも、哲学者〔アリストテレス〕が『政治学』第三巻ならびに『倫理学』第八巻で言っているように、そのような政府は、共同善ではなく政府の特殊善のみを得ようとしているからである。それゆえ、そのような政権を転覆することを叛乱行為と規定することはできない」(*)。――これは中世が古代から受けついだ「暴君暗殺」という主題に対するスコラ哲学の代表者の解答である。プロテスタント神学者のなかでは、ヒトラー暗殺計画に連座して処刑されたボンヘッファーの精神のうちで、トマスと同質の論理と心情が脈打っていた。ちなみにかつて隣国の金芝河《キムジハ》裁判のおりに、李《イ》漢澤《ハンテク》神父が意見書のなかで引いて、この叛逆詩人の信念がカトリック信仰から逸脱したものではないことを示したのもこの一節である。

(*) Ad tertium dicendum quod regimen tyrannicum non est iustum, quia non ordinatur ad bonum commune, sed ad bonum privatum regentis, ut patet per philosophum, in III Polit. et in VIII Ethic. Et ideo perturbatio huius regiminis non habet rationem seditionis ....

もうひとつにはカッシーラーが本書のなかで、これもはじめてマキャヴェリへの強い関心をあらわしていることだろう。『認識問題』第一巻がルネサンスの歴史哲学を論じた一節には、「マキャヴェリのごとき偉大な人物」にとっては、歴史があきらかにするものは「つねに変わることのない、人間にとって根本的な基本性質」であったとする記述が見られる(EP I, S. 164/G. W. Bd. 2, S. 136)。〈第二期〉のルネサンス研究『個と宇宙』でも、マキャヴェリの「懐疑的で冷徹な精神」(der skeptisch-kühle Geist)(IKPR, S. 67/G. W. Bd. 14, S. 74)といった決まり文句は散見されるけれども、ルネサンス哲学における「自由と必然」を論じた一章ですら、そのなまえのみが言及されるにすぎない。本書の内容と比較するなら、これは当時の著者に、この政治思想家に対する本質的な関心が欠落していたことを端的に証示している一件であると言ってよいだろう。それに対して『国家と神話』のマキャヴェリ論は、いわゆる「マキャヴェリ神話」からはじまってその「国家理論の含意」にいたるまで、三章にわたって詳細に説きおよぶもので、この部分のみ独立に読んでもじゅうぶん読みごたえがある、しかも興味ぶかい思想史的な物語ともなっている。

マキャヴェリ理解をめぐっても指摘することができるところであるけれども、本書におけるカッシーラーの思想史理解は、おのおのの思想に対して可能なかぎり内在的で、それぞれに行きとどいたものとなっている。カーライルの哲学的な背景を探ろうとする部分はもとよりのこと、著者自身はおそらく嫌悪してやまないゴビノー理論にかんしてすら、いわばその悲哀をも見てとってゆく姿勢は、たんに公平で目くばりがきいた叙述を導くものであるという以上に、思うにカッシーラーそのひとの高潔な人格と、「精神の強さと寛容」(スピノザ)(本書、上・六三頁)とを示しているはずである。

　ヘンデルの「編者序言」に見られるとおり、本書を校正しているときに突然の死が、この二十世紀を代表する哲学者・思想史家のひとりを襲った。一九四五年四月十三日のことである。ヒトラーが自殺したのはおなじ月の三十日、ソビエト軍がベルリンを占領したのが翌月の五月二日のことだった。

文献略号

(LS) *Leibniz' System in seinen wissenschaftlichen Grundlagen* (1902), Georg Olms Verlag, 1980.

(EP I, II, III, IV) *Das Erkenntnisproblem in der Philosophie und Wissenschaft der neueren Zeit*, Bd. 1 (1906), Bd. 2 (1907), Bd. 3 (1920), Bd. 4 (1957), Wissenschaftliche Buchgesellschaft, Bd. 1–Bd. 3: 1971, Bd. 4: 1973.

(SF) *Substanzbegriff und Funktionsbegriff. Untersuchungen über die Grundfragen der Erkenntniskritik* (1910), Wissenschaftliche Buchgesellschaft, 1976.

(FF) *Freiheit und Form. Studien zur deutschen Geistesgeschichte* (1916), Wissenschaftliche Buchgesellschaft, 1975.

(KLL) *Kants Leben und Lehre* (1918), Wissenschaftliche Buchgesellschaft, 1977.

(PSF I, II, III) *Philosophie der symbolischen Formen*, Bd. 1 (1923), Bd. 2 (1925), Bd. 3 (1929), Wissenschaftliche Buchgesellschaft, 1977.

(IKPR) *Individuum und Kosmos in der Philosophie der Renaissance* (1927), Wissenschaftliche Buchgesellschaft, 1977.

(PA) *Die Philosophie der Aufklärung* (1932), J. C. B. Mohr, 1973.

(LK) *Zur Logik der Kulturwissenschaften. Fünf Studien* (1942), Wissenschaftliche Buchgesellschaft, 1980.

(EM) *An Essay on Man. An Introduction to a Philosophy of Human Culture* (1944), Yale University Press, 1972.

(WWS) *Wesen und Wirkung des Symbolbegriffs* (1956), Wissenschaftliche Buchge-

sellschaft, 1977.
(MP) *Zur modernen Physik* (1957), Wissenschaftliche Buchgesellschaft, 1980.
(PEW) *Philosophie und exakte Wissenschaft. Kleine Schriften*, Vittorio Klostermann, 1969.
(SMC) *Symbol, Myth, and Culture. Essays and Lectures of Ernst Cassirer 1935–1945*, Yale University Press, 1979.
(STS) *Symbol, Technik, Sprache. Aufsätze aus den Jahren 1927–1933*, Felix Meiner Verlag, 1985.
(G. W.) *Gesammelte Werke*, 25 Bde., Felix Meiner Verlag, 1998–2007.

＊

本書にはすでに宮田光雄氏による邦訳が存在する(創文社、一九六〇年)。宮田訳は戦後日本におけるカッシーラーの学問的翻訳の嚆矢であって、以後、山本義隆氏による科学史・科学哲学関係の翻訳、木田元氏を中心とする『シンボル形式の哲学』の全訳、須田朗・村岡晋一両氏が中心となった『認識問題』の邦訳へと連なってゆく。

カッシーラーと訳者の付きあいは、ほぼ四十年まえに雑誌『思想』第六九八号に掲載された、忽那敬三氏との共同執筆論文にさかのぼる。翻訳を仕上げるにあたって、今回も岩波書店編集部の清水愛理さんのお世話になった。永年のご交誼ともども、しるして感謝する。

二〇二一年四月

熊野純彦

人名索引

ア　行

カ　行

ナ　行

ハ　行

マ　行

ヤ　行

ラ　行

国家《こっか》と神話《しんわ》（下）〔全2冊〕　カッシーラー著

2021年9月15日　第1刷発行

訳　者　熊野純彦《くまのすみひこ》

発行者　坂本政謙

発行所　株式会社　岩波書店
〒101-8002　東京都千代田区一ツ橋2-5-5
案内　03-5210-4000　営業部　03-5210-4111
文庫編集部　03-5210-4051
https://www.iwanami.co.jp/

印刷　製本・法令印刷　カバー・精興社

ISBN 978-4-00-336737-7　　Printed in Japan

読書子に寄す

——岩波文庫発刊に際して——

岩波茂雄

真理は万人によって求められることを自ら欲し、芸術は万人によって愛されることを自ら望む。かつては民を愚昧ならしめるために学芸が最も狭き堂宇に閉鎖されたことがあった。今や知識と美とを特権階級の独占より奪い返すことはつねに進取的なる民衆の切実なる要求である。岩波文庫はこの要求に応じそれに励まされて生まれた。それは生命ある不朽の書を少数者の書斎と研究室とより解放して街頭にくまなく立たしめ民衆に伍せしめるであろう。近時大量生産予約出版の流行を見る。その広告宣伝の狂態はしばらくおくも、後代にのこすと誇称する全集がその編集に万全の用意をなしたるか。千古の典籍の翻訳企図に敬虔の態度を欠かざりしか。さらに分売を許さず読者を繫縛して数十冊を強うるがごとき、はたしてその揚言する学芸解放のゆえんなりや。吾人は天下の名士の声に和してこれを推挙するに躊躇するものである。このときにあたって、岩波書店は自己の責務のいよいよ重大なるを思い、従来の方針の徹底を期するため、すでに十数年以前より志して来た計画を慎重審議この際断然実行することにした。吾人は範をかのレクラム文庫にとり、古今東西にわたって文芸・哲学・社会科学・自然科学等種類のいかんを問わず、いやしくも万人の必読すべき真に古典的価値ある書をきわめて簡易なる形式において逐次刊行し、あらゆる人間に須要なる生活向上の資料、生活批判の原理を提供せんと欲する。この文庫は予約出版の方法を排したるがゆえに、読者は自己の欲する時に自己の欲する書物を各個に自由に選択することができる。携帯に便にして価格の低きを最主とするがゆえに、外観を顧みざるも内容に至っては厳選最も力を尽くし、従来の岩波出版物の特色をますます発揮せしめようとする。この計画たるや世間の一時の投機的なるものと異なり、永遠の事業として吾人は微力を傾倒し、あらゆる犠牲を忍んで今後永久に継続発展せしめ、もって文庫の使命を遺憾なく果たさしめることを期する。芸術を愛し知識を求むる士の自ら進んでこの挙に参加し、希望と忠言とを寄せられることは吾人の熱望するところである。その性質上経済的には最も困難多きこの事業にあえて当たらんとする吾人の志を諒として、その達成のため世の読書子とのうるわしき共同を期待する。

昭和二年七月

岩波文庫の最新刊

梶山雄一・丹治昭義・津田真一・田村智淳・桂紹隆 訳注
梵文和訳 華厳経入法界品（中）

大乗経典の精華。善財童子が良き師達を訪ね、悟りを求めて、遍歴する雄大な物語。梵語原典から初めての翻訳、中巻は第十八章―第三十八章を収録。（全三冊）〔青三四五―二〕 **定価一一七七円**

ヴァルター・ベンヤミン著／今村仁司、三島憲一 他訳
パサージュ論（五）

事物や歴史の中に眠り込んでいた夢の力を解放するパサージュ・プロジェクト。「文学史、ユゴー」「無為」などの断章や『パサージュ論』をめぐる書簡を収録。全五冊完結。〔赤四六三―七〕 **定価一一七七円**

……今月の重版再開……

ヘミングウェイ作／谷口陸男訳
武器よさらば（上）
〔赤三二六―二〕 **定価七九二円**

ヘミングウェイ作／谷口陸男訳
武器よさらば（下）
〔赤三二六―三〕 **定価七二六円**

定価は消費税 10% 込です　2021. 8